한일관계, 갈등을 넘어 동행으로

한일문화강좌 ⑥

한일관계, 갈등을 넘어 동행으로

한일문화교류기금 편

경인문화사

책 발간에 즈음하여

"한일관계, 갈등을 넘어 동행으로"

한일 양국 국민간의 문화교류를 증진 및 강화하고 나아가 두 나라 국민간의 상호이해와 신뢰를 심화시키기 위해 설립된 한일문화교류기금은 1987년 4월부터 '한일문화강좌'를 시작하여 2020년 '코로나19'로 중단되기 전까지 총 119회를 진행하였습니다. 그동안 2005년에 창립 20주년을 기념하여 1회부터 70회까지의 강연 내용을 엮어 3권의 단행본 (『되돌아 본 한일관계사』와 『일본의 정치, 경제, 사회』 그리고 『한국사람 일본사람의 생각과 삶』) 으로 출간하였습니다. 이어서 2014년 10월에는 71회부터 100회까지를 2권의 단행본 (『일본을 말하다』와 『한일관계의 과거와 현재』)을 출간했습니다. 그리고 이번에 101회부터 119회까지를 엮어 6번째 단행본으로 『한일관계, 갈등을 넘어 동행으로』를 출간하게 되었습니다.

이로써 1984년 문화교류기금 창립이후 35년간 계속해 온 한일문화강좌 '대장정의 길'의 제1막을 내리고, '코로나 19' 사태가 진정되면 제2막을 시작하려고 합니다.

그동안 계속해 온 긴 여정의 목표는 이번에 발간하는 책의 제목처럼 '갈등을 넘어 동행'으로 가는 길이었습니다. 한일관계 2천년의 길은 참으로 긴 여정이었고, 한반도에서 바다를 건너 일본열도로 이어지는 멀고 험난한 길이었습니다. 때로는 적대와 혐오도 있었고, 때로는 그것이 교류의 길이 되기도 했지만, 결국은 '갈등을 넘어 동행으로 가는 길' 말고는 다른 선택의 여지가 없다고 생각됩니다. 책의 제목과 편집도 여기에 초점을 맞추어, 한일 관계가 가야할 방향을 제시해 보려고 했습니다.

　지난 35년간 119회로 이어진 문화강좌는 이 길에 펼쳐진 다양한 모습을 양국 국민들에게 보여주기 위한 것이었습니다. 특히 한일양국은 오랜 동안 서로 긴밀히 왕래하고 살아온 결과 양국 문화에 많은 공통점이 있기 때문에 서로의 문화가 다르다는 점을 깊이 인식하지 않고 있습니다. 그러나 겉으로 나타난 문화적 유사성에도 불구하고 심층으로 들어 갈수록 놀라울 만큼 서로 다른 점이 많은 것 같습니다. 이러한 차이를 바로 이해하여야만 상호 진정한 우호 협력이 가능한 것이 아닌가 생각합니다.

　'코로나19'가 유행하기 전인 2018년, 한해에 양국인의 왕래는 한국인의 일본여행이 749만 명, 일본인의 한국여행이 295만 명이었습니다. 무려 1천만 명이 넘습니다. 이렇게 활발하게 양국 국민들이 왕래하며 교류하고 있지만, 정치나 외교 면에서는 여전히 갈등이 극심합니다. 역사왜곡, 독도, 일본군 위안부, 강제 징용 및 징병의 문제 등으로 첨예하게 대립하고 있습니다. 그럼에도 불구하고 양국은 어떤 경우든 이 갈등을 평화와 공생의 길로 풀어가야 합니다.

　물론 이 책 한권으로 모든 문제를 해결할 수 있는 길을 찾기는 어렵지만, 적어도 함께 지향해야 할 방향을 찾아보고 싶은바 그것이 '한일문화강좌'의 목표이기도 합니다.

　그동안 우리 문화강좌의 무대에 출연해 주신 한일 양국의 많은 강사님들께 이 자리를 빌어 거듭 감사드립니다. 특히 우리 문화교류기금의 이사인 강원대학교 손승철 명예교수는 2005년 첫 번 발간부터 줄 곳 강좌의 원고를 정리 및 분류하여 출판의 기초를 잡아 주었습니다. 나아가 출판에 앞서 편집과 교정에 애를 써 준 김수웅 상임이사 겸 사무국장님 그리고 문진옥 님과 경인문화사 한정희 대표를 비롯한 출판 담당자 분들께도 심심한 감사의 마음을 전하고자 합니다.

2021년 9월 30일

한일문화교류기금

이사장 유명환

목 차

제1부: 바다를 건넌 사람들

제2부: 갈등을 넘어 동행으로

제3부: 상호인식과 교류

제1부:
바다를 건넌 사람들

1

일본인의 기원연구와 한국인

|

세키네 히데유키(關根英行, 가천대학교 교수)

Ⅰ. 머리말

근대 이후 '일본인의 기원'은 연구자들에게는 중요한 연구과제로 간주되어 왔을 뿐만 아니라 일반사람들 사이에서도 인기 있는 주제였다. 이는 제국주의의 영토 확장과 국민 정체성의 형성과 관련이 있다. 즉 러일전쟁(1905)에서 제2차 세계대전 패전(1945)까지, 유래 없는 영토 팽창과 축소를 경험한 일본에서는 주민의 '일본인화'를 위해 일본인으로서의 정체성 수정이 수시로 필요하게 되었다. 예컨대 '대동아공영권'이 구성된 시기에는 '혼합민족'으로서의 정체성이 요구되었는가 하면, 식민지를 상실한 패전 후에는 '단일민족'으로서의 정체성이 요청되었다. 이에 호응하듯 학계에서는 뒷받침 되는 연구 성과를 다수 산출해 왔다.[1]

이러한 급격한 패러다임 전환은 지리적으로 가장 가까운 한국인과의 계통연구에서 현저하게 나타났다. 패전 후 일본학계에서는 일제강점기와 달리 한일 계통연구에 매우 소극적이었는데 필자는 그 이유로 다음의 두 가지를 지목한다.

첫 번째로 가깝게는 근대, 멀게는 7세기까지 거슬러 올라가는 '민족주의'이다. 한반도로부터 선진문화를 수용하여 발전해온 고대 일본에게는

---

1 小熊英二(1995), 『單一民族神話の起源』新曜社.

한국과 차별화된 독자적인 정체성 수립이 절실했으며, 특히 위정자들에게는 국시로까지 여겨졌을 것이다. 근대 이후에는 이러한 민족주의가 민간 층까지 하강했는데 그것이 오늘날 일본 연구자들 사이에서도 잠재되어 있을 가능성은 배제할 수 없다.

다른 하나는 침략사상에 젖은 연구자로 간주되는 것을 기피하려는 심리이다. 광복 후에는 '일선동조론(日鮮同祖論)'이란 학술용어가 정착됨에 따라[2] 이를 방불케 하는 학설은 혐오와 경계의 대상이 되면서 학계에서 거의 모습을 감추다시피 했다. 이제 한일 계통연구는 일부 재야학자의 몫이 되었다.

그런데 두 민족 사이에는 체질적으로나 문화적으로나 계통관계를 뒷받침하는 증거들이 헤아릴 수 없을 만큼 많기 때문에 계통관계를 부정하는 것 또한 쉬운 일이 아니었다. 이러한 딜레마 속에 있는 연구자는 과연 어떤 태도를 취했을까?

이 글에서 필자는 에도(江戶)시대(1603~1867)부터 지금까지 일본에서 거론된 대표적인 한일 계통연구의 내용과 그 사회적 수용에 대해, 당대의 정치·사회적 요건과의 관련성을 고려하면서 개관하고자 한다.

II. 제국주의와 한일 계통론

1. 제국주의 이전의 한일 계통론

일제강점기 한국인과 일본인의 계통관계는 침략이란 정치 목적 하에 이루어진 것으로 알려져 있지만 제국주의에 돌입하기 전에 제창된 한일

---

2 일선동조론의 용어 자체는 언어학자 가나자와 쇼자부로(金澤 庄三郞)의 같은 제목의 저서(『日鮮同祖論』刀江書院, 1929)에 유래된다.

계통론은 반드시 정치목적에서 출발한 것은 아니라 합리주의라는 입장에서 거론된 경우가 많았다.[3]

일본인의 기원문제에 관련하여 한국인과의 관련성을 처음으로 제기한 자는 유학자 아라이 하쿠세키(新井白石, 1657~1725)였다. 그는 『古事記』·『日本書紀』에 나온 일본 신화를 유교적 합리주의로 해석하여 고대 한일의 관련성을 지적하였다. 이에 대해 국학자나 신도학자들은 황통과 일본국의 원천인 일본신화를 모독한 것이라며 그를 맹렬하게 비난하였다.[4]

메이지(明治)시대(1868~1912)에 들어서면서는 정부에 초빙을 받은 서양학자들이 일본민족 기원에 관한 논의에 큰 영향을 미쳤다. 그들의 특징은 '정복민족에 의한 선주민족의 구축'이라는 서구 국가형성 모델을 극동에 적응시키려한 데에 있었다. 한일 계통관계에 관해서 특히 주목할 만한 견해를 가지고 있었던 자는 독일인 의사 벨쯔(E.von Baelz, 1849~1913)였다. 그는 1880년대에 약 2만 명의 일본인을 관찰하였는데, 일본인은 아이누와 한반도에서 이주한 두 가지 몽고 로이드 인종이 혼합되어 있을 것으로 추정하였다. 하나는 중국·한국의 상류층과 비슷한 민족으로서 특히 지배층에서 많이 볼 수 있는 몽고 로이드이며 다른 하나는 말레이 인종과 비슷한 민족으로서 민중 사이에서 많이 볼 수 있는 몽고 로이드라고 한다.[5]

그 당시 벨쯔를 위시하여 서구 학자의 영향을 받은 논자들은 일본인의 기원에 관하여 대체로 다음과 같은 견해를 지니고 있었다. 첫째 일본민족이 여러 민족의 혼합으로 이루어져 있다는 '혼합민족설', 둘째 일본열도의 선주민이 외래 민족에게 정복당했다는 '도래인 정복설', 셋째 정복 민족의 고지(故地)가 한반도를 포함한 북방 아시아에 있다는 '정복자 북방 기원설'이 바로

3 세키네 히데유키(2006), 「한일합병 전에 제창된 일본인종의 한반도 도래설」『일본문화연구』제19집, 동아시아일본학회, pp.163-186 참조.
4 工藤雅樹(1979), 『研究史 日本人種論』吉川弘文館, pp.1-8.
5 エルウィン·V·ベルツ(1973), 「日本人の起源のその人種的要素」池田次郎·大野晋 編 『論集 日本文化の起源 5 日本人種論·言語學』平凡社, pp.133-142.

그것이다. 중요한 점은 이러한 견해는 합리적 사유에서 나온 것으로 반드시 한반도 침략이라는 정치적 목적에서 도출된 것이 아니었다는 사실이다.

2. 영토 확장과 혼합민족론

청일·러일전쟁을 거쳐 영토가 확장되자 일본인의 기원이나 정체성에 관하여 모순된 두 가지 논리가 착종(錯綜)하게 되었다. 하나는 근대 국가 조성을 위해 안으로 단합하는 이데올로기로 만세일계(萬世一系)의 천황을 받드는 순수한 단일민족으로서의 정체성을 추구하는 입장이다. 이러한 입장을 취한 '국체론자(國體論者)'들은 서양사상으로 꾸미면서도 에도시대의 국학자나 신도학자처럼 일본인의 순수성을 호소하였다.6 단일민족 정체성을 견지하면서 식민지 경영을 추진할 경우, 지배자와 피지배자 사이에 혈연관계가 없는 것으로 인식되기 때문에 서구열강의 식민지 경영처럼 주민들에게 가차 없이 강압적인 상하관계를 강요하게 된다. 이러한 시각에는 한일 계통관계가 강조되어야 할 계기가 전혀 없다.

다른 하나는 외부 민족과 소통할 수 있는 포용력을 지닌 혼합 민족 정체성을 추구하는 입장이다. 이러한 입장에서 식민지 경영을 추진할 경우, 강압적 권력관계의 강요 대신 회유나 유화 방식을 택하게 된다.

그런데 민족의 계통관계를 뒷받침하기 위해 더욱더 설득력 있는 것, 즉 과학적 지식에 대한 기대가 높아졌다. 도쿄제국대학에는 이미 1884년에 인류학 교실(전공)이 설치되어 있었는데 청일·러일전쟁을 거치면서 주임교수 쓰보이 쇼고로(坪井 正五郎, 1863~1913)는 신생학문을 키우기 위해 국책에 맞는 민족기원론을 제창하게 된다. 즉 일본인에게는 인종적으로 다양한 요소가 복합되어 있기 때문에 해외 진출에 유리한 체질을 갖추고 있다는 것이다.7

---

6 小熊英二, 앞의 책, pp.50-55.

　　제국주의가 진전되면서 일본 영토가 최고점에 달했을 시기(<그림 1>)
에는 점령지 확대에 따른 민족정책의 필요성이라는 명분을 내세워 1943
년에 문부성(文部省) 관할 연구기관 '민족연구소'가 설립되었다. 거기에
서는 대동아공영권의 계몽활동과 같은 국책에 대한 협력과 실증적 연구
가 행해졌다.

<그림 1> 1942년의 대일본제국 지도[8]

　　민족연구소에서 중심적 역할을 했던 오카 마사오(岡正雄, 1898~1982)
는 당시 '동아민족학'을 구상하고 있었다.[9] 이는 대동아공영권에 속하는

7　坂野徹(2005),『帝國日本と人類學者 1884-1952』勁草書房, pp.95-103.
8　https://www.pinterest.com/pin/561753753495411479/(검색일: 2015.3.10.)
　　지난 검은색 부분이 러일전쟁 이전의 본래적인 일본 영토이며 나머지는 그 후에
　　획득한 영토이다.
9　岡正雄(1945),「東亞民族學の一つの在り方」『民族研究彙報 民族研究』第3卷 第1・2
　　合倂号, 民族學協會, pp.1-4.

각 민족에 대해서, 한편으로는 민족주의에 입각한 민족 단위의 민족학을 구축하고 다른 한편으로는 민족 간의 동질성과 계통관계를 구축하는 것이었다. 즉 민족의 특수성과 대동아공영권 내의 보편성을 동시에 규명하는 민족학을 구축하려는 시도였다.

이러한 연구는 각 개인이 민족 정체성과 대동아공영권의 일원으로서의 정체성을 동시에 갖게 하는 데에 뒷받침이 되는 연구라 할 수 있다. 이러한 복수의 정체성은 오늘날 중국에서 민족 정체성을 보장하면서 중화인민공화국의 정체성을 갖게 하는 정책과 일맥상통하다고 할 수 있다.

그런데 원래의 일본인의 입장에서 보면, 대동아공영권의 정체성을 규명하는 민족학은 '혼합민족'으로서의 속성을 규명하는 작업과 다를 바가 없다. 이처럼 동아민족학의 본질은 본래적 일본인을 위한 동화 이데올로기였다고 할 수 있다.

3. 한일합병과 일선동조론

일선동조론은 기본적으로 혼합민족론의 입장에서 제창된 언설이라 할 수 있다. 그 효시로 일컬어지고 있는 사학자 호시노 히사시(星野恒, 1839~1917)나 구메 구니타케(久米邦武, 1839~1931)는 다음과 같은 논리를 구축했다. 즉 조선과 일본은 원래 하나의 나라로서 언어적·인종적으로 뿌리를 같이 하고 있을 뿐만 아니라, 원래 천황가가 한반도의 지배자였기 때문에 한반도가 다시 천황가의 영토에 병합해야 한다는 것이다.[10] 이 대목에서는 정한론(征韓論)의 영향을 엿볼 수 있다.

한일합병(1910)을 계기로 한일 계통관계를 뒷받침하는 지식에 대한 국가적 요구는 더욱더 높아졌다. 이에 응한 것이 쓰보이의 제자이자 후임인 도리이 류조(鳥居龍藏, 1870~1952)였다. 그는 일본열도 주변을 두루

---

10 小熊英二, 앞의 책, pp.88-96

답사하고[11] 한일합병 후의 한반도를 조사(1911~1916)한 후에 다음과 같은 견해를 발표하였다.

태고의 일본은 틀림없이 무인도였을 것이다. 그 무인도에 최초로 도래한 사람들은 아이누였는데 이를 제외한 오래된 일본민족들은 세 가지로 분류할 수 있다. 바로 (1)고유일본인, (2)인도네시아인, (3)인도차이나민족이다. 고유일본인은 일본민족의 주요부를 이루며 수도 많고 분포 지역이 비교적 널리 퍼져 있었다. 그들은 한반도를 거쳐 일본에 도래한 것으로 생각된다[12]

또한 3.1 독립운동 직후에는 다음과 같은 생각을 피력하였다.

역사시대로 들어가면서 조선과 일본은 서로 분리되었으나 원시시대나 유사 이전에는 서로 밀접한 관계를 지니고 있었다. 일본인은 조선을 먼 조상의 나라로 생각하여 조선을 어머니의 나라(姒の國)라고 불렀다. 말하자면 일본은 일종의 식민지였다[13]

위와 같이 일본민족이 아시아의 여러 지역에서 도래한 민족의 혼합으로 파악하면서도 주요부는 한반도 도래인에 의해 구성되어 있다는 것이다. 다만 도래인을 있는 그대로 고대 한국인으로 부르지 못해 '고유일본인'이라는 명칭을 만들면서까지 일본 위주의 학설을 만들어야 했던 사실에서 안타까움을 느끼지 않을 수 없다. 그럼에도 불구하고 3.1독립운동

---

11 요동반도(1895), 대만(1896~1898), 치시마(千島)열도(1899), 중국 서남부(1902~1903), 만주(1905), 몽골(1906~1907)를 답사·조사하였다. 도리이 자신은 아시아 침략을 표방하지 않았지만 그의 조사 지역이 일본의 대외침략과 궤를 함께 하고 있을 뿐만 아니라 현지에서 군의 도움을 받았기 때문에 도리이의 군국주의와의 친화성이 자주 거론되었다.

12 鳥居龍藏(1975),『鳥居龍藏全集 第1卷』朝日新聞社, pp.504-505(「古代の日本民族移住發展」『歷史地理』28卷 5號, 1916).

13 鳥居龍藏(1920),「民族上より見たる鮮, 支, 西伯利」『東方時論』5(4), p.106.

후에는 고대일본이 한국의 식민지였으며 일본인에게 한국은 조상의 나라이자 어머니의 나라라고 말한다.[14] 이는 고대 한반도에 일본 식민지가 존재했다는 일본 사학계의 정설과 저촉되는 사실이다.

당시 도리이의 견해는 상당한 영향력을 지니고 있었으며 경성제국대학의 해부학자도 도리이의 견해를 검증하는 듯한 연구를 추진하고 있었는데 그들은 후대에 소위 '경성학파 인류학'으로 불렀다. 그 중심적인 연구자였던 우에다 쓰네키치(上田常吉, 1887~1966)는 일본인과 한국인은 언어나 습관이 다르기 때문에 민족적으로는 구별할 수 있지만 체질 면에서는 동일 종족이며 특히 중부 한국인은 긴키(近畿) 지방의 일본인과 매우 유사하다고 하였다.[15]

또한 사학자 기타 사다키치(喜田貞吉, 1871~1939)는 고구려·백제 왕족과 천황가는 모두 부여족이므로 서로 친연관계를 지니고 있다는 '일선양민족동원론(日鮮兩民族同源論)'을 제창하였으며,[16] 언어학자 가나자와 쇼자부로(金澤 庄三郎, 1872~1967)는, 한국어는 일본어의 분파에 지나지 않고 마치 독일어와 네덜란드, 프랑스어와 스페인어의 관계와 같다고 하였다.[17]

물론 당시 한일 계통관계를 부정하는 언설도 병존했기 때문에 혼선이 없었던 것은 아니지만, 1920~30년대에는 국체론자마저 시국을 감안해 이민족을 양자(養子)로 수용하고 가족국가를 지향한다는 식으로 논리를 수정했다. 이처럼 3.1 독립운동 이후 한일 계통관계의 근거를 제시하는 언설들이 널리 유포됨으로써 '내선일체(內鮮一體)' 정책에 이용되었다.

---

14 어떤 사유인지 이 논문은 『鳥居龍藏 全集 全12卷』(朝日新聞社, 1975~77)에는 수록되지 않았다.

15 上田常吉(1935),「朝鮮人と日本人の体質比較」東京人類學會 編『日本民族』岩波書店, pp.111-164.

16 喜田貞吉(1979),『喜田貞吉著作集 民族史の硏究』第8卷, 平凡社(「日鮮兩民族同源論」『歷史と民族』第6卷 第1號, 1920).

17 金澤庄三郎(1910),『日韓兩國語同系論』三省堂書店, pp.1-2.

III. 패전 후의 기원연구와 탈 한일 계통론

1. 단일민족론의 대두

패전을 계기로 한일 계통연구의 패러다임이 전환했는데 그 요인으로 다음과 같은 사항을 들 수 있다. 첫째 제국주의에 따른 팽창정책을 혐오하여 축소지향의 자아상을 희구하는 심리, 둘째 외국의 분쟁에의 개입을 피하는 외교정책, 셋째 자생적인 발전사관을 지닌 마르크스주의 사학의 유행, 넷째 미국 식민지화를 방어하기 위한 '도래인 정복설'의 부정 등이다. 이에 따라 관련된 분야에서는 기존 학설을 단일민족 시각으로 재해석하는 작업이 이루어졌다. 그러나 이를 주도했던 연구자들의 숨은 동기는 각양각색이었다.

인류학에서는 하세베 고톤도(長谷部 言人, 1882~1969)와 그 제자 스즈키 히사시(鈴木 尙, 1912~2004) 등 일본민족의 혈통적 순수성을 강조하는 연구자들이 주도권을 잡게 되었다. 사실 이미 1924년에 도리이가 도쿄제국대학을 사임했을 때[18]부터 사조 변화가 시작된 상태였다. 이어서 1938년에 도쿄제국대학에 부임한 하세베는 나치스와 마찬가지로 우생학이나 인종주의에 의거한 국수주의자였던 것이다.[19]

그리고 문헌사학에서는 『古事記』・『日本書紀』의 실증주의 비판으로 호평을 받은 쓰다 소키치(津田 左右吉, 1873~1961)가 일본인의 단일민족성을 주장하면서 학계에서 부상하게 되었다. 그러나 그는 뜻밖에도 황국사관과 배외적인 대(大)아시아주의, 즉 일본을 중심으로 아시아 민족을 연합하여 구미와 대항해야 한다는 사상을 지닌 인물이었다.[20] 또한 야

---

18 소학교 중퇴라는 학력으로 도쿄제국대학 조교수가 된 도리이는 동료의 시기심 때문에 많은 어려움을 겪었다.
19 小熊英二, 앞의 책, pp.205-296 참조.
20 세키네 히데유키(2007), 「'쓰다 사학(津田史學)'의 신대사(神代史) 해석과 한·일

나기타 구니오(柳田國男, 1875~1962)는 일본 주변지역을 외면한 채 순수 국내의 문화체계 구축을 기도하는 '일본민속학'을 수립했는데 젊은 시절의 그는 혼합민족론자였다. 1921년의 유럽체류에서 통감한 위기감과 민족 단합의 필요성을 계기로 단일민족론자로 전환했던 것이다.[21]

이처럼 이들은 각기 배경과 동기를 달리하고 있음에도 불구하고 단일민족 패러다임 부상에 편승하여 해당분야의 권위자가 되었다고 할 수 있다. 연구 방법을 달리 하는 여러 분야에서 마치 사전에 합의라도 한 것처럼 나란히 패러다임 전환이 일어난 이 현상을 어떻게 평가해야 할 것인지는 검토해봐야 할 대목이다.

여하튼 단일민족 패러다임의 고착은 한일 계통연구가 설 땅을 잃는다는 것을 의미한다. '혼합민족설', '도래인 정복설', '정복자 북방 기원설'은 물론 '일선동조론'도 위험한 침략사상이자 치졸한 학설로서 간주하게 되었으며 이에 따라 도리이, 기타, 가나자와와 같은 이름은 학계에서 급속히 잊혀져갔다.

2. 제국주의시대 기원론의 계승과 한계

1) '동아민족학'의 계승

전후의 학계에서 과거의 패러다임을 계승한 연구가 완전히 사라진 것은 아니었다. 이러한 연구는 예전에 직·간접적으로 제국주의에 관여했던 연구자들에 의해 이루어졌다. 이러한 연구자들은 여러 분야에 있었지만 우선 전시(戰時) 중 민족연구소에서 중심적인 역할을 했던 오카 마사오를 들고자 한다.[22] 그는 패전 후 간신히 학계에 복귀하여 1956년에 <그

민족의 계통관계」한국일본사상사학회『日本思想』제12호, pp.85-93 참조..
21 小熊英二, 앞의 책, pp.205-234.
22 세키네 히데유키(2011),「오카 마사오(岡正雄) 일본 민족문화 기원론의 성립과

림 2>와 같은 동아시아 종족문화 계통에 관한 모델을 발표하였다.

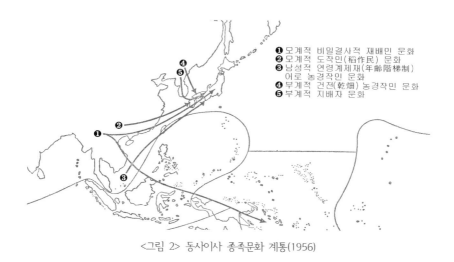

❶ 모계적 비밀결사적 재배민 문화
❷ 모계적 도작민(稻作民) 문화
❸ 남성적 연령계제재(年齡階梯制)
   어로 농경작민 문화
❹ 부계적 건전(乾畑) 농경작민 문화
❺ 부계적 지배자 문화

<그림 2> 동사이사 종족문화 계통(1956)

위와 같이 오카는 일본열도에 유입된 아시아 고대문화의 단위(종족문화복합)를 다섯 개로 분류하고 있는데 거기에는 혼합민족설의 흔적이 뚜렷이 나타나 있다. 특히 오카 자신은 부정하고 있지만 한눈에 보기에도 도리이(鳥居)설과 흡사할 뿐만 아니라 앞에서 본 <그림 1>의 대동아공영권의 강역을 방불케 하기에 충분하다. 다섯 개의 종족문화복합 중 ❹·❺는 한일 간의 문화적 계통관계를 뒷받침하는 문화라고 할 수 있는데 도리이의 고유일본인설과 달리 이것이 특별히 강조되어 있지 않는 것은 대동아공영권이 동남아시아를 중심으로 구상되었던 배경을 반영한 것으로 보인다.

이러한 정황에서 판단할 때 1956년에 발표된 것으로 알려져 있는 오카(岡)설은 그가 민족연구소에서 동아민족학을 구상했던 시절에 이미 구성돼 있었을 공산이 크다. 이는 그가 자신의 견해를 공개할 수 있는 요건

그 특징」『일본문화연구』제37집, pp.249-276 참조.

이 될 때까지 10년이란 시간이 지나야 했음을 의미한다.[23]

　이후 오카설은 일본문화의 기원에 관한 원안으로 후학들에게 계승되었지만 단일민족론을 표방하는 '일본 민족학'보다 결코 우세하지 않았다.

2) '일선양민족동원론'의 계승

　동양사학자 에가미 나미오(江上波夫, 1906~2002)가 제창한 '기마민족설'도 제국주의 시대의 학설을 계승한 측면이 있다.[24] 이는 고고학적 성과와『古事記』『日本書紀』등에 볼 수 있는 신화나 전설, 나아가서 동아시아사를 총합적으로 검토한 결과 제창된 가설로서 그 내용은 다음과 같다. 즉 4세기 전후에 북방 기마민족 일파가 한반도로 남하하여 변한지역을 지배한 다음, 일본열도에 들어가서 4세기 후반부터 5세기에 야마토(大和) 지방의 재래 세력을 지배함으로써 야마토국(大和國)을 수립하여 천황이 되었다는 것이다.

　그런데 에가미는 민족연구소에서 오카의 부하였을 뿐만 아니라 전후도 그와 행보를 함께 했기 때문에 오카와 견해를 함께 하는 점이 적지 않다. 사실 <그림 2>의 ❺는 기마민족 문화를 나타내는 것이다. 또한 에가미 스스로 밝히고 있듯이 기마민족설은 기타(喜田)설의 현대판이다.[25] 이처럼 그의 경력이나 학설 내용에는 제국주의의 그림자가 드리우고 있다.

　기마민족설이 고대사 마니아의 열광적인 인기를 끌었음에도 불구하고 학계에 수용되지 못했던 이유 중의 하나는 이러한 부분과 관계없지는 않

---

23 오카가 패전 직후 전쟁협력자로 처벌 받기를 우려해 한동안 나가노(長野)현의 어느 농촌에서 피신생활을 하고 있다가 미군 총사령부(GHQ)의 호의로 학계에 복귀했다. 이러한 사실을 감안할 때 그는 과거의 학설과의 관련성을 숨기고 싶었던 것으로 진작된다.

24 세키네 히데유키(2011), 「에가미 나미오(江上波夫)와 기타 사다키치(喜田貞吉)의 일본민족 기원론 -한민족(韓民族)의 민족이동을 중심으로-」『동북아 문화연구』제27집, 동북아시아문화학회, pp.611-630. 참조

25 江上波夫(1967),『騎馬民族國家』中央公論, p.157.

다. 기마민족설에 대한 비판은 학술적 차원인 것이 주를 이루고 있지만, 에가미의 논객이었던 고고학자 사하라 마코토(佐原 眞, 1932~2002)는 기마민족설을 부정하는 이유로서 저서 『기마민족은 오지 않았다』를 다음과 같은 말로 매듭지었다.

> 예전에 융성했던 잘못된 세계관이나 역사관은 이제 폐기되어야 한다. 그리고 그 겉모습만 바뀌고 오래된 사고방식을 남긴 언설도 이제는 필요없다. ……과거의 고고학은 침략이나 선민·차별의 사상을 일깨워 알리는데 역할을 다했다. 그러나 지금 우리는 평화·평등을 지향한다. 아무리 인정받고 흥미로운 언설이라 하더라도 잘못한 것이 있다면 그것을 부정하고 근절하는 것이야말로 현대에 사는 연구자의 사회적 책임이라 생각한다. 전에 기마유목민 정복왕조설이란 가설이 있었다.[26]

이처럼 사하라는 기마민족설을 새로운 학설로 보지 않고 침략사상의 재탕으로 파악하고 있었던 것이다. 이는 유독 사하라뿐만 아니라 일제강점기를 아는 당시의 많은 연구자들 사이에 공유된 시각일 수 있다.

이러한 비판에 대해 에가미는 어떤 대응을 했을까? 기타의 '일선양민족동원론'은 고구려·백제의 왕족과 천황가 사이에 친연관계가 있다고 하지만 에가미는 한국왕족을 언급하는데 인색했으며 대신에 한반도보다 북쪽에 활동했던 북방 기마민족의 설명에 지면을 아끼지 않았다. 이러한 에가미의 태도가 일선동조론자로 간주되는 것을 회피하려한 심리와는 관련이 없는지 검토해볼 만하다.

3) '경성학파 인류학'의 계승

'경성학파 인류학' 중에서 몇 명 연구자들은 광복 후에 일본에서 독보적인 연구를 추진했다. 특히 오사카대학에 부임한 고하마 모토쓰구(小浜

---

26 佐原眞(1993), 『騎馬民族は來なかった』日本放送出版會, pp.218-220.

基次, 1904~1970)는 50년대에 우에다와 함께 일본 전국에서 대규모 생체
측정을 실시하여, 30년대에 계측한 한국인의 데이터와 대조하여 1960년
에 <그림 3>과 같은 두형분포도를 발표하였다.

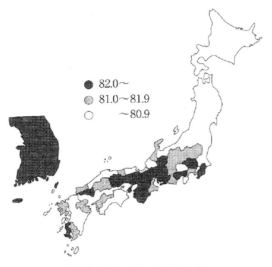

82.0~
81.0~81.9
~80.9

<그림 3> 일본인의 두형 지역차이

위의 그림에서 두장폭시수(頭長幅示數)가 클수록 머리 형태가 둥그러
지고 작을수록 길어지며, 81.0이상이라면 단두(短頭), 76.0~80.9 사이라면
중두(中頭)라고 한다. 이 결과에서 고하마는 원래 일본열도 전역에 중두
형의 아이누가 거주하고 있었는데 한반도에서 단두형 집단이 도래하여
긴키 지방에 본거지를 잡은 후 여러 지역으로 확산한 것으로 추정하였
다.27 이는 도리이의 고유일본인설을 형질인류학적으로 검증하는 연구로
볼 수 있다.

그러나 당시 일본인의 신체변화는 문화변화에 따라 일어난 것이며 석

27 小浜基次(1960),「生体計測學的にみた日本人の構成と起源に關する考察」日本人類
學會『人類學研究』7, pp.56-65.

기시대부터 현대까지 유전적으로 연속되고 있다는 '변형설'이 정설이었
다. 따라서 고하마설은 비주류로 몰릴 수밖에 없었고 경성학파의 학통은
거의 끊어지다시피 했다. 그러나 최근에 들어 인류유전학에서 새로운 사
실들이 밝혀지면서 고하마설이 자주 거론되고 있다.

3. 민족이동을 외면한 일본문화의 기원연구

단일민족 패러다임이 정착됨에 따라 한일 계통연구를 포함해서 일본인
과 아시아와의 관련성에 관한 연구는 소극적인 형태로나마 몇 명 연구자
들에 의해 이어져갔다. 그것을 주도한 자가 바로 '역사민족학'을 표방한
오카 마사오의 후학들이었다. 그런데 그들의 학설은 시간이 갈수록 사람
의 이동을 외면하여 문화만의 전파에 제한되는 양상을 노정하였다.[28]

일반적으로 문화가 공간적으로 확산된 현상을 두고 그것이 문화 전파
에 의해 일어난 것으로 해석해야 할 것인지, 사람 이동의 결과로 문화가
전파된 것으로 해석해야 할 것인지 식별하기 어렵다고 한다. 이러한 사
실은 하나의 현상을 두고 자의적으로 해석할 수 있는 여지가 있음을 의
미한다. 예를 들어 민족주의를 충족시키거나 침략사상의 잔재란 오명을
피하기 위해 도래인의 이주를 과소평가하고 한반도의 영향을 문화 차원
으로 제한시켜서 해석할 수가 있다.

<그림 1>의 오카설은 어디까지나 일본으로 전파된 문화를 대상으로
한 모델로서 '종족문화복합'의 명칭이 ❶모계적 비밀결사적 재배민 문
화, ❷모계적 도작(稻作)민 문화, ❸남성적 연령계제제(年齡階梯制) 어
로 농경작민 문화, ❹부계적 건전(乾畑) 농경작민 문화, ❺부계적 지배자
문화로 어미가 각기 '~민 문화'라고 하는 용어로 끝나고 있다. 여기에서

---

28 세키네 히데유키(2007), 「한국인과 일본인의 계통연구와 패러다임」『민족문화연
구』47호, 고려대학교 민족문화연구원, pp.415-417.

알 수 있는 것은 오카는 사람의 이동을 전제로 문화를 파악하고 있다는 것이다.

요다 치호코(依田 千百子, 1943~)는 80년대에 이 모델을 참고해 한국문화의 '문화복합'을 ①동북아시아계 수렵·어로민 문화, ②북방계 화전재배·수렵민 문화, ③남방계 잡곡형 화전 재배민 문화, ④수도 재배 어로민 문화, ⑤알타이계 유목민 문화(알타이계 기마민족적 지배자 문화)로 분류하였다. 그리고 90년대에 요다의 스승인 오바야시 다료(大林太良, 1929~2001)는 오카설을 수정하여 일본문화를 ①조몽 문화, ②잡곡형 화전 문화, ③수도 재배-어로민 문화, ④졸참나무숲(ナラ林)형 문화, ⑤알타이계 지배자 문화로 분류하였다. 사사키 고메이(佐々木 高明, 1929~2013)도 역시 선학의 견해에 자신의 견해를 가미하여 ①졸참나무숲형 어로 채집 수렵문화, ②조엽수림(照葉樹林)형 채집·반 재배문화, ③조엽수림형 화전농경문화, ④수전도작문화, ⑤대륙문화·기마문화로 분류하였다.

요다와 오바야시는 오카처럼 분명히 민족이동을 인정하지 않았지만 그들이 제시한 '문화복합'의 명칭에는 여전히 '~어로민 문화', '~수렵민 문화', '~재배민 문화'와 같이 문화의 주체로서 사람을 상정하는 흔적이 남아 있다. 그러나 90년대의 사사키의 견해에서는 이제 '민'자를 볼 수 없고 '~문화'라는 표현이 사용되어 있다.

계통연구에서 사람의 이동을 외면하고 문화전파 차원으로 해석하려는 경향은 유독 민족학뿐만 아니라 문헌사학, 고고학 등에서도 확인된 현상이다. 게다가 어디까지나 일본 선주민이 주체적으로 외래문화를 수용했다는 해석을 고집한다. 이러한 시각은 역사교과서에도 반영되었는데, 한반도 도래인의 역할이나 위상이 과소평가 받은 채 대체로 대륙의 문화가 일본으로 전파되었다는 식으로 기술되어 있다.

4. 한반도 도래인을 외면한 일본인의 기원연구

1) 일본민족의 남방 기원설

① 남방 왜인 기원설

에가미는 기마민족설로 잘 알려져 있기 때문에 그와 남방계 민족과의 관련성에 대해서 납득이 가지 않을 수도 있겠다. 그러나 그는 '민족' 형성과 '국가'의 성립을 엄격하게 구별하였으며 기마민족설은 어디까지나 후자에 관한 학설임을 밝히고 전자에 관해서는 남방 기원설을 주장하였다.29 에가미는 전시 중부터 서일본이나 한반도 서남부, 동중국해 연해, 대만 북부 등에서 출토한 석기를 통해서 동중국해를 둘러싼 벼농사의 전파를 구상하고 일본민족의 기원으로서 왜인을 상정했다.30

그에 의하면 야요이문화 형성의 계기가 된 민족은 중국 화중·화남이나 동남아시아에 기원을 둔 왜인이며 그들은 해안무력에 뛰어난 능력을 가지고 오(吳)·월(越)·민(閩)과 같은 국가를 설립했다고 한다. 그러나 초(楚)나라에 이어 진(秦)나라·한(漢)나라의 침략이 계기가 되어 민족이동이 일어났고, 그 일부가 해상을 통해 한반도 서남부나 규슈까지 도착했다는 것이다. 한반도와 일본열도에 정착한 왜인은 각 지역에서 원주민과 융합되면서 일본열도에서는 '왜인'이라는 명칭으로 남았지만 한반도에서는 '한인(韓人)'이 되었다고 한다. 나아가서 왜(倭)와 한(韓)은 형제와 같은 문화권을 형성하여 교류와 왕래가 빈번해진 결과 청동기문화와 같은 북방계 문화가 일본으로 전파되었다고 한다.31

---

29 세키네 히데유키(2011), 「에가미 나미오(江上波夫) 일본민족 기원론에서의 왜인과 한인」『동아시아고대학』제24, 집동아시아고대학회, pp.410-440. 참조.

30 江上波夫(1997), 「東アジアのなかの日本民族の形成と文明の曙」岸俊男·森浩一·大林太良 編『日本人とは何か』日本の古代　別卷, 中央公論社, p.40.

31 江上波夫(1967), 앞의 책, pp.333-338.

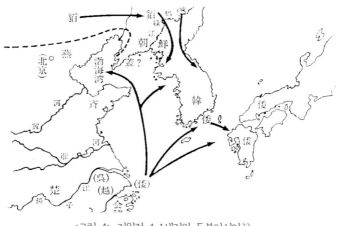

<그림 4> 기원전 4-1세기의 동북아시아[32]

　이처럼 에가미는 왜인과 한인이 각각 원주민과 혼혈했으나 본질적으로 중국 남부에 기원을 둔 도작농경민으로 파악하고 있다. 또한 두 민족은 형제와 같은 관계로써, 어느 한 쪽에서 다른 한 쪽으로 일방적으로 이주하거나 영향을 미친 것이 아니라 평등한 입장에서 교류를 한 것으로 인식되고 있다. 그러면서 청동기 문화에 대표되는 한반도문화는 문화전파 차원으로 설명되고 있는 것도 특징 중의 하나이다.

　이처럼 에가미의 해석은 중국으로부터의 영향에 대해서는 왜인의 민족이동으로 파악한 한편 한반도로부터의 영향에 대해서는 문화전파로 파악함으로써, 결과적으로 한반도와의 계통관계를 상대적으로 격하시키려는 의도가 있다고 할 수 있다.

　② 왜족의 민족이동설

　단일민족론이 우세한 60, 70년대의 경우 민족이동이 부각된 남방계 기원론을 제창하는 연구자는 별로 볼 수 없었다. 그러나 80년대에는 도리

---

32 江上波夫(1984), 『江上波夫著作集 8 倭人の玉から大和朝廷へ』平凡社, p.117.

고에 겐자부로(鳥越 憲三郎, 1914~2007)가 60대란 늦은 나이에 '왜족론
(倭族論)'이란 용어로 일본민족의 기원을 새롭게 조명하였다.33 그가
　말하는 왜족이란 "장강유역에서 발상하여 중국 서남부, 동남아시아,
한반도 중남부를 거쳐 일본열도로 이동하여 상징적 문화로서 벼농사와
고상(高床)식 주거를 가진 민족"34이며, 따라서 해당 지역에서 민족들은
공통된 선조를 지니고 있다고 한다. <그림 5>는 왜족의 민족이동과 이에
수반된 벼농사와 고상식 주거의 전파양상을 보여주는 것이다.

<그림 5> 왜족과 벼농사·고상식 주거의 이동35 　　　<그림 6> 도작어로민의 민족이동36

　도리고에의 문화인류학적인 연구를 자연과학적으로 뒷받침한 것으로
환경고고학자 야스다 요시노리(安田喜憲, 1946~)의 '장강문명' 연구도 주
목된다. 장강문명은 황하문명을 1000년 거슬러 올라간 6000년 전에 장강
유역에 부흥하였으나 한랭화에 의해 4000년 전과 3000년 전에 황하유역
의 전작 목축민(漢민족의 선조를 포함)에 의한 남하 침입을 당했다. 이에

33 세키네 히데유키(2013), 「도리고에 겐자부로의 일본민족 기원론 - 민족이동의 관
　점에서 - 」『일본문화연구』제46집, 동아시아일본학회, pp.201-225 참조.
34 鳥越憲三郎(2004), 『中國正史倭人倭國伝全釋』中央公論新社, p.7.
35 鳥越憲三郎(1983), 「雲南からの道:日本人のルーツを探る-」角川書店, p.11.
36 安田喜憲(2003), 『日本古代のルーツ長江文明の謎』青春出版社, p.114.

따라 장강유역에서 거주했던 '도작어로민'이 <그림 6>과 같이 윈난성·구이저우성(貴州省) 등 산악지대, 혹은 동남아시아로 이동하거나 북상하여 한반도로 건너간 후 일본열도로 가거나 동지나해로 나와 직접 일본열도로 간 무리도 있었을 것이라 추측한다.[37]

왜존론과 장강문화론은 한국문화와 일본문화에 포함되어 있는 남방계 요소의 기원과 유입의 계기를 설명하는데 설득력을 지니고 있다고 할 수 있다. 그러나 자칫하면 한반도 도래인이 남방계 민족에 환원됨으로써 그 독자성이 희석되거나 왜곡될 수 있다는 점이 우려된다.

2) 일본문화의 남방 기원설

앞에서 제시한 사사키 고메이는 민족이동을 내세운 위의 연구자들과 달리 문화전파만을 연구 대상으로 삼아 일본문화의 기원을 남방문화에서 찾은 연구자였다.[38] 사사키의 일본문화론은 '조엽수림문화론(照葉樹林文化論)'으로 불리는데 이는 일본 생활문화의 기반을 이루는 여러 요소들이 히말라야 산지 중복에서 네팔·부탄·앗삼·동남아 북부산지·윈난성(雲南省) 및 구이저우성(貴州省)의 고지·장강유역·대만을 거쳐 일본 남서부에 이르는 조엽수림대에서 유래된다고 하는 학설이다. <그림 7>은 90년대에 일본에 전파된 북방계 문화를 '졸참나무숲 문화'로 명명하고 '조엽수림문화'와 대조하여 그 생태학적 영역을 제시한 것이다.

---

37 <그림 6>의 왼쪽 아래에 제시한 그림은 윈난성의 전(滇)왕국의 청동기에 조금(彫金)되어 있는 그림이며, 오른 쪽 아래 그림은 일본 돗토리(鳥取)현 스미타(角田) 유적에서 발견된 야요이시대 토기에 그려진 그림으로 모두 배를 젓는 사람 머리에 날개모양의 장식물을 붙이고 있다. 멀리 떨어져 있는 두 지점의 그림의 유사성이 장강유역 도작어로민의 민족이동 배경을 말해주고 있다.

38 세키네 히데유키(2012), 「사사키 고메이(佐々木高明)의 일본문화 기원론 -'문화전파'와 '민족이동'의 관점에서-」『일본문화연구』제44집, 동아시아일본학회, pp.411-433 참조

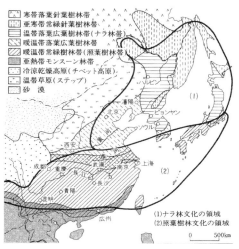

<그림 7> 졸참나무숲문화 및 조엽수림문화[39]

위의 그림에서 서(西)일본은 '조엽수림문화 영역'에 포함되어 있는데 한반도에서 이에 해당되는 지역은 남단의 일부일 뿐 북·중부는 거기에서 제외된다. 그러나 한반도 북·중부와 서일본 사이에는 청동기문화를 비롯하여 문화적으로 관련성이 존재하는 것은 부정할 수 없는 사실이다. 이러한 모순은 민족이동을 제외하고 생태학적 환경만으로 문화전파 현상을 설명하려는데 한계가 있음을 보여주는 사례라 할 수 있다. 그럼에도 불구하고 사사키의 일본문화론은 70년대에서 90년대까지 일본 학계에서 상당한 영향력을 행사했는데 이는 그만큼 한일 계통연구가 등한시되어 있었음을 보여주는 것이다.[40]

이처럼 패전 후의 연구자는 일본문화 및 일본인의 기원을 한반도보다

---

39 佐々木高明(1993), 『日本文化の基層を探る -ナラ林文化と照葉樹林文化』日本放送出版協會, p.53.
40 세키네 히데유키(2009), 「일본문화의 원류로서의 남방계 문화연구 -'전파'와 '민족이동'에 대한 지식사회학적 접근-」『日本文化研究』제30집, 동아시아일본학회, pp.414-415 참조.

중국남부, 특히 장강유역에서 찾는 시도가 많아졌다. 일본문화의 기원을 한국문화에서 찾는 연구자가 요다 치호코 외에 찾아보기 힘든 사실[41]은 일본학계의 인식 문제를 잘 보여주고 있다.

IV. 한일 계통연구의 가능성과 한계

1. 한반도 도래인에 대한 새로운 조명

패전 후 한일 계통연구가 거의 모습을 감추었을 1950년대에 제국주의 시대의 연구와 관련 없이 한반도 도래인에 대한 새로운 조명이 이루어졌다. 타이페이(臺北)제국대학에서 귀환하여 규슈대학에 부임한 가나세키 다케오(金關丈夫, 1897~1983)는 북부 규슈와 야마구치(山口)현 도이가하마(土井が浜)에서 출토된 야요이 인골의 연구를 통해 고대 한반도 도래인에 관한 두 가지의 계통을 추정하였다.

하나는 야요이시대 초기 북부 규슈에 도래한 계통으로 재래인인 조몽인과 혼혈하였으나 수가 적어 조몽 사회에 동화되었다고 한다. 다른 하나는 북부 규슈를 지나 긴키 지방까지 도달한 계통으로 그 도래가 고분시대까지 이어져 긴키 지방 사람들의 형질을 변형시켰다고 한다.[42]

전자는 후학들에 의해 계속 연구되어 야요이시대의 도래가 매우 소규모였음이 검증되었으나 후자는 고하마(小浜)설과 잘 부합되는데도 불구하고 지금까지 제대로 검증받지 못한 상황이다. 고분시대, 즉 일본의 국

---

41 요다는 저서에서 다음과 같이 언급하고 있다. "일본 민족문화의 연구에서 한반도는 결코 간과할 수 없는 중요한 곳이다. 그것이 밝혀지지 않는 한 일본민족의 기원의 진실한 모습을 이해할 수 없다는 생각은 예나 지금이나 변함이 없다(依田千百子(1985)『朝鮮民俗文化の研究』瑠璃書房, p.3.)"
42 金關丈夫(1966), 「弥生時代人」『日本の考古學』3, 河出書房, pp.467-469.

가 형성기의 한반도 도래인 연구에 대한 소극적 태도는 반세기가 지난
오늘날에도 여전하다고 할 수 있다.

2. 단일민족 패러다임의 붕괴

70년대에 들어서자 '변형설'의 아성이었던 도쿄대 인류학 문하에서 단
일민족 패러다임을 부정하는 연구자가 나타났다. 야마구치 빈(山口 敏,
1931~)은 선학들이 조사한 일본, 한국, 중국 화남의 인골 데이터를 다변
량 해석법으로 분석하여 한국인과 아이누가 먼 위치에 있고 그 중간에
일본인이 있다는 결과를 발표하였다.[43] 이는 일본인이 한국인의 유전적
영향을 받았음을 시사하는 연구라 할 수 있다.

나아가서 80년대 말, 도쿄대 인류학의 문하인 하니하라 가즈로(埴原
和郞, 1929~2004)는 고고유적에서 추정된 인구 데이터의 시뮬레이션연
구를 통해, 기원전 3세기에서 서기 7세기에 일어난 도래인의 이주로 7
세기의 재래집단과 도래집단의 인구구성 비율을 1 : 9 또는 2 : 8 로 추
정하였다.[44] 그는 이 연구를 토대로 91년에 일본인의 형성에 관한 '이중
구조 모델'을 발표하였다.[45] 즉 <그림 8>과 같이 B.C. 3세기에서 A.D. 7
세기에 걸쳐 한반도에서 일본열도로 동북아시아계 집단의 대규모 이주
가 있었으며, 그들과 동남아시아계의 선주민(조몽인)이 혼혈함으로써 일
본인이 형성되었다는 것이다.

---

43 山口敏(1978), 「日本人の骨」小片保 編『人類學講座 6 日本人』Ⅱ, 雄山閣.

44 Hanihara K., "Estimation of the Number of Early Migrants to Japan: A Simulative
   Study", Anthrop. Soc. Nippon 95-3, 1987, pp.391-403.

45 Hanihara K., "Dual structure model for the population history of Japanese", Japan
   Review, 2, International Research Center for Japanese Studies, 1991, pp.1-33.

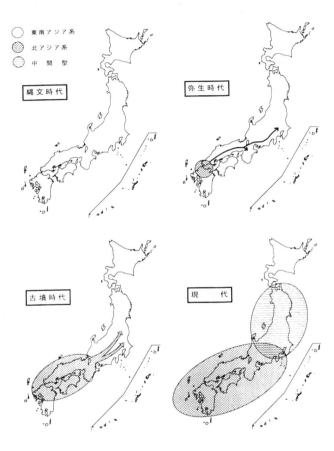

<그림 8> 도래 집단의 확산[46]

　'이중구조 모델'은 연구자뿐만 아니라 세간의 주목까지 모아지면서, 일본인의 단일민족론은 이제 설득력을 상실하고 말았다. 그러나 한국인과 일본인의 계통관계에 대한 인식에는 여전히 극복해야 할 문제가 남아 있다.[47] 이중구조 모델을 액면 그대로 받아들이면 '일본인이란 일본열도

46　埴原和郎(1995), 『日本人の成り立ち』人文書院, p.267.

의 선주민과 혼혈한 고대 한국인의 후손'이라는 명제로 귀결될만한 내용
을 담고 있다. 그러나 자세히 보면 도래인과 고대 한국인의 직접적 관계
를 조심스럽게 회피하고 있음을 알 수 있다. 예를 들어 도래인의 기원을
한반도보다 북쪽에 설정하고 있는 점, 한반도를 어디까지나 경유지로만
보고 있는 점, 도래인을 설명할 때 기마민족·도래계 집단·퉁구스계 사람
과 같은 막연한 북방계 민족으로 표현하고 있는 점, 고대 한국인과 관련
된 용어는 일체 사용하지 않고 있는 점 등을 들 수 있다.[48] 하니하라 역
시 기존 연구자들과 마찬가지로 한일 계통관계를 기피하려는 인식에 얽
매어 있는 것이다.[49]

더구나 하니하라설이 발표된 후에 바로 반론이 제기되었으며 도래의
규모의 하향수정을 위한 연구가 이루어졌다.[50] 특히 도래인의 규모를 가
능한 한 작게 상정하려는 경향은 고고학에서 현저한 일이다. 현재는, 도
래의 규모 자체는 작았지만 북부 규슈에서 인구가 증가한 다음 각지에
이동하여 도래인의 유전자가 확산되었다는 견해가 널리 공유되고 있는

---

47 세키네 히데유키(2005), 「'일본인의 이중구조 모델'에 있어서의 한국인 인식의
　　한계」,『일본문화연구』제16집, 동아시아일본학회, pp.19-49 참조.
48 세키네 히데유키(2000), 「한국인과 일본인 에토스의 연원에 관한 연구」서울대학
　　교 박사학위논문, p.6.
49 필자는 하니하라 교수가 생전에 이러한 학설을 발표했을 때 그에게 심리적으로
　　부담을 느끼지 않았느냐는 질문을 한 적이 있다. 그는 미소를 지으면서 다음과
　　같이 대답했다. "이중구조 모델을 발표했을 때 학술 회의장에 있었던 어느 지인
　　이 매우 걱정스러운 표정으로 '당신의 말대로라면 우리의 조상이 모두 한국인이
　　되는 셈인데 이런 발표를 해도 정말 괜찮으냐'고 물었다. 그러나 '나는 이미 천
　　황폐하에게 이 내용에 대해 강의한 바 있고 매우 흥미로운 학설이라고 칭찬까지
　　받았기 때문에 전혀 문제가 없다'고 그 지인에게 대답했다(2003.10.8. 국제일본
　　연구센터)." 그러나 도래인의 고지로서 분명히 한반도를 지적하지 못한 모습에서
　　그의 속내는 말한 것처럼 그리 편하지 않았을 것으로 진작된다.
50 中橋孝博·飯塚勝(1998), 「北部九州の繩文~弥生移行期に關する人類學的考察」,『人類學
　　雜誌』106卷 1号, pp.31-53.; 中橋孝博·飯塚勝(2008)「北部九州の繩文~弥生移行期に關
　　する人類學的考察(2)」,『人類學雜誌』116卷 2号, pp.131-143.

상황이다.[51] 필자는 이에 대해, 일본인의 유전자가 한반도로부터 기원되었음을 인정하되 일본에서 출생되었기에 일본인의 선조는 어디까지나 일본인임을 믿고 싶어 하는 민족주의가 깔려 있다고 생각한다. 말하자면 일본인 선조의 국적 결정에 있어서 '혈통주의' 보다는 '출생지주의'를 채택하고 있는 셈이다.

3. 인류유전학이 밝힌 한일 계통관계

위에서 제시한 인류학자들은 모두 형질인류학자였는데 80년대부터 DNA 표식인자를 통해서 일본인의 기원 연구가 추진되었으며 거기에서는 한국인과 일본인의 유전자 거리의 친연성이 분명히 밝혀지고 있다.[52] 예를 들어 일본 인류유전학의 개척자인 오모토 게이치(尾本惠市, 1931~)와 그 팀은 90년대에 단백질 유전자로 <그림 9>와 같은 세계 25집단의 친연관계를 제시하였다. 한국인과 일본인은 기타 어느 집단보다 친연성이 높다는 것을 일목요연하게 볼 수 있다.[53]

또한 도쿠나가 가쓰시(德永勝士, 1954~)는 HLA유전자군을 통해, 일본인의 기원을 연구하고 있는 일본인 선조집단이 아시아 여러 지역에서 일본열도까지 이주한 경로를 추정하였다. <그림 10>과 같이 고향을 달리하는 최소한 4가지의 집단이 일본으로 이주하였으며 ❸ 이외는 모두 한반도를 경유해서 들어온 점이 주목된다.

---

51 田中良之(2014), 「いわゆる渡來說の成立過程と渡來の實像」古代學協會 編『列島初期稻作の担い手は誰か』すいれん舍, p.43.

52 세키네 히데유키(2007), 「현대 일본 자연인류학자의 한국인 인식: 한국인과 일본인의 계통관계를 중심으로」『일본문화연구』제22집, 동아시아일본학회, pp.81-101 참조.

53 이와 관련해서 예전에 필자와의 인터뷰에서 오모토 교수는 "일본인과 가장 가까운 아시아의 근린 집단이 무엇이냐"는 질문에 "지금으로서는 한반도 사람"이라는 대답을 받았다(2003.10.8. 모모야마가쿠인[桃山學院]대학).

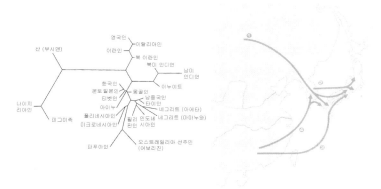

<그림 9> DNA에 의한 25집단 계통관계[54]   <그림 10> 추정된 일본열도 이주 경로[55]

인류학자들이 분류에 사용한 '한국인', '일본인'과 같은 범주가 얼마나 타당성이 있는 것인가 하는 문제가 제기되겠지만, 한국인과 일본인 DNA의 친연성은 이제 부정하기 어려운 단계까지 와 있다.

그렇다고 인류유전학의 인식에 문제가 없는 것은 아니다. 어떤 연구자는 한국인과 일본인의 유전자 일치는 현대인에 해당되는 일이기 때문에 고대의 한국인과 일본인의 친연성 여부는 고대 인골의 유전자를 대조했을 때 비로소 확정할 수 있다고 한다.[56] 다만 중세 이후에 있었던 한일 간 민족이동의 계기로서 임진왜란과 일제강점을 들 수 있는데 과연 그것이 두 지역의 유전자를 균일화시킬 만큼의 규모였을까? 현대 한국인과 일본인의 유전적 친연성의 계기는 역시 고대에서 찾아야 마땅하다고 생각된다. 인류유전학자의 지나친 조심성은 오히려 타당한 가설 설정에 부정적 영향을 미치지 않을까 우려스럽기도 하다.

54 尾本惠市(1997),「日本民族の源流-人類學の視点から考える-」沖浦和光 編『日本文化の源流を探る』解放出版社, p.38.
55 德永勝士·十字猛夫(1995),「HLAの多型性と日本人のルーツ」科學朝日 編『モンゴロイドの道』朝日新聞社, p.160.
56 2003. 10. 7. 사가(佐賀)의과대학에서 시노다 겐이치(篠田謙一, 1955~)교수와 인터뷰.

또한 어느 인류학자는 "인류학자에게 한일 계통관계를 부정하려는 잠재의식이 존재하는가?"라는 필자의 질문에 "자기 자신 역시도 무의식적으로 도래인이 한반도에서 오지 않았으면 하는 생각을 가지고 있는 것 같다", "일본인에게는 있으면서 한국인에게 없는 유전자를 찾게 되면 왠지 기쁘다", "그렇게 느끼는 이유는 중국숭배와 관련이 있을 것 같다. 즉 한국보다 중국과 가까워지고 싶어 하는 의식, 말하자면 동생(일본)이 형(한국)을 능가하고 싶은 마음에서 비롯한 것 같다"[57]고 고백하였다. 이는 현대 인류학자라 할지라도 인습적인 한국인식과 결별하지 못했음을 말해주는 것이다.

VI. 맺음말

이상, 과거 300년 동안 일본연구자들이 어떤 인식 하에서 일본인의 기원연구를 추진하며 거기에서 한국인과 일본인의 계통관계가 어떻게 인식되어 왔는지 당대의 사회적 요건과의 관계를 고려하면서 개설하였다. '과학'을 표방한 당대 최고 연구자들의 학설이 불과 100년도 채 되지 않은 사이에 이토록 격변했다는 사실에서 우리는 민족 기원연구의 속성을 새삼 생각하지 않을 수 없다.

짧은 기간에 영토 팽창을 이룬 일본에게 자민족의 기원연구는 순수학문이 아니라 동화국책의 하나의 방도였음은 부정할 수 없는 사실이다. 일본인이 아시아의 어디에서도 소통할 수 있는 혼합민족임을 밝히는 것은 아시아의 어디에도 진출할 수 있는 정체성을 가지고 있음을 표명하는 것과 다를 바가 없었다. 그 일환으로서 가장 가까운 민족의 동화를 기도하려고 마련된 것이 바로 일선동조론이었다.

---

57 2003. 10.10. 국립유전학연구소에서 사이토 나루야(齋藤成也, 1957~)교수와 인터뷰.

그러나 한일계통연구는 처음부터 침략사상에서 비롯한 것이 아니라 유학이나 서구학문의 합리적인 사고에서 나온, 학설로서의 명분을 갖춘 논의였다. 또한 일선동조론이 시대를 휘어잡았을 시대에도 일본에게 한국은 어머니의 나라라고 보는 일선동조론자도 있었다. 이처럼 한일계통연구에는 침략사상만으로 환원할 수 없는 다양한 측면을 내포하고 있었던 것이다.

일선동조론을 비롯한 혼합민족론의 존재기반이 국가정책에 있었기 때문에 이것이 변경되면 그 존재기반을 상실하는 운명을 처음부터 지니고 있었다. 패전을 계기로 방법론을 달리 하는 여러 학문분야들이 일제히 단일민족 패러다임에 따라 정설을 재구성하였다. 이러한 대세 속에서도 일부 연구자들은 과거를 숨기면서 혼합민족론이나 일선동조론을 개작한 듯한 학설을 발표하여 세간의 주목을 받기도 했다. 그러나 이들은 끝내 학계 주류의 위치를 확보하지 못하였다. 그 후학들 사이에는 침략사상에 젖은 연구자로 간주되기를 회피하는 심리가 자리 잡아 의식적이든 무의식적이든 혼합민족론이나 일선동조론을 방불케 하는 견해에 거리를 두게 되었다. 거기에 한반도와 다른 정체성을 가져야 하겠다는 역사적으로 뿌리 깊은 민족주의와 맞물려서 한일 계통연구는 모습을 감추다시피 했다.

이러한 왜곡된 인식이 그동안 정상적인 연구를 진행하는데 장애물로 작용한 것은 말할 것도 없다. 한일 간의 명백한 문화적 연속성을 눈앞에 두고도 어떤 이는 적어도 혈연관계만큼은 인정하면 안 된다는 신념 아래, 도래인의 위상을 가능한 한 과소평가하여 단순히 한반도 문화가 일본열도로 전파된 것으로 해석했다. 또 어떤 이는 도래인이 시베리아나 만주에서 한반도를 뛰어 넘어 일본열도로 이주했거나 멀리 중국 남부에서 바다를 건너 도래했다고 해석하였다. 이러한 방도는 왜곡된 형태로나마 두 민족의 계통관계를 표명하려고 고안된 고육지책이었다고 할 수 있다.

이처럼 패전 후의 일본 학계에서는 일의대수(一衣帶水)의 이웃인 한국인과의 계통관계를 애써 외면하여 일본인의 기원 연구를 추진해왔다. 이러한 패러다임 속에서 어느 선학의 업적은 침략사상의 잔재로 치부되거나 치졸한 학설로서 학계에서 외면당했으며, 뜻이 있는 몇몇 연구자들만이 학계의 냉대 속에서 꿋꿋하게 연구를 지속해 왔다. 아직 연구자들의 마음속은 왜곡된 잠재의식이 불식되지 못한 상태인데다가 낙관적이지 못한 작금의 한일관계가 존재하는 것도 사실이지만, 과거의 패러다임 전환이 보여주듯이 머지않아 한일 계통연구에 획기적 전기가 찾아오리라 생각된다.

참고문헌

세키네 히데유키(2013), 「도리고에 겐자부로의 일본민족 기원론 - 민족이동의 관점에서 - 」『일본문화연구』제46집, 동아시아일본학회.

세키네 히데유키(2012), 「사사키 고메이(佐々木高明)의 일본문화 기원론 - '문화전파'와 '민족이동'의 관점에서-」『일본문화연구』제44집, 동아시아일본학회.

세키네 히데유키(2011), 「오카 마사오(岡正雄) 일본 민족문화 기원론의 성립과 그 특징 -'민족이동'의 관점에서-」동아시아일본학회.

세키네 히데유키(2011), 「에가미 나미오(江上波夫)와 기타 사다키치(喜田貞吉)의 일본민족 기원론 -한민족(韓民族)의 민족이동을 중심으로-」『동북아 문화연구』제27집, 동북아시아문화학회, pp.611-630. 참조

세키네 히데유키(2011), 「에가미 나미오(江上波夫) 일본민족 기원론에서의 왜인과 한인」『동아시아고대학』제24, 집동아시아고대학회.

세키네 히데유키(2009), 「일본문화의 원류로서의 남방계 문화연구 -'전파'와 '민족이동'에 대한 지식사회학적 접근-」『日本文化硏究』제30집, 동아시아일본학회.

세키네 히데유키(2007), 「한국인과 일본인의 계통연구와 패러다임」『민족문화연구』47호, 고려대학교 민족문화연구원.

세키네 히데유키(2007), 「'쓰다 사학(津田史學)'의 신대사(神代史) 해석과 한·일 민족의 계통관계」한국일본사상사학회『日本思想』제12호.

세키네 히데유키(2007), 「현대 일본 자연인류학자의 한국인 인식:한국인과 일본인의 계통관계를 중심으로」『일본문화연구』제22집, 동아시아일본학회.

세키네 히데유키(2005), 「'일본인의 이중구조 모델'에 있어서의 한국인 인식의 한계」『일본문화연구』제16집, 동아시아일본학회.

세키네 히데유키(2000), 「한국인과 일본인 에토스의 연원에 관한 연구」서울대학교 박사학위논문.

上田常吉(1935), 「朝鮮人と日本人の体質比較」東京人類學會 編『日本民族』岩波書店.

エルウィン·V·ベルツ(1973), 「日本人の起源のその人種的要素」池田次郎·大野晋 編『論集 日本文化の起源 5 日本人種論·言語學』平凡社.

江上波夫(1997), 「東アジアのなかの日本民族の形成と文明の曙」岸俊男·森浩一·大林太良 編『日本人とは何か』日本の古代 別卷, 中央公論社.

江上波夫(1984), 『江上波夫著作集 8 倭人の國から大和朝廷へ』平凡社.

江上波夫(1967), 『騎馬民族國家』中央公論.

岡正雄(1945), 「東亞民族學の一つの在り方」『民族研究彙報 民族研究』第3
　　　　卷 第1·2合併號号, 民族學協會.

小熊英二(1995), 『單一民族神話の起源』新曜社.

尾本惠市(1997), 「日本民族の源流-人類學の視点から考える-」沖浦和光 編
　　　　『日本文化の源流を探る』解放出版社.

金澤庄三郎(1910), 『日韓兩國語同系論』三省堂書店.

金澤庄三郎(1929), 『日鮮同祖論』刀江書院.

金關丈夫(1966), 「弥生時代人」『日本の考古學』3, 河出書房.

喜田貞吉(1979), 『喜田貞吉著作集 民族史の研究』第8卷.

工藤雅樹(1979), 『研究史 日本人種論』吉川弘文館.

小浜基次(1960), 「生体計測學的にみた日本人の構成と起源に關する考察」
　　　　日本人類學會『人類學研究』7.

坂野徹(2005), 『帝國日本と人類學者 1884~1952』勁草書房.

佐々木高明(1993), 『日本文化の基層を探る-ナラ林文化と照葉樹林文化』日本放
　　　　送出版協會, p.53.

佐原眞(1993), 『騎馬民族は來なかった』日本放送出版會.

田中良之(2014), 「いわゆる渡來說の成立過程と渡來の實像」古代學協會 編
　　　　『列島初期稻作の担い手は誰か』すいれん舍.

鳥居龍藏(1975), 『鳥居龍藏全集 第1卷』朝日新聞社.

鳥居龍藏(1920), 「民族上より見たる鮮, 支, 西伯利」『東方時論』5(4).

鳥越憲三郎(2004), 『中國正史倭人倭國伝全釋』中央公論新社.

鳥越憲三郎(1983), 「雲南からの道:日本人のルーツを探る-」角川書店.

德永勝士·十字猛夫(1995), 「HLAの多型性と日本人のルーツ」科學朝日編『モン
　　　　ゴロイドの道』朝日新聞社, 1995.

中橋孝博·飯塚勝(1998), 「北部九州の繩文~弥生移行期に關する人類學的考
　　　　察」『人類學雜誌』106卷 1号.

中橋孝博·飯塚勝(2008), 「北部九州の繩文~弥生移行期に關する人類學的考
　　　　察(2)」『人類學雜誌』116卷 2号.

埴原和郎(1995), 『日本人の成り立ち』人文書院.

安田喜憲(2003), 『日本古代のルーツ長江文明の謎』青春出版社.

山口敏(1978), 「日本人の骨」小片保 編『人類學講座 6 日本人』Ⅱ, 雄山閣.

依田千百子(1985), 『朝鮮民俗文化の研究』瑠璃書房.

Hanihara K., "Estimation of the Number of Early Migrants to Japan: A Simulative Study", Anthrop. Soc. Nippon 95-3, 1987.

Hanihara K., "Dual structure model for the population history of Japanese", Japan Review, 2, International Research Center for Japanese Studies, 1991.

https://www.pinterest.com/pin/561753753495411479/(검색일: 2015.3.10.)

제102회 발표, 2015년 4월 3일

『신찬성씨록(新撰姓氏錄)』과 고대 일본의 도래인

|

송완범(고려대학교 글로벌일본연구원 교수)

Ⅰ. 『신찬성씨록』이란?

『新撰姓氏錄』은 헤이안시대 초기인 815년(弘仁6년)에 사가(嵯峨)천황의 명에 의해 편찬된 고대씨족의 계보총람이다. 이 계보총람의 등재 범위는 지금의 교토시의 일부에 해당하는 당시의 서울 헤이안(平安)경 및 기내(畿內)[1]에 사는 씨족들을 대상으로 한다. 헤이안경 및 기내에 사는 1182씨를 그 출신에 따라 「황별皇別」·「신별神別」·「제번諸蕃」으로 분류하여그 조상을 명백히 하고 씨명(氏名)의 유래와 분파의 기원을 기술한 것이다. 주로 씨족의 개성 및 사성이 정확한가를 판단하기 위해 만들어졌다고한다. 기재씨족이 해당 지역의 전부인 것은 아니지만 일본고대씨족 연구혹은 일본고대사 전반에 있어 중요한 자료이다.

『신찬성씨록』의 편찬은 799년(연력18)에 해당 지역에 대하여 관련서류를 제출하게 한 것으로 시작하여 814년에 이르러 만다(萬多)친왕, 후

---

1 지금의 오사카, 나라, 교토 일부에 해당하는 고대율령국가의 천황이 살던 곳을 중심으로 하는 행정구역으로 야마시로山背(나중에 山城)·야마토大和·가와치河內·셋쓰攝津의 네 군데를 일러 4畿內로 부르다가, 가와치河內에서 이즈미和泉가분리되면서 5畿內가 되었다. 율령국가를 형성한 여러 씨족의 거주 지역을 행정상 특별 취급한 것이다.

지와라 소노히토(藤原園人), 후지와라 오쓰구(緒嗣) 등에 의해 일단 완성되었는데, 그 후에 미나모토노 아손(源朝臣)의 부분을 추가하고 불비한 점을 보충하여 다음 해인 815년에 이르러 조정에 제출되었다. 그래서 완성을 815년이라 한다. 전체 30권 구성이며 목록 1권으로 이루어졌으나 현재 전하는 것은 초록본으로 본문은 남아있지 않다. 다만 逸文을 통해 그 전모를 파악할 수 있다.[2]

II. 도래인, 귀화인, 유민

이전부터 고대 한반도에서 일본열도로 어떤 이유를 갖고서 건너온 사람들을 '도래인' 혹은 '귀화인'이라 부르는 오래된 연구사 정리가 있다.[3] 이를 여기서 구체적으로 따질 여유는 없기에, 전반적인 도래인의 도래가 집중된 중요 시기에 대해 언급하기로 한다.

종래의 도래인들의 도래 시점에 있어 중요한 획기가 되는 시기는 네 차례였다고 말해진다. 그 첫 번째 시기는 기원전 200년경~기원 3세기, 두 번째 시기는 오진(応神)·닌토쿠(仁德) 조를 중심으로 하는 5세기 전후, 세 번째 시기는 5세기 후반~6세기 초, 그리고 마지막 네 번째는 7세기 후반의 특히 덴치(天智) 조를 전후한 시기이다.[4]

그 중 마지막 7세기 후반 특히 덴치(天智) 조를 전후한 시기가 '한반도 유민'의 시기와 겹친다. 이에 들어가기 전에 도래인 혹은 귀화인과 유민의 차이에 대해 언급해 보자. 앞의 첫 번째부터 세 번째까지의 시기는

---

2 기본적인 연구 성과의 집대성은 佐伯有淸, 『新撰姓氏錄の硏究(全10卷)』, 吉川弘文館, 新版, 2007; 『田中卓著作集9卷 新撰姓氏錄の硏究』, 國書刊行會, 1996 참조.
3 졸고, 「일본 율령국가와 백제유민의 연구」, 노태돈 외, 한일관계사연구논집 13 『고대 동아시아 재편과 한일관계』, 경인문화사, 2010, 103-107쪽 참조.
4 上田正昭, 著作集 5卷 『東アジアと海上の交通』, 角川書店, 1999, 29-31쪽 참조.

한반도로부터 일본열도로 무슨 이유로든지 사람이 건너오더라도 그이들이 돌아갈 곳이 있는 사람들이었다면, 마지막 네 번째의 시기에 도래한 사람들은 돌아갈 곳이 없는 사람들이었다. 그런 이유로 이를 앞의 세 시기와 구별하여 도래인이나 귀화인으로 부르지 않고, 遺民으로 나누어 구별할 필요가 있는 것은 아닐까.[5]

다시 말해 도래인이나 귀화인으로 불리는 사람들은 어떤 목적을 갖고서 일본열도로 왔다가 그 목적을 달성하고 나면 다시 본적지인 한반도로 돌아가기도 하였으며, 혹은 일본열도에 계속 머무르다 자손을 남기거나, 일본열도에서 생을 마치는 경우마저 있었다. 하지만 그들은 돌아갈 곳이 있는 사람들이었다.

이에 비해 모국 혹은 조국이 멸망해 돌아갈 곳이 없는 사람들을 종래의 도래인이나 귀화인으로 부르기에는 적합하지 않다는 의미에서, 네 번째 시기인 7세기 후반에 일본열도로 넘어온 사람들을 앞의 시기의 사람들과 구별하여 '한반도 유민'으로 부르기로 한다. 그렇다면 '한반도 유민' 중에는 백제와 고구려의 멸망에 동반한 '백제유민'과 '고구려유민'[6]이 있었을 것이다.

---

5 앞의 논문, 107-109쪽 참조.
6 백제와 고구려의 멸망과 더불어 중국의 당으로 끌려간 사람들도 한반도 유민으로 부를 수 있음은 물론이다. 다만 본고에서는 중국의 한반도 유민의 존재는 다루지 않고 있다. 중국에서의 고구려 유민에 관해서는 다음의 책이 유익하다. 김인희, 『1300년 디아스포라 고구려 유민-그 많던 망국의 유민은 어디로 갔을까-』, 푸른역사, 2011 참조.

III. 율령국가

1. 율령제 연구의 일본사적 의미

일본 고대의 7세기부터 8세기에 걸쳐 만들어진 중앙집권국가를 율령국가라고 하며, 그 시스템을 율령제라고 한다. 오랜 분열기를 거쳐 6세기 말에 중국을 통일한 수(581~618년), 그리고 당(618~907년)은 정치한 관료기구와 그 운용, 주와 현에 의한 지방통치, 균전제(均田制)[7]와 부병제(府兵制)[8]에 의한 민중지배를 특징으로 하는, 진, 한 이래 발달해온 고대 중앙집권국가의 도달점이라고 해야 할 고도로 발전한 시스템을 완성시켰다. 그 시스템을 규정한 법전이 형법인 율(律)과 행정법인 영(令)이다.

7세기에는 수를 이어서 중국을 통일한 당이 고구려를 공격하고 백제를 멸망시키는 등 한반도 삼국과 왜(倭)에 커다란 압력을 가하자, 왜는 국가 존망의 위기 속에서 강력한 중앙집권국가를 만드는 데에 명운을 걸었다. 일본 율령국가의 특징은 당의 율과 영을 모범으로 하여 그것을 전면적으로 받아들여서 국가의 기본을 만든 것에 있다.

일본 고대사를 연구하는 가장 중요한 핵심이 바로 율령제의 연구이다. 일본에서는 9세기에 만든『令義解』[9] 『令集解』[10]라고 하는 注釋書를

---

7 중국 남북조 시대 북위부터 당나라까지 시행되었던 토지제도로서 국가가 국민에게 밭이나 황무지를 지급하여, 수확한 일부분을 국가에 세금으로 내고 정년이 되면 토지를 국가에 다시 반납하는 제도이다.

8 중국 남북조시대 서위(西魏, 534년~556년)부터 당나라까지 시행되었던 병사제도이다. 원래는 군대에 속해있는 병사라는 의미이지만 기본적으로는 자기부담으로 무기를 구입케 하여 임무를 맡기는 병농일치의 제도이다.

9 요로령의 관찬주석서로 우대신 기요하라노 나쓰노(淸原夏野)를 총재로 826년에 편찬을 개시하여, 833년에 완성하여 주상하였고 다음해 시행하였다. 본서에서 인용하는 형태로 양로령은 전하지만, 창고령(倉庫令)과 의질령(医疾令)은 빠져있다.

10 요로령의 사찬주석서로 고래의 주석서를 집성하였다. 고레무네노 나오모토(惟宗直本)가 찬한 35권이 현존한다(그 중 3권은 별도의 책이다). 「고기(古記)」「영석

통해서 영의 대부분이 전해졌기 때문에 養老令의 대부분의 조문을 주석
까지 붙은 채로 알 수 있고, 格11과 式12도 『類聚三代格』13 『延喜式』14
에서 대부분이 전해져 율령국가의 세부 구성까지 연구할 수 있다. 고등
학교 일본사B15 교과서에도, 율령제의 관료기구·班田收授制16·租庸調
制17 등의 제도에 관한 상세한 설명이 있고, 四等官制18나 班田額 등 너

(令釋)」「적기(跡記)」「혈기(穴記)」「찬기(讚記)」 등이 인용된다.

11 율령을 수정하고 부족한 부분을 채우기 위한 법령(부연법).

12 율령의 시행세칙

13 11세기 헤이안 시대에 쓰여진 작자 미상의 법령집. 홍인격(弘仁格)·정관격(貞觀
格)·연희격(延喜格) 등의 이른바 격을 사례마다 유취(類聚)하여 정리한 것. 모두
30권이라고 전해지지만, 현존하는 것은 20권과 12권의 두 종류이다.

14 헤이안 시대 중기에 편찬된 격식(율령의 시행세칙)으로 삼대격식(三代格式) 중에
서 완전한 형태를 갖고 있는 유일한 것이다. 자세한 사정까지 규정되어있기 때문
에, 고대사 연구에 있어서 중시된다. 905년 사가천황의 명에 의해서 편찬이 되었
다. 그 후에도 개정을 거듭하여 967년부터 시행되었다.

15 고대부터 현대에 이르기까지 일본의 역사를 통사적으로 배울 수 있는 교과서. 학
습 내용은 1.역사의 고찰 2.원시, 고대의 사회 문화와 동아시아 3.중세의 사회 문
화와 동아시아 4.근세의 사회 문화와 국제관계 5.근대 일본의 형성과 동아시아
6.양 세계대전기의 일본과 세계 7.제2차 세계대전 후의 일본과 세계의 내용이 주
로 다루어진다. 일본사이지만 세계와의 관계 등 세계사적 관점에서의 고찰, 지도
의 활용등의 지리적인 학습을 포함하고 있다.

16 고대 일본에서 시행된 농지의 지급과 수용에 관한 법체계. 일본율령제의 근간제도
의 하나로 율령이 정비된 아스카 시대 후기부터 헤이안 시대 전기에 걸쳐서 시행
되었다. 호적과 계장에 기초해서 정부로부터 밭을 받을 수 있는 자격을 얻었던 귀
족이나 인민에게 밭을 반급(班給)하고 사망자의 밭은 정부가 다시 거두어갔다. 이
렇게 반급된 밭은 과세의 대상이고 그 수확으로부터 조(租)가 징수되었다. 이 제도
는 당시 중국에서 시행되었던 균전제의 영향을 받아서 시행되었다고 여겨진다.

17 일본의 조용조제는 중국의 제도를 기본으로 하였지만, 일본의 실정을 고려하여
일본풍으로 개정해서 도입하였다. 조(租)는 국위(國衛)의 정창에 축적되어있는
지방 재원이고, 용조(庸租)는 수도로 운반되어서 중앙정부의 재원이 되었다. 용
(庸)과 조(調)를 수도로 운반하는 것은 생산하였던 농민 자신으로 고쿠시(國司)가
인솔하였다.

18 율령제에서 각 관사의 중핵직원이 4등급으로 구성되어 있는 것을 나타내는 용어
이다. 율령제를 지탱하였던 정치한 관료시스템의 기초제도로서 기능하였다. 일본

무 많은 암기 사항이 있기 때문에 무미건조하다고 느끼는 사람들이 많을 것이다. 그러나 율령제의 설명에 가장 중요한 의미가 있기 때문에 상세할 수밖에 없다.

養老律令은 天平宝字 원년(757년)에 시행되었지만, 그 이후에는 새로운 율령은 만들어지지 않았다. 하지만 율령은 어느 시점에 이르러서 폐지된 것은 아니고 어떤 의미에서는 에도(江戸)시대까지 계속해서 존재했다고 말할 수 있다. 나라 시대와 같은 것은 아니지만, 중세, 근세를 통하여 公家[19]를 중심으로 하는 조정은 존재했고, 계속 존속한 천황제는 변화한 부분도 많지만 율령제에 기초가 있다는 것은 말할 필요도 없다. 武家[20]·幕府[21]에 있어서도, 中納言[22]인 水戸黄門[23], 遠山佐衛門尉[24] 등과 같은 천황이 수여한 관직과 位階는 존재하고 있었다. 또한, 율령국가가 규정한 「일본」이라는 틀은, 그 후의 일본 역사의 발전의 기초가 되었다.

2. 7세기 후반의 국제정세

630년(舒明 2년)에 제1차 견당사를 파견한 후, 대화 개신 정부는 653

은 율령제를 개시한 것과 동시에 사등관제를 도입하였다.

19 일본에서 조정에서 일했던 귀족, 상급관인의 총칭. 천황을 가까이에서 보좌하거나 혹은 궁궐에 출사했던 주로 3위 이상의 위계를 세습한 집안.
20 일본에서 군사를 주된 임무로 하는 관직을 갖는 가계, 집안의 총칭. 에도시대에는 무가관위를 갖는 가계를 말한다. 광의적으로 현대에는 무사 일반을 가리키기도 한다.
21 일본의 중세 및 근세에서 정이대장군을 수장으로 하는 무가정권을 말한다. 혹은 그 무가정권의 정무를 행하는 관청이나 정이대장군의 거관(居館), 거성(居城)을 가리키는 명칭으로도 사용된다.
22 태정관에 두어졌던 영외관의 하나. 태정관에서 4등관의 차관에 해당한다. 그가 개혁을 위해서 일본의 각지를 돌아다녔다고 하는 창작소설의 제목이기도 하다.
23 중납언이었던 에도시대의 수호번주(水戸藩主)·덕천광국(德川光圀)의 다른 명칭
24 에도시대의 인물인 원산경원(遠山景元)을 지칭. 그의 관위가 従五位下左衛門少尉였기 때문에 원산좌위문위라고 불렀다.

년과 654년(白雉 4,5년)에 계속해 제2차, 제3차의 견당사를 파견한다. 그
러나 659년에 파견된 견당사는 당 고종을 알현하였지만, 다음 해 「海東
의 政」(당과 신라가 백제를 멸망시킨 것)이 있다고 해서 2년간 귀국이
허락되지 않고 억류되었다. 그리고 백제 멸망 후 백제 부흥의 요청을 받
은 일본은 663년(천지 2년)에 白村江에서 당, 신라 연합군과 싸웠는데
(백촌강 전투) 패배하였다. 665년, 당의 백제 점령군은 당의 사자로서 총
254명의 사절을 왜에 보냈고, 왜는 이를 수용하는 등, 전후처리를 행하며
당과 관계를 회복했다. 같은 해 이 사절이 귀국할 때에 제5차 견당사가
파견되는데 이는 다음 해인 666년 정월에 당 고종이 행한 산동성에 있는
泰山에서의 封禪[25] 의식에서, 신라와 백제의 사자와 함께 참가하기 위함
이었던 것 같다. 봉선의 의(儀)란 중국 고대에 천자가 천하가 태평함을
하늘에 보고하는 중요한 의식으로 거기에 패전국으로서 참석한 것이다.
그리고 당이 668년, 고구려를 멸망시키자 다음 해에 제6차 견당사가 파
견되는데 『新唐書』[26]에 의하면 당이 고구려를 평정한 것을 축하하는 목
적이었다. 언제 당의 공격이 있을지 모른다고 하는 긴장감 속에서 중앙
집권 국가형성을 서두르고 있었는데 이들 견당사는 전쟁과 그 전후 처리
를 위한 긴장감 속에서 파견되었는데, 정치적 교섭이 임무였기 때문에,
문화의 수입이라고 하는 임무는 약했다. 이후 702년까지 30년 사이에 견
당사는 파견되지 않았고, 다시 견당사가 재개된 것은 국호를 「일본」으로
변경한 이후였다.

이처럼 율령을 편찬했던 7세기 후반에는 당과의 사절의 왕래는 적었

---

25 황제가 하늘과 땅에 감사하는 의례. 천명을 받은 제왕이 태산에서 하늘에 제사지
   내는 것이 봉(封)이고, 그 산기슭에서 땅에게 제사지내는 것이 선(禪)이다. 주나
   라 성왕이 행하였다는 전설도 있지만, 진시황이 행한 것이 시초이다. 한 무제와
   후한 광무제도 시행하였다.
26 당나라의 역사를 기록한 정사. 북송의 구양수, 송기선이 1060년에 완성하였다.
   본기 10권, 지 50권, 표 15권, 열전 150권으로 이루어졌다.

고, 670년대 이후는 전혀 없었다. 대보율령의 *母法*이라고 여겨지는 당 고종 때인 651년에 만들어진 *永徽律令*은 이미 입수하였던 것 같다. 또한 648년(천무 13년)에는 신라를 경유하여 당에 있었던 유학생 하지노 아이 (土師甥), 시라이노 호네(白猪寶然)가 귀국하였는데, 그들은 대보율령의 편찬에 참가하고 있었기 때문에, 당의 법률을 현지에서 배운 지식을 가 져왔다고 생각된다. 그러나 전체적인 특색으로서는 인적왕래가 적은 가 운데 당의 실제를 보기보다는 책을 통해 배우는 것에 의해 당의 율령을 기본으로 일본의 율령을 만들어 낸 것이다.

또한 대보 율령 이전, 대화 연간(645~650)부터 천지 조에 걸쳐서의(천 무 조의 *淨御原* 령에 대해서는 성격이 분명하지 않은 부분이 있다) 국제 國制에 대해서는 당나라의 율령제를 모방했다기보다는 그 이전의 중국 의 국제(남북조)나 한반도 3국의 국제를 경유한 영향이 크다고 지적되었 다. 이러한 국제를 전제로 하여 그 위에 대보 율령에서 전면적으로 율령 을 계수하였다는 것이 중요하다.

3. 율령국가론

율령제의 일부로서 구성된 당시의 사회는 생각보다 토속적이고 미개 하다. 일본의 이제까지의 고유하고 토속적인 사회에 말하자면 접목을 시 켰다고 할 수 있다. 율령제 이전의 오래된 씨족제의 방식을 이용하면서 일본의 독자적인 제도를 만들어 가는 부분이 있다. 특히 지방에서의 호 족의 전통적 지배와 지방관인 國造에 의한 중앙정부로의 공납은 율령국 가의 지방 지배의 기초가 되었다.

따라서 율령제라고 해도 지금까지의 오래된 고유한 國制를 제도화하 였다고하는 측면이 있고, 거기에서 고유법을 찾아낼 수가 있다. 이노우에 미쓰사다(井上光貞)[27]는, 율령국가는 율령제와 씨족제의 이원적 국가라고 지적 한다. 넓은 의미에서의 율령제라고 하면, 씨족제로 대표되는 예전의 방식을 계승하고 있는 부분이 포함되어 있다. 요시다 다카시(吉田孝)는, 문화인류학 등을 참조해서 보다 넓은 시야로부터 그것을 문명과 미개라고 파악하고, 아직 미개한 사회가 문명화되어 가는 과정이라고 율령제의 성립에 의의를 부여하고 실제로는 씨족제와 율령제의 2중구조이고, 씨족제라는 미개한 사회에 율령제의 원추가 우뚝 솟은 이미지를 그리고 있다. 따라서 율령법의 어느 부분에는 당시 실제로 실현되지 않았지만, 이상이며 국가의 청사진으로서의 측면이 있다고 주장 한다.

이러한 미개와 문명이라고 하는 시점에서 일당의 법제 비교를 행하여 가는 중에, 율령제를 일본의 다이호·요로령 조문에 쓰어 있는 제도만이 아니라, 일본이 모범으로서 수입하려고 하였던 당의 율령, 나아가 그 배후에 있는 이념을 포함시켜 생각하려고 하는 사고방식이 가능하였다. 그렇다면 본서에 서술된 것과 같이 덴표(天平) 연간(729~748)에 율령제가 확대, 전개한다든가, 헤이안 시대(平安時代)[28]에 「예(礼)」의 형태로 율령제가 계수된다는 등의 표현법이 가능하게 된다. 만약 율령제를 일본의 율령 조문에 쓰어 있는 것으로 한정한다면, 요로 율령을 마지막으로 일본에서는 새로이 율령은 편찬되지 않았기 때문에, 그 후에는 전개되는 것도 없이 붕괴한다고 밖에 하는 수 없다. 일찍이 8세기 중엽 이후에 토지의 사유를 인정하는 것에 의해서 公地公民制, 즉 율령제는 붕괴하였다고 여겨지지만, 현재에는 덴표 연간은 오히려 율령제가 전개되어서 사회에 침투해 갔던 단계라고 하는 생각이 유력하다.

27 동경대학문학부 교수. 전후의 일본고대사 발전의 기초를 쌓았다. 전문분야는 다이카(大化) 전대를 중심으로 하는 국가사와 고대 불교사이지만, 만년에는 율령에 관심을 가졌다. 『井上光貞著作集』 전 11권이 있다.
28 794년 간무 천황이 헤이안쿄(교토)로 천도한 때부터 가마쿠라 막부가 성립할 때까지의 약 390년간을 가리킨다. 교토에 두어졌던 헤이안쿄가 가마쿠라 막부가 성립할 때까지 정치상 유일한 중심지였기 때문에 헤이안 시대라고 불린다.

IV. 나라시대의 도래인

1. 神龜元年(724)의 사성

『續日本紀』神龜二年二月의 기사는 元正天皇의 양위와 聖武天皇의
즉위전기기사로 부터 시작한다. 성무천황의 즉위는 나라시대의 황위계
승에 있어서 크게 기대되어졌던 것이었다. 天武天皇의 혈통을 계승시키
기 위해 元明과 元正이라는 중계의 구실을 했던 여성천황이 이대에 걸
쳐 필요했다.[29]

그런데 『續日本紀』神龜元年(七二四)二月甲午(四日)條에 의하면 성
무천황은 大極殿에서의 즉위와 함께 천하에 大赦하고 詔를 내려 이르기
를 자신에의 황위계승은 「不改常典」에 의한 것이기 때문에 정당한 것이
라고 강조하고 있다. 또 나아가 神龜元年의 개원과 함께 辭別[30] 이라고
하여 大赦·叙位·賜物·復除 등을 언급하고 있다. 그런데 『續日本紀』의
같은 날 기사에는 특필해야 할 내용이 있다.

『史料1』『續日本紀』神龜元年(七二四)二月甲午(四日)條
又官官仕奉韓人部一人二人〈爾, 其負而可仕奉姓名賜.

즉 각 관청에 근무하는 韓人部의 사람들에게 성명을 내린다고 하는
것이다. 그럼 여기의 韓人部라고 하는 것은 어떠한 것이었을까. 그 것은
다름 아닌 7세기말, 왜(일본)로 건너간 반도유민 속에서의 有位者集團을
가리킨다고 생각한다. 그 근거는 약 100일후의 기사로부터 알 수 있다.

---

29 井上光貞, 「古代の女帝」, 『天皇と古代國家』, 岩波書店, 2000. 초출은 1964. 荒木
敏夫, 『可能性としての女帝』, 靑木書店, 1999.
30 新日本古典文學大系『續日本紀』2, 142쪽 주8 참조.

『史料2』『續日本紀』神龜元年(七二四)五月辛未(一三日)條
從五位上薩妙觀賜姓河上忌寸. 從七位下王吉勝新城連. 正八位上高正勝
三笠連. 從八位上高益信男球連. 從五位上吉宜, 從五位下吉智首幷吉田
連. 從五位下＊兄麻呂羽林連, 正六位下賈受君神前連, 正六位下樂浪河
內高丘連, 正七位上四比忠勇椎野連, 正七位上荊軌武香山連, 從六位上
金宅良·金元吉幷國看連, 正七位下高昌武殖槻連, 從七位上王多宝蓋山
連, 勳十二等高祿德淸原連, 无位狛祁乎理和久, 古衆連. 從五位下吳肅
胡明, 御立連. 正六位上物部用善物部, 射園連. 正六位上久米奈保麻呂
久米連, 正六位下賓難大足長丘連, 正六位下胛巨茂城上連, 從六位下谷
那庚受難波連, 正八位上答本陽春麻田連.

神龜元年의 사성은 백제·고구려멸망후의 도래인으로서 본국에서 높
은 지위와 뛰어난 재능을 가진 자 및 그 자손이 蕃姓인 채로 일본에서
관인으로서 조정에 출사하고 있던 때에 그 들에게 사성을 명하는 詔가
내려지고 일본적인 성으로 변화하였다고 이해될 수 있다고 한다. 또한
이 때 주어진 성은 모두 일본적인 우지나에 가바네이고 또 忌村姓 하나
이외는 모두 連姓이고 주거지에 연유한 우지나가 주어지고 있다고 한다.
즉 그 들의 대부분이 백제와 고구려멸망에 휩쓸려 왜에 건너 온 반도유
민의 후예들이다. 그 후도 반도유민의 후예들을 대상으로 한 소규모의
사성은 계속되어졌다.[31]

그 후 天平宝字연간에는 반도유민의 후예에 관해 대규모의 개사성기
사가 存在한다. 宝字연간은 『續日本紀』이외에도 『新撰姓氏錄』서문에
유민의 후예들에의 개사성기사가 보인다.[32]

31 『續日本紀』 天平5년6월조, 동6년9월조, 동19년6월조, 天平勝宝2년정월조 참조.
32 佐藤宗諄, 「菅野氏の系譜」, 『奈良女子大學文學部研究年報』 30, 1986.

2. 天平宝字年間(757~764)의 사성

다음의 『史料3』은 『史料1』과 사료적 성격이 유사하다고 하는 공통점이 있다. 단 『史料1』이 관청에서 근무하는 반도유민의 후예들의 개사성에 관한 것인 점에 대해 『史料3』은 관청에 관계없는 일반의 반도유민의 후예들을 대상으로 하고 있다고 하는 점이 약간 다르다고 할 수 있다.

그런데 『史料3』의 전후의 사정을 개관하면 동년 3월에는 황태자였던 道祖王을 폐위한다고 하는 기사가 있다.[33] 그리고 곧이어 『史料3』과 같은 날인 四月四日에는 여러 신하들에게 다음 황태자를 누구로 하면 좋은가에 대해 묻고 있다. 신하들은 塩燒王과 池田王을 추천하는데 孝謙天皇은 大炊王을 지명하고 있다. 大炊王은 다음 천황인 淳仁이다.

또 『史料3』을 포함하는 긴 기사의 내용은 ①황태자 폐위사정, ②瑞祥의 출현, ③백성의 부담을 경감하기 위해 中男과 正丁의 연령을 한 살씩 끌어올리는 일, ④효의 덕목을 장려하고 孝経을 보급시키는 일, ⑤僧尼와 祝과 官人의 待遇, ⑥東大寺의 匠丁이하의 사람들에 대해 금년의 田租를 면제하는 일 등이다.

> 『史料3』『續日本紀』天平宝字元年(七五七)夏四月辛巳(四日)條
> 其高麗・百濟・新羅人等, 久慕聖化. 來附我俗, 志願給姓, 悉聽許之. 其
> 戸籍, 記无姓及族字, 於理不穏. 宜爲改正.

이 기사의 특징은 반도유민의 후예들이 바란다면 성을 준다고 하는 관대한 정책이다. 이것은 무엇을 의미하고 있는 것인가. 천황의 고유권한 속에 성을 내리는 일이 포함되어있다는 점으로부터 『史料3』은 파격적이라고 말할 수 있는 것은 아닐까. 石母田正씨에 의하면 天平勝宝연

---

33 『續日本紀』天平宝字 원년 3월 丁丑조.

간에 시작하는 도래인에의 무제한의 사성은 仲麻呂정권이 의식적인 기반의 확대를 노렸던 것이라고 하는데,[34] 그 견해가 바르다고 한다면 仲麻呂정권의 대신라정책과 관계가 있을 것 같다. 나아가 구백제계세력과 백제왕씨와의 관계를 생각할 때에도 유익한 견해라고 할 수 있겠다. 그런데 『史料3』의 결과는 4년 뒤의 『史料4』의 기사로부터 알 수 있다. 백제출신자 131인, 고구려출신자 29인, 신라출신자 20인, 중국인은 8인등 모두 188인에 미치는 대량의 개사성정책이라고 말해진다.

『史料4』『續日本紀』天平宝字五年(七六一)三月庚子(十五日)條
百濟人余民善女等四人賜姓百濟公. 韓遠智等四人中山連. 王國嶋等五人楊津連. 甘良東人等三人淸篠連. 刀利甲斐麻呂等七人丘上連. 戸淨道等四人松井連. 憶賴子老等 ＊ 一人石野連. 竹志麻呂等四人坂原連. 生河內等二人淸湍連. 面得敬等四人春野連. 高牛養等八人淨野造. 卓杲智等二人御池造. 延爾豊成等四人長沼造. 伊志麻呂福地造. 陽麻呂高代造. 烏那龍神水雄造. 科野友麻呂等二人淸田造. 斯臘國足二人淸海造. 佐魯牛養等三人小川造. 王宝受等四人楊津造. 答他伊奈麻呂等五人中野造. 調阿氣麻呂等廿人豊田造. 高麗人達沙仁德等二人朝日連. 上部王虫麻呂豊原連. 前部高文信福当連. 前部白公等六人御坂連. 後部王安成等二人高里連. 後部高吳野大井連. 上部王弥夜大理等十人豊原造. 前部選理等三人栢井造. 上部君足等二人雄坂造. 前部安人御坂造. 新羅人新良木舍姓縣麻呂等七人淸住造. 須布呂比滿麻呂等十三人狩高造. 漢人伯德廣足等六人雲梯連. 伯德諸足等二人雲梯造.

『史料4』를 근거로 옛 성의 유래에 대해서 다음과 같이 정리할 수 있는데 ①본성이 그대로 성으로 된 경우(高·王·金·物部·久米 등), ②「행정지명+관위+성+명」에 준한 행정지명으로 본성을 거듭한 이름이 성이 되었다(上部高 등), ③「행정지명+명」에 준하는 명칭(上部 등), ④출신

34 石母田正,『日本の古代國家』, 岩波書店, 1971.

국의 본거지를 성으로 한다(卓 등), ⑤일본에 오고 나서부터 「어디(國号)로부터 온 누구」라는 의미가 붙은 명칭(狛) 등등 옛 성이라고 해도 다양한 특징이 있다고 한다.

여기서 생각나는 것은 가바네에 「公」·「連」·「造」의 세 개가 사용된 일이다. 나아가 『史料2』와 표1에는 「連」밖에 없는 것이다(忌村이 한 예). 그런데 『史料4』와 표2에서 「公」은 백제왕족의 성인 「余」씨만이 「公」으로 변하고 있다. 그 중에서 「連」과 「造」의 사이에는 서열관계가 존재한다. 즉 「公」·「連」·「造」의 순으로 서열이 지켜진다고 하는 점이다. 백제왕족의 혈맥을 끄는 余氏에게 公姓이 사여되고, 또 連姓과 造姓과의 상하관계의 존재로부터, 이때 사성된 도래인 내부의 지위의 상하에 대해서는 본국에 있어서의 신분이나 지위의 상하도 포함하여 일본에서의 성의 질서에 대응시켜 결정된 것이다.[35] 즉 백제계유민의 후예들과 백제왕씨를 비교하면 서열상의 상하관계가 보다 더 명백해진다.

또 『史料4』는 이후도 반도유민계씨족의 개사성정책에 있어서 기준이 되는 중요한 역할을 하는 사료이지만[36] 나아가 반도유민의 후예들을 씨성의 질서 내에 포함시키는 것을 의미하고 중앙관인에 한정되지 않는 일반의 반도계 유민을 대상으로 한 점, 그리고 그 사성기준은 그 집단내부의 사회적 지위에 대응한 것이었고, 중심적 존재에는 「連」·「造」를 주었던 점, 시대가 내려가는 것에 의해 사성의 대상이 확대하고, 널리 성을 주게 된 것이 명백하게 되었다고 하겠다.

그렇다고 한다면 반도에서의 상하질서가 유민발생의 시점에서부터 한 세기를 지난 시점에서도 또 이국의 땅에서도 반영되어있었다고 하는 것이 된다. 그것은 나라시대의 유민계의 사람들의 지배와 관리의 특징일 것이라고도 말할 수 있는 점이지만, 한 편으로는 반도유민의 시스템 내

---

35 新日本古典文學大系『續日本紀』3, 보주23 15 참조.
36 『日本後紀』延曆18년 12월 갑술조 참조.

부에 강고한 연관을 가지는 부분이 있었던 것을 나타내고 있다고 말하지 않을 수 없다. 바꾸어 말하면 반도 유민의 사회 내부에서의 구조적인 특성, 즉 본국에서의 상하 서열관계가 집단 이주와 거주생활 속에서 이국 생활 속에서도 계속하여 유지되었다는 점의 반영이라고 할 수도 있을 것이다.

V. 헤이안시대

1. 桓武天皇

桓武朝는 日本律令國家의 確立期이고 中國的인 律令体制에 가장 가까운 형태의 律令國家를 志向한 시기였다고 말해진다. 지금까지 서술해 온 바와 같이 古代日本의 律令國家의 對外觀을 상징하는 존재로서의 百濟王氏의 意義는 더욱 높아졌다고 할 수 있다. 이러한 점에도 유의하면서 검토를 진행시켜 나가고자 한다.

桓武天皇과 百濟王氏의 血緣關係를 명백히 보여주는 사료는 다음과 같다.

【史料 1】『續日本紀』延曆九年(七九〇) 二月甲午(二十七日) 條
是日、詔曰、百濟王等者、朕之外戚也。今、所以、擢一兩人、加投爵位也。

이 사료에는 桓武天皇 스스로가 百濟王氏가 자신의 外戚이라고 하는 사실을 밝히고 있다. 즉, 桓武天皇의 어머니가 百濟王系 氏族 출신이었다고 하는 것이다. 또한 「擢一兩人」이란 百濟王玄鏡・仁貞・鏡仁의 叙位로 실현되었다.

　나아가 桓武天皇의 母인 高野新笠과 百濟王氏와의 관계를 알 수 있
는 사료로서 같은 해 正月條의 기사가 있다.

【史料 2】『續日本紀』延曆八年(七八九) 十二月條付載 同九年正月壬子
　　　　　(十五日) 條
　　　　　① 葬於大枝山陵。皇太后、姓和氏、諱新笠。贈正一位乙継之女
　　　　　也。母贈正一位大枝朝臣眞妹。后先出自百濟武寧王之子純陀太子。
　　　　　② 皇后、容德淑茂、夙着聲譽。天宗高紹天皇龍潛之日、娉而
　　　　　納焉。生今上・早良親王・能登內親王。宝龜年中、改姓爲高野
　　　　　朝臣。今上卽位、尊爲皇太夫人。九年、追上尊号、日皇太后。
　　　　　③ 其百濟遠祖都慕王者、河伯之女、感日精而所生。皇太后、
　　　　　卽其後也。因以奉謚焉。

　【史料 2】는 桓武天皇의 母인 皇太后 高野新笠의 薨伝이다. 高野新
笠은 일찍기 和氏 出身이었는데 桓武의 父인 光仁天皇 때에 高野新笠
은 高野朝臣으로 개성했다. 母인 大枝氏도 渡來系인 土師氏의 後裔였
다. 高野新笠의 조상은 『新撰姓氏錄』에 따르면 百濟武寧王의 후손인
純陀太子이다. 百濟武寧王은 百濟의 第24代 왕이기에 百濟王系와 直接
的인 관계가 있었다고 보는 입장에서 나온 발상이다.
　그런데 위의 기사를 세부분으로 나누어 생각해 보면 흥미깊은 점이
발견된다. 그것은 다름아닌 和氏와 百濟王系와의 사이에 血緣的 關係를
찾고자 하는 徹底한 努力이 행해지고 있다고 하는 점이다. 【史料 2】①
과 ③에서는 桓武의 어머니인 皇太后 新笠가 百濟王系의 出身者이라는
것을 강조하고 있다. 즉 【史料 2】①의 「后先出自百濟武寧王之子純陀太
子」와 【史料 2】③의 「其百濟遠祖都慕王者、河伯之女、感日精而所生、
皇太后卽其後也」는 皇太后 新笠의 출신 문제 그 자체이고 百濟王系와
系譜를 함께 하고 있는 점을 강조하는 것에 의해 그 신분의 특별함이 강
조된다고 하는 것이다.

　요컨대 新笠의 系譜에서 가장 중요한 것은 父系의 和氏 혹은 母系의 大枝氏가 아니고 百濟王系와의 관련을 어떻게 증명할 수 있는가에 달려 있다. 그 때문에 百濟王氏의 존재는 【史料 1】에서 「朕之外戚」라고 말해지는 것에까지 이르고 있다.

　皇太后新笠의 먼 父系에 대해서는 다음의 『日本書紀』의 사료가 있다.

【史料 3】『日本書紀』武烈七年(五〇五) 夏四月條
　　　百濟王遣斯我君進調。別表曰、前進調使麻那者、非百濟國主之骨族也。故謹遣斯我、奉事於朝。遂有子、曰法師君。是倭君之先也。

　여기의 「倭君」은 和氏의 조상이라고 말해진다. 「故謹遣斯我、奉事於朝。遂有子、曰法師君。是倭君之先也」로 부터는 皇太后 新笠의 먼 계보를 알 수가 있다.

　이로부터 皇太后 新笠의 가계가 백제왕계와 시대는 멀지만 혈연관계에 있는 일, 그리고 그러기 때문에 백제왕씨와 황태후 新笠의 관계도 백제왕계 씨족으로서 여겨지는 여지가 생기는 것을 알 수 있다. 持統8年 (694)의 금석문 사료 「甲午年銘法隆寺金銅觀音造像記銅版」에서는 구 백제계씨족이었던 大原博士가 신흥백제계씨족으로서의 백제왕씨의 계보를 보증했다고 이해했다. 그에 비하여 환무조의 백제왕씨는 오히려 구 백제씨족의 계보를 보증하는 입장에 선 존재로 보인다.

　和史氏의 출신에 대해서는 『續日本紀』延曆2年(783) 4月丙寅 (20일) 條에 「左京人外從五位下和史國守等卅五人賜姓朝臣」라는 기사가 있는데 그 和朝臣氏는 『新撰姓氏錄』左京諸番下條에 의하면 「和朝臣 出自百濟國都慕王十八世孫武寧王也」라고 하여 백제 왕계와 관계 깊은 씨족인 것이 확인된다.

　그런데 田中史生씨에 의하면 和史氏가 제사하는 神에는 東漢氏와의 관계를 연상시키는 것이 많고 和史氏가 東漢氏系의 도래씨족일 가능성은 매우 높다고 하고, 즉 和史氏는 제사를 통하여 다른 東漢氏系의 도래계 씨족과 연결되어 있었다고 하는 것이다. 또 백제왕씨가「朕之外戚」이라고 하여 환무 천황의 외척으로서의 지위를 주어진 것은「和氏譜」에 의해 환무천황의 어머니계 씨족인 和氏가 백제왕족과 관련된다는 계보를 백제왕씨에게 승인받기 위한 것이었다고 한다. 환무천황의 어머니가 和氏로부터 나오는 것에 의해 자연스럽게 환무 천황과 백제왕씨와의 연결이 생겼다고 하는 것이다. 그리고 이렇게 2단계에 걸쳐 환무 천황과 백제왕씨의 관계가 만들어진 배경에는 和氏의 신분이 낮았다고 하는 이유가 있었다고 하는 것이다.

후반부의 주장에 관해서는 필자는 오히려 백제왕씨가 담당한 씨족적 역할에 주목할 필요가 있다고 생각한다. 이미 백제왕씨의 역할은 和氏의 후견역이었다고 생각된다. 백제왕씨의 존재는「和氏譜」라는 계보상의 문제만이 아니라 실제로 후견인 역으로서의 역할을 담당하고 있었다고 생각한다. 백제왕씨의 후견의 내용은 新笠의 가족이 백제왕실과의 관련을 가지고 있었다고 하는 내용증명이었다. 和氏든 大枝氏든 개사성 자체가 중요한 것이 아니라 백제왕씨와의 관련이 중요한 것이다. 그렇다고 한다면 和氣淸麻呂가 작성했다고 말해지는「和氏譜」의 내용도 백제왕실과의 관련을 증명하는 것이었을 가능성이 크다.

요컨대 백제왕씨는 구백제 계씨족에 대하여 그들의 후견 역으로서 존재했다고 생각된다. 이러한 관점은 앞에서 서술한 것처럼 백제왕씨의 주위에는 구백제계 씨족의 사람들이 많이 모여 있었다고 하는 사실에서도 추측할 수가 있다.

그러한 관점에서 보면 다음의 津連眞道가 菅野朝臣으로 개성할 때에 百濟王仁貞·元信·忠信이라는 세 사람의 백제왕씨가 이름을 나란히 하고 있는 기사는 대단히 흥미 깊다.

【史料 4】 『續日本紀』延曆九年(七九〇) 七月辛巳(十七日) 條
　　　　左中弁正五位上兼木工頭百濟王仁貞、治部少輔從五位下百
　　　　濟王元信、中衛少將從五位下百濟王忠信、図書頭從五位上
　　　　兼東宮學士左兵衛佐伊予守津連眞道等上表言、
　　　　眞道等本系、出自百濟國貴須王。貴須王者、百濟始興第十六
　　　　世王也。夫、百濟太祖都慕大王者、日神降靈、奄扶余而開國、
　　　　天帝授錄、惣諸韓而称王。降及近肖古王、遙慕 聖化、始聘
　　　　貴國。是則、神功皇后攝政之年也。其後、輕嶋豊明朝御宇
　　　　應神天皇、命上毛野氏遠祖荒田別、使於百濟、搜聘有識者。
　　　　國主貴須王、恭奉 使旨、擇採宗族、遣其孫辰孫王〈一名智
　　　　宗王〉隨使入朝。天皇嘉焉、特加寵命、以爲皇太子之師矣。
　　　　於是。始伝書籍、大闡儒風。文敎之興、誠在於此。難波高津
　　　　朝御宇 仁德天皇、以辰孫王長子太阿郎王爲近侍。太阿郎
　　　　王子亥陽君。亥陽君子午定君。午定君、生三男。長子味沙、
　　　　仲子辰爾、季子麻呂。從此而別、始爲三姓。各因所職、以命
　　　　氏焉。葛井・船・津連等卽是也。逮于他田朝御宇 敏達天皇御
　　　　世、高麗國、遣使上鳥羽之表。群臣・諸史、莫之能讀。而辰爾
　　　　進取其表、能讀巧寫、詳奏表文。天皇嘉其篤學、深加賞歎。
　　　　詔曰、勤乎懿哉。汝、若不愛學、誰能解讀。宜從今始近侍殿
　　　　中。旣而、又 詔東西諸史曰、汝等雖衆、不及辰爾。斯並國
　　　　史・家牒、詳載其事矣。伏惟、皇朝、則天布化、稽古垂風。弘
　　　　澤浹乎群方、叡政覃於品彙。故能修廢継絶、万姓仰而賴慶、
　　　　正名弁物、四海歸而得宜。凡有懷生、莫不抃躍。眞道等先
　　　　祖、委質 聖朝、年代深遠、家伝文雅之業、族掌西庠之職。
　　　　眞道等、生逢昌運、預沐天恩。伏望、改換連姓。蒙賜朝臣。
　　　　③ 於是、勅、因居賜姓菅野朝臣。

　이 사료를 내용에 따라 세부분으로 나누면 ①에서는 백제왕씨인 仁
貞·元信·忠信이 사성을 바라는 본인 津連眞道와 함께 환무천황에게 표
를 올리고 있다. 이것이 무엇을 의미하고 있는가. ②에서는 津連眞道가
왜「改換連姓。蒙賜朝臣」인가에 대해서 상세하게 설명하고 있다. 새로

운 성을 받기 위해 두 王家의 역사에 대해 말하고 있다. 우선 백제왕가에 대해서는 太祖都慕大王·近肖古王·貴須王·辰孫王을, 다음의 왜의 왕가에 대해서는 神功皇后·應神·仁德·敏達大王을 제시하고 그 사이의 왜국과 백제의 양국 간에 여러 가지 사건을 들어 사성의 개연성을 강조하고 있다. 백제에서 도래한 자로서 장기에 이르러 왜국에 대해 많은 공이 있고 이 사실이 개성의 충분한 이유가 된다고 하는 것일 것이다. 이에 더하여 백제왕가와의 관계를 재삼 강조하는 것은 백제왕씨가 津連眞道의 개성의 후견이 되는 것을 기대하는 의도가 숨겨져 있었던 것은 아닐까. 그리고 ③은 津連眞道가 菅野朝臣으로 사성된 결과를 보여주고 있다.

위 기사는 백제왕씨 이외의 백제계씨족과 백제왕씨와의 관계를 반영하고 있다는 점에서 주목된다. 즉 백제왕씨가 持統朝에 새롭게 등장한 신흥백제계씨족이라는 소극적인 자세로부터 奈良時代의 율령관인화의 길을 통하여 7세기 후반 백제왕씨와 도래 시기를 같이 하는 百濟系遺民은 물론, 그 이전에 도래하고 있었던 구백제계씨족들과의 관계를 깊게 하고 있었던 일, 그리고 환무조에는 자신들의 처지를 구백제계씨족의 후견자로서까지 성장하고 있다고 볼 수 있다. 그런 이유야말로 환무천황이 백제왕씨를 「朕의 외척」이라고 하여 받아들이는 것이 가능했던 것이다. 다시 말하자면 백제계씨족 속에서 백제왕씨가 대표성을 가지게 된 것에 의해 구백제계씨족의 후예이고 황태후 新笠의 후견역으로서의 백제왕씨를 「朕의 외척」이라고 해도 특별한 문제는 없었던 것이 아닐까.

2. 헤이안경

다음으로 헤이안궁/경의 조영 과정을 들여다보자.[37] 나가오카궁/경의

---

37 평안궁/경 건설에는 건물의 이축이 행해지는데, 평성궁/경에서 만이 아니라 또 하나의 수도였던 난파경으로부터도 시행되었다는데 주목할 필요가 있다. 즉, 이

조영이 예상대로 여의치 않자 간무는 새로운 궁도의 조영을 계획하기 시작한다.[38] 이후 헤이안궁/경은 잠깐 동안 천황 거소가 옮겨 다니는 경우를 빼 놓고는 거의 천년 동안 고대의 수도로서만이 아니라 일본의 수도로서 기능한다. 이러한 헤이안궁/경 건설의 의미는 고대에서는 대체적으로 남쪽에서 북쪽으로의 천도라는 지정학적 특성을 보인다.[39]

고대일본의 지배자가 거주하고 정무하는 공간이 바뀌고 이동하는 것에서 움직이지 않는 공간으로의 변화는 무엇을 말하는 것일까. 이는 일본율령국가의 전개와 전환과도 매우 밀접한 관계가 있을 것이다.

이상으로 고대도시의 이동에는 여러 가지 도시문제가 얽혀있고, 도시문제의 발생에 대한 고대도시민들의 대응의 양상도 다양한 것임을 실물자료와 관련지어 알 수 있었다. 그렇다면 천궁과 천경 그리고 이동하지 않는 고정도시 헤이안궁/경의 확보라는 변화의 흐름이 의미하는 것은 무엇일까.

러한 건물의 이축 행위는 기존의 장소로 두 번 다시 돌아가지 않겠다는 의지의 표현이기도 하고, 또 건물의 신속한 재배치를 무난하게 설명할 수 있는 것이기도 하다. 요컨대, 평성궁/경과 난파경의 양쪽으로부터 건물의 이축 행위라는 것은 이제 궁경을 한 군데만 운영하겠다는 궁경의 축소라는 것을 의미한다.

38 이러한 사정은 연력12년 정월조 기사에서부터 출현하기 시작하는데, 같은 해 12월에는 택지를 나누어 주고 다음 해 6월에는 경내를 청소시키고 있고, 다음 달에는 시인, 즉 시장에 종사하는 사람들을 배치하기 시작한다. 그리하여 다음 해인 연력13년(794)10월에 정식으로 천도를 결행한다. 그 이후에도 평안궁/경의 건설사업은 연력24년까지 간단없이 계속된다.

39 이러한 이유에 대해서는 고대의 야마토왕권 이래의 옛길의 존재와 그 활용의 확산을 전체적으로 볼 필요가 있다는 의견이 있다. 그 옛길은 남북만이 아니라 동서를 가로지르는 직선도로이다 보니 그 길들은 때로는 교차하기도 한다. 대개 남북을 관통하는 옛길에는 상/중/하의 세 길이 축을 이루고 있고, 동서의 옛길은 물길을 따라서 존재하는 경향이 강하다고 한다.

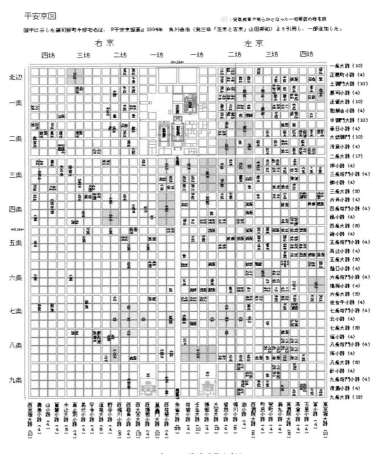

<그림 1> 헤이안궁/경[40]

다시 말해 고대일본의 지배자의 거처이며 이를 지탱하는 신하들의 집단 거주지이면서 경제생활의 지반이자 상업의 거점 그리고 종교시설의 확보 등이 가능한 일정 공간을 도시와 결부시켜 생각한다고 했을 때, 궁과 경이

---

40 송완범, 「고대일본의 '궁도'에 대하여」, 『신라문화제학술논문집』제29집, 2008, 272쪽 참조.

중요한 소재임은 부정하기 어렵다. 그런데 이 궁과 경을 도시 이동의 문제와 관련지어 생각한다면 그 의미는 어떻게 정리할 수 있을 것인가.[41]

이전에 율령국가의 성립과 전개, 변용의 3단계를 제시한 적이 있다.[42] 이러한 이해 위에 서서 일본도시의 이동에서 고정으로의 3단계를 들여다보자면, 천궁(7세기 이전)→ 천경(8세기)→ 고정도시(9세기 이후)의 3단계는 시사점이 풍부하다.

즉, 천궁의 시기는 한반도와의 관련 속에서 아직 왜국이 국가적 형성기에 속한 단계이고, 8세기 천도의 시기는 동아시아 속의 혼란기라는 7세기 중후반 시기를 지나 왜국에서 일본으로 대왕에서 천황으로의 탈각을 거친 나라 시대의 일본을 가리킨다. 그 이후 고정도시 헤이안궁/경의 등장 이후는 7세기말에 성립되고 8세기의 전개기를 거친 일본율령국가가 이제 한반도와 중국 대륙의 영향보다는 일본 자체에 침잠하는 변용의 시기를 맞이하는 또 다른 증거일 수 있다는 것이다.

VI. 『신찬성씨록』과 도래인

신찬성씨록의 대상 범위는 헤이안경과 5기내에 거주하는 씨족으로 한정한 것이지만 서문에 의하면 그마저도 과반이 등재되어 있지 않다고 기록되어 있다. 또 서명에 신찬이라고 하는 것은 이전에 기획되었다가 중

---

41 仁藤敦史, 歷史文化ライブラリー333『都はなぜ移るのか-遷都の古代史-』, 吉川弘文館, 2011 참조.

42 송완범, 「'百濟王氏'와 日本律令國家의 성립과정에 대한 일고찰」, 고려대학교 일본사연구회 편『동아시아 속의 한일관계사(상)-반도와 열도의 교류』, 제이앤씨, 2010; 동, 「동아시아세계 속의 '백제왕씨'의 성립과 전개」, 『백제연구』44, 2006; 동, 「일본 율령국가의 개·사성정책에 대하여」, 『일본역사연구』22집, 2005년; 동, 「9세기 일본 율령국가의 전환과 백제왕씨의 변용」, 『한일관계사연구』제29집, 2008; 동, 「일본율령국가의 변용에 대한 일고찰」, 『일본학연구』31호, 2010 참조.

단된 『氏族志』를 다시 만들었다는 의미로, 이전에 다른 『姓氏錄』이 있었다고 하는 의미는 아니라고 한다. 1182씨족에 대해 황별, 신별, 제번으로 類別하고 당시의 정치적 세력의 우열에 따라 각 씨족을 배열한 것이다.

먼저 황별은 초대 진무(神武)천황 이래 천황가에서 분립된 씨족으로 335씨가 들어진다. 대표적인 씨족으로는 기요하라(淸原), 다치바나(橘), 미나모토(源)씨 등이다. 나아가 마히토(眞人) 성을 갖는 씨족인 황친(皇親)과 그 외의 성을 가진 씨족으로 나뉜다.

다음의 신별은 진무천황 이전의 신대에 나뉘거나 혹은 그로부터 생긴 씨족으로 404씨가 들어진다. 니니기노미코토(瓊瓊杵尊)가 천손강림할 때에 수행한 신들의 자손을 「천신天神」이라고 하며, 그로부터 3대 사이에 나뉜 자손을 「天孫」이라고 하고, 천손강림 이전부터 토착한 신들의 자손을 「地祇」라고 하여 세 분류로 다시 나누고 있다. 「천신」으로 분류된 성씨는 후지와라(藤原), 오나카토미(大中臣) 등 246씨, 「천손」은 오하리(尾張), 이즈모(出雲)씨 등 128씨(하야토(隼人) 계통 씨족은 천손으로 분류), 「지기」는 아즈미(安曇), 유게(弓削)씨 등 30씨가 있다.

마지막으로 제번은 도래인계통의 씨족으로 하타(秦), 오쿠라(大藏) 등 326씨가 들어진다.[43] 제번의 계보를 더 자세히 분석하면 중국계인 漢의 계열로 163씨, 그 뒤를 이어 백제 104씨, 고구려 41씨, 신라 9씨, 임나 9씨 해서 모두 326씨로 계보 파악이 가능한 씨족 전체의 약 30퍼센트에 해당한다. 그 외, 앞의 세 가지 어느 계통에도 속하지 않은 씨족이 117씨가 들어진다. 이상을 모두 합한 것이 바로 현재의 신찬성씨록에 실린

---

43 제번의 성씨를 들자면 다음과 같다. 太秦公宿祢, 秦長藏連, 秦忌寸, 文宿祢, 武生宿祢, 櫻野首, 伊吉連, 常世連, 山代忌寸, 大崗忌寸, 楊侯忌寸, 木津忌寸, 木津史, 淨村宿祢, 淸宗宿祢, 淸海宿祢, 嵩山忌寸, 榮山忌寸, 長國忌寸, 淸川忌寸, 新長忌寸, 当宗忌寸, 丹波史, 大原史, 桑原村主, 下村主, 上村主, 筑紫史, 吉水連, 牟佐村主, 和藥使主, 大石, 和朝臣, 百濟朝臣, 百濟公, 調連, 林連, 香山連, 高槻連, 廣田連, 石野連, 神前連, 沙田史, 大丘造, 小高使主, 飛鳥部, 高麗朝臣, 豊原連, 福当連, 御笠連, 出水連, 新城連, 高史, 日置造, 福当造, 河內民首 등.

1182개의 씨족이 되는 것이다.

그중 제번이라는 용어의 의미는 고대일본에서의 고구려, 백제, 신라 등 한반도 3국에 대한 총칭의 의미로 사용된다. 이 말이 최초로 등장하는 것은 『일본서기日本書紀』 세이네이(淸寧) 천황3년(482) 11월是月條에서 「海表의 諸蕃들이 사신을 보내어 물품을 진상하다.」에 보인다. 그 후의 자료로는 『日本書紀私記』의 「弘仁私記序」에 보이는 『諸蕃雜姓記』라는 서명, 그리고 815년에 성립한 신찬성씨록의 황별, 신별, 제번의 제번인 것이다.

그 외 율령제에서는 「玄蕃寮」[44]가 설치되는 등 「제번」·「번」·「번국」의 표기가 종종 보인다. 단, 중국(당)에 대해서는 같은 고유의 일본음이면서 '도나리노쿠니(隣國)'라고 하고 있다. 또한 7세기 후반에 신라가 한반도를 통일하자 제번의 대상국이 신라만이었기 때문에 신라를 가리키는 말로 정착하게 된다.[45]

제111회 발표, 2017년 6월 29일

---

44 율령제 하의 치부성治部省에 속하고 사원과 승려의 명부, 당과 한반도 3국 등의 외국 사신의 접대 등을 담당한 관청으로, 당나라의 홍로사鴻臚寺에 해당한다고 한다.
45 佐伯有清, 「諸蕃」, 『日本史大事典 3』, 平凡社, 1993 참조.

조선통신사를 통해 본
필담창화(筆談唱和)의 문학세계

|

허경진(연세대학교 국문과 교수)

Ⅰ. 창수가 중요하게 된 계기

조선왕조의 외교정책은 사대교린(事大交隣), 즉 커다란 중국은 상국으로 섬기고, 이웃나라 일본과는 친하게 사귀는 것이다. 일본이 조선에게 대하는 외교 지침도 근본적으로는 교린(交隣)이었기에, 일본의 외교관 아메노모리 호슈(雨森芳洲)는 조선과 친하게 지내기 위해서 꼭 알아야 할 조선어를 가르치기위해『교린수지(交隣須知)』를 쓰고, 알아야 할 사항들을 정리하여『교린제성(交隣提醒)』이라는 책을 지었다.

명나라와 조선 사이에는 건국 초기를 제외하고는 커다란 갈등이 없었으며, 조선과 일본도 임진왜란 직후의 포로 쇄환(刷還) 이후에는 드러난 갈등이 별로 없었다. 현안 문제가 없었기에, 외교가 크게 중요하지는 않았다. 장군의 습직을 축하하는 통신사만 보냈으니 일본에서도 사신을 접대하는 태도는 우호적이었으며, 외교보다도 문학이 더 중요하다고 할 정도로 사신을 접대하는 일행은 기회가 있을 때마다 시를 주고받았다. 오히려 문학을 통해서 필전(筆戰)을 펼쳤다고 할 정도로 수창(酬唱)이 활발했으며, 사신 일행이 돌아간 뒤에는 일본 문인들이 필담 창수집을 편집 출판하였다.

문학의 효용성을 여러 가지로 들 수 있지만, 공자는 일찍이 사신의 응대를 예로 들었다. "시 삼백편을 외우고도 그에게 정사를 맡겼을 때 제대로 처리하지 못하고, 외국에 사신으로 내보내도 혼자 응대하지 못한다면, 그가 아무리 많이 읽었다 한들 무슨 소용이 있겠느냐? [子曰 誦詩三百 授之以政不達 使於四方 不能專對 雖多亦奚以爲]"고 한 <자로(子路)>편의 말대로, 시를 배우는 이유 가운데 하나가 바로 사신의 임무를 맡아 외국에 나갔을 때에 응대하기 위한 것이었다. 『시경』의 작품들은 여러 상황에서 지어졌기 때문에, 어떠한 외교 사안에도 그에 해당되는 시를 외워 응대할 수 있었던 것이다.

임진왜란 직후인 1607년, 1617년, 1624년의 통신사는 회답겸쇄환사(回答兼刷還使)라는 명칭으로 파견되었는데, 전쟁의 후유증이 심한 가운데 포로쇄환(捕虜刷還)의 임무가 중요했으므로, 시를 주고받을 정도로 우호적인 분위기는 아니었다. 『통항일람(通航一覽)』에 따르면 일본 문사와 조선 사행인원 사이의 최초 수창은 1624년 하야시라잔(林羅山)과 사자관(寫字官)으로 온 이성국(李誠國) 사이에 있었지만, 본격적인 수창은 1643년 5차 때부터 시작되었다. 『계미동사일기(癸未東槎日記)』 7월 10일자에 하야시라잔이 객관인 본원사(本願寺)로 찾아와 문장을 담당한 독축관(讀祝官) 박안기(朴安期)를 보자고 청했다는 내용이 나오는데, 이때 하야시라잔의 두 아들도 함께 박안기와 화운시를 주고받았다. 1655년에도 에도(江戶)에 도착한 이틀 후 林春齋가 맏아들 林春信을 비롯한 몇 명을 데리고 와 독축관과 서화(書畵)하는 사람을 청했다. 그 이후에는 창수가 활발해졌다.

홍우재(洪禹載)는 『동사록(東槎錄)』 9월 10일자 일기에서 에도에 머물 때 林春齋의 아들인 林信篤을 비롯한 학사들이 찾아와 조선의 학사들과 화답하였다고 하였는데, 국서 문제로 관례화되어 있던 태학두(太學頭) 부자와의 만남이 다른 문인들과의 수창으로 확대되기 시작했음을 알 수 있다.

II. 접반사와 통신사의 수행 문인 선발

조선에서는 명나라 사신을 접대하는 문사를 키우기 위해 관각(館閣)을 설치하고 인재를 선발하였다. 경연청(經筵廳)·규장각(奎章閣)·홍문관(弘文館)·예문관(藝文館)·춘추관(春秋館)·독서당(讀書堂)·승문원(承文院)·성균관(成均館) 등의 기관을 아울러 관각(館閣)이라고 불렀는데,[1] 나라의 문장을 맡은 관청들이다. 관각에서는 왕명과 외교문서의 작성을 비롯해 경연(經筵)과 과거(科擧), 유생의 교육을 주관하였으며, 홍문관과 예문관의 대제학(정2품)을 겸한 책임자를 문형(文衡)이라고 하였다.

명나라 조사와 창수가 거듭되면서 조정에서는 관각의 인재를 육성할 필요를 느꼈다. 성종 7년(1476)에 기순이 다녀가자, 대사헌 윤계겸(尹繼謙)이 시무책 9조를 올렸는데, 그 가운데 4조가 바로 접반(接伴) 수창(酬唱)의 인재 육성에 관한 건의이다.

> 사장(詞章)이 비록 말기(末技)이기는 하지만, 중국의 문사가 사명을 받들고 오면 우리나라가 문교(文敎)가 있는 나라라 하여 모두들 시를 짓고 화답하기를 요구합니다. 만일 압도하여 앞서지 못한다면 우리나라를 경시하는 마음이 없겠습니까? 그러므로 문인(文人)과 재사(才士)는 나라의 꽃이니, 미리 기르지 않을 수 없습니다. 엎드려 바라건대 문왕(文王)의 인재 기름과 세종의 고사를 본받으시어, 어린 문신을 가려뽑고 한직(閒職)을 주어 사무를 맡기지 말고, 학문에 전념하며 문장에 진력하게 하신다면 아마도 교양이 알맞게 되어 인재가 배출될 것입니다.[2]

명나라에서 조관을 조사로 보낸다는 통고를 받으면, 조정에서는 임금으로부터 재상과 관각의 구성원에 이르기까지 접반사를 선발하고 조사

---

1 『증보문헌비고』 220권 「직관고」7, 221권 「직관고」8.
2 『성종실록』 7년 5월 15일조.

를 접대하는 일에 전념했는데, 그 가운데 수창이 가장 중요했다. 선조 39
년(1606)에 주지번(朱之蕃)이 반황태손탄생조사(頒皇太孫誕生詔使)로 오
게 되자 선조가 영의정 유영경, 좌의정 기자헌, 우의정 심희수, 관반(館伴)
이호민, 접반사 유근과 모여서 대책회의를 열었다.

통신사 문인은 위항이나 서얼에서 뛰어난 인재를 선발했다. 제11차 통
신사에는 남옥(南玉)이 제술관으로, 성대중(成大中)·원중거(元重擧)·김인
겸(金仁謙)이 서기로 참여해 흔히 4문사라고 불렸는데, 이들 말고도 창
수시를 많이 지은 시인이 바로 역관 이언진(李彦瑱)이다. 그는 한어(漢語)
역관으로 수행했는데, 연암 박지원은 <우상전(虞裳傳)> 첫머리에서 이렇
게 묘사하였다.

> 일본의 관백(關白)이 새로 정권을 잡았다. 그는 저축을 늘리고 건물을 수
> 리했으며, 선박을 손질하고 속국의 여러 섬들을 깎아서 자기 소유로 만
> 들었다. 그 밖에도 기재(奇才)·검객(劍客)·궤기(詭技)·음교(淫巧)·서화
> (書畵)·문학 같은 여러 분야의 인물들을 서울로 모아들여 훈련시키고
> (통신사를 맞을) 계획을 갖추었다. 그런 지 몇 년 뒤에야 우리나라에 사
> 신을 파견해 달라고 요청하였다. 마치 상국(上國)의 조명(詔命)을 기다리
> 는 것처럼 공손하였다.
> 그러자 우리 조정에서는 문신 가운데 3품 이하를 골라 뽑아서 삼사(三
> 使)를 갖추어 보냈다. 이들을 수행하는 사람들도 모두 말 잘하고 많이 아
> 는 자들이었다. 천문·지리·산수(算數)·점술(占術)·의술·관상·무력(武力)
> 으로부터 퉁소 잘 부는 사람, 거문고 뜯는 사람, 우스갯소리 잘하는 사람,
> 노래 잘 부르는 사람, 술 잘 마시는 사람, 장기나 바둑을 잘 두는 사람,
> 말을 잘 타거나 활을 잘 쏘는 사람에 이르기까지, 한 가지 기술로 나라
> 안에서 이름난 사람들은 모두 함께 따라가게 되었다. 그런데 이들 가운
> 데서도 문장과 서화(書畵)를 가장 중요하게 여기지 않을 수가 없었다. 왜
> 냐하면 그들은 조선 사람의 작품 가운데 한 글자만 얻어도 양식을 싸지
> 않고 천리길을 가기 때문이었다.

박지원은 도쿠가와 이에하루(德川家治)가 습직하자마자 통신사 맞을 준비를 시작했다고 했다. 당시 일본으로서는 통신사 영접이 동아시아와 통하는 거의 유일한 통로였으므로, 국력을 과시하기 위해 당대 최고의 인물들을 선발했다는 것이다. 물론 시를 지을 수 있는 호행원도 여기에 해당된다. 이에 대비하여 우리 조정에서도 18가지 기술로 나라 안에서 이름난 인물을 선발하였다. 이 가운데 문장과 서화가 가장 중요하다고는 했지만, 술 잘 마시는 사람이나 바둑 잘 두는 사람과 동격으로 여긴 느낌을 받게 된다.

조선 문사들이 험한 뱃길을 통해 일본 가기를 꺼렸기에 수행원으로는 사대부 문인보다도 홍세태(洪世泰)나 이언진 같은 위항문인 가운데 오히려 뛰어난 시인들이 더 많았지만, 일본에서는 통신사 일행에 이름난 시인들이 많다고 미리부터 기대하였다. 劉維翰은 '이번에 오는 학사 가운데 현감도 있고 찰방도 있어 성균진사는 김인겸 한 사람뿐이다. 요컨대 팔도의 재주를 뽑은 것이니 이것이 그 증거이다(今所來之學士 或縣監或察訪 成均進士退石一人耳 要擇八道之才 此其證也)'[3]라고 기대하였다.

일본측 문인들의 기대를 감안하여, 1682년 통신사행부터 일광산(日光山) 치제(致祭)가 폐지되어 독축관의 임무가 사라졌으나 대신 글재주가 있는 자를 가려 뽑아 제술관으로 파견하였다. 이는 일본 쪽의 창수에 대한 욕구를 충족시켜주기 위한 일환이었다.

Ⅲ. 조일 양국의 다양한 계층이 창수에 참여해

명나라 조사와 접반사 사이에 제한된 창수만 있었던 것과 달리, 통신사와 일본 접객 사이에는 활발한 창수가 이뤄졌다. 『통문관지(通文館志)』

---

3 『東槎餘談』 卷首.

에는 통신사의 인원이 521명, 순조 2년(1802)에 편찬된『증정교린지(增正
交隣志)』에는 577명이라고 했는데, 창수가 가장 활발했던 계미사행의 경
우에는 조엄이 486명, 남옥이 475명, 민혜수가 485명이라고 기록했다. 격
군(格軍)이 기수(旗手)를 겸하는 경우가 있어 몇 명 차이가 나지만, 문자
를 아는 사람의 경우에는 인명까지도 일치한다. 이 가운데 현전하는 필
담창화집에 시가 한 수라도 남아있는 사람은 삼사(三使)와 4문사(文士)
를 제외하고 양의 이좌국(李佐國), 의원 남두민(南斗旻), 의원 성호(成
灝), 압물통사 이언진(李彦瑱), 차상통사 오대령(吳大齡), 압물통사 유도
홍(劉道弘), 사자관 홍성원(洪聖源), 사자관 이언우(李彦佑), 화원 김유성
(金有聲), 반인 조동관(趙東觀), 김응석(金應錫), 반인 홍선보(洪善輔)이
다. 그 외에 유묵으로 이해문(李海文)과 변박(卞璞)의 시가 남아있다. 명
나라 조사와 달리, 다양한 계층에서 일본인들의 창수 요청에 응했음을
알 수 있다. 이 가운데 남옥·성대중·원중거·김인겸의 네 문사가 가장 많
이 지었으며, 일본인들도 이들과 시 짓기를 원했다.

　남옥은『일관기(日觀記)』<창수제인(唱酬諸人)>에 자신이 수창했던 일
본 문사들의 명단을 기록해두었는데, '필담만 한 사람도 부기한다(只筆
語者亦附)'라는 주가 붙어있는 것으로 보아 상당히 꼼꼼하게 기록했음을
알 수 있다. 명단에 등장하는 인물은 총 499명[4]으로『일관기(日觀記)』
본문과 대조해 보면 약 60명가량의 차이가 나는데, 접반사같이 조정에서
정해준 관원만 공식적으로 만나는 것이 아니라 다양한 계층이 자유롭게
만나 창수했다. 남옥의 기록에 의거하여 필담·창수를 통해 접촉했던 일
본인의 신분과 직책에 따라 몇 가지로 분류할 수 있다.[5]

　우선 지속적으로 접촉이 가능했던 호행원(護行員)이다. 통신사 호행은

---

4 총 500명의 인물이 올라있으나 '龍文英'이라는 이름이 중복되어 있다.
5 이하의 자료는 구지현의 박사학위청구논문「계미(1763) 통신사행의 문학교류 양
　상」(연세대학교, 2006)원고에서 인용한다.

쓰시마(對馬島)에서 책임졌는데, 주축이 되는 인물은 쓰시마 태수와 이정암(以酊菴) 장로(長老)이다. 남옥의 명단에 오른 호행인원은 쓰시마 통사 澤田治·間永勝七·青柳伊吉·松本善左衛門, 서기 紀蕃實·平公謙, 금도(禁徒) 鐵右衛門와 이정암 장로 龍芳, 도승(徒僧) 大希·玄津·慧勇·惠玠, 후임 이정암 장로 守瑛을 비롯한 도승(徒僧) 通節·心緣·知本·義山·丹叔·虎溪, 오사카에서 에도까지 호행한 가번장로(加番長老) 承瞻과 도승(徒僧) 周奎·周宏·周遵·承隆이다. 여기에 서경주(西京州) 번수경(藩授經) 那波師曾이 서기로서, 富野義胤이 의임(醫任)으로서 가번장로(加番長老) 행렬에 참가하여 함께 했다. 특히 이 둘에 대해 남옥은 '우리들과 천리를 왕복하면서 수창과 대화의 즐거움을 다하려고 하니 그 정성과 뜻이 갸륵하다'6라고 하여 애초부터 이들이 문사들과의 수창에 뜻을 두고 있음을 보여준다. 이들은 다른 문사들과 비교해서 월등히 많은 수창과 필담의 기회를 가지고 있었다.

다음으로 번(藩)에 소속되어 있는 유관(儒官)인데, 신분이 밝혀진 창수인원 가운데 가장 많다. 유관 가운데 대표적으로 꼽을 수 있는 사람들은 국학(國學)인 창평학교(昌平學校)의 태학두(太學頭) 林信言의 제자들이다. 남옥이 林信言에게 "제자가 몇 명이나 되느냐?"고 묻자, '문하에 있는 사람이 7~80명이고 제후국에서 벼슬하는 사람은 일일이 들기 어렵다'7라고 대답하였다. 2월 23일부터 25일까지 사흘간 문사들은 27명의 林祭酒 문도들과 만나 창수 하였는데, 이들 대부분이 번국(藩國)의 유관(儒官) 직함을 가지고 있었다.

유관(儒官)들과 마찬가지로 사행을 접대하는 관원 가운데는 의관(醫官)이 속해 있었다. 직책이 밝혀져 있는 문사 중 43명이 '의(醫)'라고 표기되었는데, 막부(幕府)에 소속되어 있는 태의(太醫)부터 번(藩)에 소속

---

6 "皆欲與吾輩同往返千里 極酬唱談燕之娛 其誠與志可嘉"(『日觀記』 1월 25일자 일기)
7 "及門者七八十人 仕在于諸侯國者 難枚擧矣"(『韓館唱和』 1권)

되어 있는 주의(州醫)까지 다양하다. 원중거는 '나라 안에 의관의 녹이 매우 후하여 서경·무주에서 작은 읍과 마을에 이르기까지 모두 각기 의관이 있다. 녹이 이미 후한 데다 처한 지위가 특별하였고 또한 각기 시문을 잘하고 아는 것이 많으니 예로부터 나라 안 이름난 이가 의관에서 많이 나왔다'[8]라고 평가하였다.

　그 다음으로 사행단과 많이 접촉했던 계층은 승려였다. 기본적으로 호행인원인 두 장로는 서경(西京)의 승려였고 그 밑에 있는 무리들도 모두 서경 소속의 승려이다. 서경의 오산십찰(五山十刹)은 鎌倉·室町時代 한문학의 정점에 있었던 곳으로[9] 당시 승려의 도항(渡航)이 자유로웠기 때문에 중국의 문화를 직접적으로 수입하는 선두에 있었을 뿐 아니라 외교문서와 같은 문장에 관련된 일을 맡아하였다. 이들 외에 사행 도중 휴식이나 숙박의 장소로 이용된 사찰의 승려들과 수창하는 경우가 있다. 대표적으로 청견사(淸見寺)·보태사(寶泰寺)·망호당(望湖堂)을 들 수 있다. 승려 계층은 일본에서 신분과 지식 면에서 높은 계층에 속했으므로 사행단과 만나 창수하는 일이 자유로웠던 것으로 보인다.

　이렇게 다양한 신분의 일본 시인들과 창수하다보니, 문제가 많이 일어났다. '어지럽게 들어와 시를 구하였기 때문에 간혹 함께 말할만한 선비가 있거나 변론할만한 의론이 있더라도 조용히 토론할 틈이 없을'[10] 지경으로 많은 사람들이 한꺼번에 들어왔으며, 문사들은 일본인의 시에 기계적인 화답을 할 수밖에 없었다. 이런 면은 양국의 문사들에게 모두 불만스러운 일이었으므로, 아메노모리 호슈는 『교린제성』에서 "시와 문장은 신몬야쿠(眞文役) 이외의 다른 사람을 통해 청탁하는 일이 없도록 단

---

8 "盖其國中醫祿甚厚 自西京武州以至小邑小聚俱各有醫官 其祿旣厚而地處自別 亦各能詩文廣其識 自古國中名人多出於醫"(『乘槎錄』 6월 14일자)

9 猪口篤志 저, 심경호·한예원 역,『일본한문학사』소명출판, 2000. pp. 221-223.

10 "日東人雜進求詩 雖間有可與語之士 可與辨之義 無以從容講討 兩國人均有其失"(『日觀記』 1월 23일)

단히 지시해 두어야 한다. 다른 사람을 통해 청탁하게 되면 좋지 못한 점이 수없이 많기 때문이다."[11]라고 당부하였다. 대부분 소개를 통해 조선 문사들과 만났으며, 미리 시를 지어 가지고 와서 차운시를 받아 갔다. 정해진 관원 사이에만 창수했던 명나라 조사와 접반사 사이의 창수 양상에 비한다면, 통신사와 일본 문인 사이의 창수는 조일(朝日) 두 나라의 민간 외교에도 큰 도움이 되었다고 볼 수 있다.

IV. 다작(多作)과 속작(速作), 대작(代作)

1. 속작(速作)

두 사람 이상이 함께 모여서 시를 지어 주고받는 창수(唱酬)의 기본 속성은 속작(速作)이다. 상대방이 기다리고 있으므로 빨리 지어줄 수 밖에 없다.

2. 다작(多作)

통신사의 경우에는 명나라 접반(接伴)보다 속작과 다작이 훨씬 더 두드러졌다. 막부에서는 필담이나 창수를 금하기도 했지만, 별로 효과가 없었다.

『한관창화별집(韓館唱和別集)』 3책은 2월 23일, 24일, 25일의 기록으로, 1책에는 林信有·德力良弼·松田久徵·後藤世鈞·木部敦·澁井平·河口俊彦·片岡有庸·松本爲美·井上厚得·靑葉養浩, 2책에는 小室當則·關脩齡·中村弘道·久保泰亨·飯田良·宮武方甄·笠井載淸·山岸臧, 3책에는

11 『譯註 교린제성』, 한일관계사학회편, 국학자료원, 2001. p. 40.

土田貞儀·林信富·飯田恬·今井兼規·原馨·木村貞貫·岡井蕭·糟尾惠迪·岡明倫의 시와 네 문사의 화답시가 실려 있다. 총 29인의 일본 문인이 10수 내외의 시를 지었고, 이에 대해 네 문사가 서너 수의 시로 돌아가며 화운하였다. 『한관창화별집(韓館唱和別集)』1책은 같은 날 林家문인 25인이 홍선보(洪善輔)와 창수한 시를 묶은 것이다. 전문적인 시인도 아니었던 홍선보가 사흘 동안 25명과 창수한 시가 한 책 분량이나 되었으니, 어느 정도 빨리, 그리고 많이 지었는지 짐작할 수 있다. 창수 현장에서는 잘 짓는 것보다는 빨리 지어서 막히지 않는게 필요했기 때문에, 수준 높은 시가 나오기는 힘들었다. 이 점에 대해서는 일본 문인들도 불만을 품었지만, 창수의 속성상 어쩔 수가 없었다.

3. 대작(代作)

명나라 조사가 차운을 요구하는데 조선 접반사가 미처 화답하지 못하면 옆에 있던 종사관이 대신 지어 바쳤다. 그러나 통신사 경우에는 대부분 민간 시인들과 창수했기 때문에, 굳이 대작할 필요가 없었다.

V. 독서물과 상업 목적의 필담창수집 간행

계미사행 때에는 조선과 일본 사이의 통신사행이 안정되어 조선에서는 수많은 사행록이, 일본에서는 수많은 필담집과 창수집이 편찬 간행되었다. 일본에서는 『한관창화집(韓館唱和集)』을 포함한 30여종의 필담창수집이 나왔는데, 구지현의 박사학위청구논문에서 자세히 정리되었으므로 여기서는 따로 소개하지 않는다. 중국인을 직접 만날 수 없었던 당시 상황 때문에 이 창수집들은 문예물로, 또는 외국을 접할 수 있는 독서물로 널리 읽혔다.

조선 문인이 편찬한 창수집 가운데는 남옥의 『일관시초(日觀詩草)』와 『일관창수(日觀唱酬)』의 규모가 가장 크다. 『일관시초』는 2권2책으로 되어있는데, 상권에 636수, 하권에 513수가 실려 있다. 『일관창수』는 원래 3권3책이지만 상권이 남아 있지 않은데, 중권에 416수, 하권에 370수가 실려 있다. 남옥의 기록만 보아도 일본사행 도중에 지은 시가 2천수 가까이 되는 방대한 양임을 알 수 있다.

『일관시초』와 『일관창수』는 남옥의 시작(詩作) 동기에 차이가 있다. 『일관시초』는 남옥이 자발적으로 지은 시, 조선사행단 안에서의 수창시, 일본문사에게 먼저 지어준 시로 나눌 수 있다. 반면 『일관창수』는 모두 일본 문사의 시에 남옥이 차화운한 시로 이루어져있다.

VI. 선린외교(善隣外交)

한자는 조선, 중국, 일본이 함께 쓰는 동아시아 공통의 문자였으므로, 각기 말은 달라도 한자를 통해 동질감을 느낄 수 있었다. 조선과 일본의 문사들은 어차피 남의 나라 글자였기에, 특별히 어느 쪽이 유리한 점도 없었다. 통신사나 접반사 모두 창수에 치중하다보니, 외교 본연의 업무에는 자연 소홀하게 되었다. 물론 양국 모두 축하의 의미가 강한 사신들이기 때문에 별다른 업무가 주어질 리 없었지만, 서장관이 조정에 제출하는 보고서는 통신사일기나 창수집의 분량에 비해 너무나 소략했다. 박지원은 <우상전>에서 통신사의 별무소득을 이렇게 표현했다.

그 뒤 수백 년 동안 사신들의 행차가 여러 번 에도에 이르렀다. 그러나 그들이 체면이나 차리고 사신의 일만 엄격히 하느라고, 왜(倭)의 풍요(風謠)·인물·요새·강약 등의 정세에 대해선 끝내 털끝만큼도 정탐하지 못하였다. 그래서 빈 손으로 돌아오고야 말았다.

박지원은 <허생(許生)>에서도 "그들의 허실(虛實)을 엿보고 그들의 호걸과 교제를 맺어야 천하의 일을 도모할 수 있고 나라의 부끄러움을 씻을 수 있다"고 주장할 정도로 염탐을 강조했다. 『화국지(和國志)』를 쓴 원중거조차 "(일본을 이해하고 사신 임무를 완수하기 위해선) 필담이 중요하고 시문은 그 다음인데, 우리들이 필담에 소홀했던 것은 매우 잘 못되었다"고 아쉬움을 드러냈다.12 그러나 통신사와 일본 문인들이 창수 하는 과정을 살펴보면 염탐 이상의 외교적인 효과도 얻었음을 알 수 있다.

통신사 일행이 2월 16일 에도에 들어오자, 승려인 因靜이 2월 19일에 본원사(本願寺)에 찾아와 쓰시마 서기 小林吶齋의 소개로 네 문사를 만났 다. 역관이 자리를 함께하자 인사를 나눈 뒤에 因靜이 필담을 시작하였다.

> 이 봄에 우리 일본에 오셨으니, 두 나라의 복이요, 사해 백성의 경사입니 다. 비록 그러나 이역(異域)의 봄빛이 아름답다고 한들 어찌 상국(上國) 같기야 하겠습니까? 빈도(貧道)가 다행히도 동도(東都)에 있어 이 커다 란 행차를 보고 공들과 시문(詩文)으로 사귈 수 있게 되었으니, 일대의 아름다운 모임입니다. <u>여러분의 존귀한 성명을 각기 써서 말을 대신 하 시지요, 어찌 역관을 괴롭히겠습니까?</u> 빈도의 이름은 인정(因靜), 자는 사자후(獅子吼), 호는 동도(東渡)입니다.13

몇십일 동안 날마다 이렇게 예를 차리며 필담과 창수가 진행되는 동 안, 조선과 일본 사이의 선린외교(善隣外交)가 이뤄졌다.

통신사가 도착하면 막부에서 통상적인 접대의례에 관해 명을 내렸는데, 1764년 1월 16일에는 통신사가 에도에 들어오기 전에 도쿠가와 이에하루 (德川家治)가 두 나라 문사의 수창과 필담에 관해 "자신의 학력을 뽐내려

---

12 『乘槎錄』 6월 15일.
13 因靜, 『東都筆談』, p. 1.

고 상대방 나라를 폄하하거나 혹은 높이고 우리나라를 비웃는 등의 일을 한다면, 이는 나라의 체면을 알지 못하는 것이다."[14]라고 명을 내렸다.

일본 문인들이 통신사와 창수하거나 필담하는 과정에서 동경이나 자만심 때문에 나라의 체면을 손상시킬까 염려되어 명령을 내린 것이지만, 기본적으로는 이웃나라와 잘 지내자는 뜻이 깔려 있다. 창수를 요청받는 네 문사의 태도도 성실했다. 因靜이 네 차례나 찾아오면서 미안해하자, 김인겸이 "오는 사람을 거절하지 않는 것이 우리의 본뜻입니다."라고 대답했다.[15]

창수 작품 가운데 긴장관계를 형성하는 경우도 있지만, 우호적인 분위기의 시가 대부분이다. 中村弘道가 "원래 선린(善隣)을 국보로 일컬으니 / 국경 밖으로 나와 시맹(詩盟)을 맺는 것도 괜찮으리."[16]라고 시문 창수를 통한 선린외교를 제의하자, 일본에 대해 가장 보수적이던 김인겸조차 "시 짓는 손님들의 옷차림은 남북으로 다르지만 / 손님 접대하는 자리의 문묵(文墨)은 예나 지금이 같구려."[17]라고 읊어 동질감을 확인해 주었다. 일본을 만(蠻)으로 이적시(夷狄視)하는 조선의 태도나 통신사행을 조공으로 해석하려는 일본의 태도는 어디까지나 내부적일 뿐, 창수를 통해서 선린외교를 다짐하는 모습을 확인할 수 있다. 통신사와 일본 문인들의 창수에 나타난 가장 중요한 특징은 선린외교이다.

제116회 발표, 2018년 9월 13일

---

14 『德川實紀』, 『嚴有院殿御實紀卷十』, 黑板勝美 편집, 吉川弘文館, 1990.
15 因靜, 『東都筆談』, p. 26.
16 元是善隣稱國寶, 不妨出境結詩盟. (『韓館唱和續集』 2권)
17 詞客衣冠南北異, 賓筵文墨古今同. (『韓館唱和續集』 2권)

아버지 辛基秀와 나

|

辛理華(프리렌서 리서치)

Ⅰ. 역사 다큐멘터리 영화 '에도시대의 조선통신사'
(1979년/16mm/48분)

조선통신사의 역사적 의의와 화려했던 한일 문화교류의 증거를 최초로 조명한 기념비적인 작품.

조선통신사 연구의 선구자인 신기수 선생이 사재를 털어 제작했다. 전체길이 120미터에 달하는 두루마리 그림을 비롯해 일본 곳곳에 묻혀있던 통신사 사료(史料)와 축제 등을 발굴해 한일 선린우호의 역사를 되살렸다. 일본 교과서에 조선통신사가 실리는 계기가 됐다. 문부성 선정 영화. 마이니치 영화 콩쿠르 2위. 일본도쿄국립근대미술관 필름센터 소장.

歴史ドキュメンタリー映画「江戸時代の朝鮮通信使」
(1979年/16mm/48分)

朝鮮通信使の歴史的意義と華やかな日韓文化交流の事実に、初めてスポットを当てた記念碑的作品。朝鮮通信使研究の先駆者であった辛基秀が私費を投じて制作した。全長120mに及ぶ絵巻をはじめ、日本各地に埋もれていた通信使資料や祭りなどを掘り起こし、日韓善隣友好の歴史を蘇ら

せた。教科書に朝鮮通信使が掲載される契機となった。文部省選定。毎日映畵コンクール2位。東京國立近代美術館フィルムセンター所藏。

1. 인생을 바꾼 두루마리 그림 하나

1970년 대 초반, 고서(古書) 시장에서 만난 두루마리 그림 하나가 신기수의 인생을 송두리째 바꿨다. 조선통신사 행렬을 바라보는 에도시대 일본인의 호기심과 동경에 가까운 눈동자에 마음을 빼앗긴 신기수는 이를 영화로 만들겠다는 생각을 품었다. 임진왜란으로 불구대천의 원수가 된 두 나라가 전쟁이 끝난 지 불과 10년도 안돼 어떻게 국교를 회복하게 됐을까? 일본 민중은 조선의 사절단을 어떻게 맞이했을까? 일그러진 역사교육을 받아온 신기수는 눈앞이 확 트이는 느낌을 받았다. 몇 년 후, 전체 길이가 120m나 되는 선명한 색깔의 두루마리가 또 하나 발견됐다. 두루마리에 그려진 것은 1711년에 일본을 방문한 제8회 조선통신사 일행이었다. 안내를 맡은 사무라이 등을 포함해 총 4800명이 참가한 장대한 행렬이었다. 일행의 생생한 모습과 표정을 잡은 이 작품은 그야말로 당시의 일대 기록영화라고 할 수 있지 않을까…. 신기수는 이 두루마리를 날실로 삼고 각지에서 발견된 그림과 지금까지 이어지고 있는 축제를 씨실로 삼아 역사를 되살리는 기록영화를 만드는데 착수했다.

2. 힘들었던 촬영은 '치유의 과정'

에도시대 260여 년 동안 12차례나 일본에 온 조선통신사 일행은 가는 곳마다 문화교류의 붐을 일으켰다. 그것은 막부의 상상을 뛰어넘어 일반 시민에게까지 영향을 미치고, 축제나 전통공예의 형태로 지금까지 이어지고 있다. 촬영진은 쓰시마에서 오사카, 에도(도쿄)까지 통신사가 지나

간 곳을 방문하고, 통신사 자료가 발견될 때마다 카메라를 돌렸다. 그러
나 조선통신사라고 해도 당시에는 이를 아는 사람은 많지 않았고, 촬영
은 곤란에 곤란을 더했다. 부정적인 이미지가 강했던 '조선'의 통신사였
기에 그랬는지도 모른다. 촬영을 하려면 소장자의 허락을 받아야 하는데,
특히 절의 허가를 얻는 게 매우 힘들었다. 이런 어려움을 극복하고 하나
하나를 연결해가는 과정은 메이지유신 이후 새롭게 생긴 상처를 치유해
가는 작업이었다. 신기수는 당시의 심경을 "마치 '현대의 통신사' 역할을
짊어진 것 같았는데, 이는 역사가 갖고 있는 역동성을 회복하기 위해 자
신에게 주어진 사명인지도 모른다"고 말했다. 교토 히가시야마에 있는
센뉴지(泉涌寺)는 황실과 인연이 있는 절인데 신기수는 이곳에 있는 '조
선국사환대도병풍(朝鮮國使歡待圖屛風)'을 촬영하기 위해 7번이나 찾아
간 끝에 간신히 촬영허가를 얻었다. 당대 일본화의 대가인 가노 마스노
부가 1682년에 그린 화려한 8폭 병풍이었다. 이 병풍은 조용한 감동을
일으키며 영향의 마지막을 장식한다.

3. "요원의 불길이 번지는 기세였다"

메이지유신 이후 국가정책으로 조선통신사는 역사의 무대에서 사라졌
지만 이 영화에 의해 그 존재가 다시 한번 세상에 알려지게 됐다. 1979
년 영화가 완성됐을 때 아사히신문은 이를 사설로 다뤘고, 일본 전국에
서 자주적으로 영화를 상영하는 물결이 퍼져나갔다. 한국에서도 같은 해
8월 동양방송(TBC)이 이 영화를 방영했다. 영화는 1980년에는 마이니치
영화 콩쿠르에 입상하고 문부성 영화로도 선정돼 큰 화제를 불러일으켰
다. 신기수는 당시를 "마치 요원의 불길이 번지는 기세였다"라고 회고했
다. 영화가 마중물이 되어 각지에서 조선통신사 자료가 발굴됐다는 뉴스
가 끊이지 않았다. 신기수는 전국 어디라도 달려갔다. 일생에 걸쳐 수집

한 '역사의 증거'는 현재 100점이 넘는 조선통신사 자료 '신기수 컬렉션'으로 오사카 역사박물관에 남아있다. 영화를 통해 '조선통신사'라는 사실(史實)은 극히 일부 학자의 관심에서 일반에게로 확산됐고, 일본 역사 교과서에도 등장하기에 이르렀다. 그전까지의 교과서는 도요토미 히데요시의 '조선 출병'부터 메이지 초기의 '정한론'까지는 아무것도 없었던 것처럼 공백으로 남아 있었다. 통신사가 지나갔던 전국 곳곳에는 기념비가 들어서고, '중국의 사절'로 설명했던 절들도 안내문을 고쳐 달았다. 영화 제작 다음 해인 1980년부터 쓰시마에서는 170년 만에 조선통신사 행렬이 재현돼 지금까지 이어지고 있다.

4. 성신(誠信)의 정신을 일깨운 위대한 유산

1990년 5월 일본을 방문한 노태우 대통령은 국회 연설에서 아메노모리 호슈를 소개하며 '성의와 신의의 사람'이라고 상찬했다. 호슈는 제8,9회 조선통신사를 영접했던 쓰시마 번의 외교관이자 유학자였다. 조선어를 자유롭게 구사하고, 통신사와의 교류에 큰 역할을 수행했다. '서로 속이지 않고, 다투지 않고, 믿음을 통해 사귄다'는 호슈의 말은 선린우호의 모델로서 오늘을 사는 사람에게까지 가르침을 주고 있다. 12차례나 조선통신사가 왕래하는 동안 빛도 그림자도 있었으며 모든 것이 순조롭게 진행됐던 것은 아니다. 그러나 도요토미 히데요시의 명에 따른 침략으로 양쪽이 모두 큰 재앙을 입은 전쟁의 상처를 치유해가며, 200년 이상 장기간에 걸쳐 평화를 유지했던 한국과 조선에서 그 중심축이 됐던 것이 바로 조선통신사다. 36년 전에 만들어진 이 영화는 시대를 뛰어넘어 한일양국 국민이 우호에 대한 희망을 갖도록 말없이 호소하고 있다.

5. "영화 '에도시대의조선통신사'를 보고"
(1979.03.26. 아사히신문 사설)

최근 재일조선인과 일본인 영화인, 음악가, 학자들이 협력해 제작한 다큐멘터리 영화 '에도시대의 조선통신사'를 볼 기회가 있었다. 다카마쓰즈카(高松塚)가 고대 일한교류의 증거라면 이 영화는 근세 일한관계를 재검토하는 작품이라고 생각한다. (중략)

일한 교류사라고 하면 당장 히데요시의 출병, 정한론, 한일합방 등 불행한 과거밖에 생각나지 않는 것은 이 시대 역사교육의 결과일 것이다. 그리고 또한 지금 우리들의 의식에서 그러한 편견이 완전히 불식된 것은 아니다. 지금 필요한 것은 불행한 과거 말고도 길고도 평화로운 우호의 역사가 있었던 것을 아는 것이다. 불행한 사건은 한때의 예외적인 사건임을 올바르게 인식하는 것이다. 그러한 밝은 역사를 꺼내 봐도 불행한 시대의 면죄부가 된다고는 생각하지 않는다. 하지만 역사에 대한 올바른 인식이 편견을 깨고 서로를 이해하는데 큰 역할을 할 것임은 또한 사실이다.

'에도시대의 조선통신사'는 단지 50분짜리 작품이다. 하지만 이 영화가 우리에게 전달하는 사실은 무겁다. 우리의 조선관 형성이 어떻게 이루어졌는가? 긴 막부시대를 통해 우호관계에 있었던 일한관계가 왜 뒤틀어져왔는가? 우리는 다시금 생각해 볼 필요가 있다.

"映畵「江戸時代の朝鮮通信使」をみて"(1979年3月26日朝日新聞社說)

最近、在日朝鮮人と日本人の映畵關係者、音樂家、學者らが協力して制作したドキュメンタリー映畵『江戸時代の朝鮮通信使』を觀る機會があった。高松塚が古代の日朝交渉史のあかしであるとするなら、これは近世の日朝關係を見直すきっかけとなる映畵だと思う。‥‥

日朝交渉史といえば直ちに秀吉の出兵、征韓論、日韓併合など不幸な過去だ
けしか思い起こさないのはこうした時代の歴史教育の結果であろう。そして
またいまわれわれの意識から、そうした偏見がまったくぬぐわれたかどうか。

　今必要なのは不幸な過去以外に、長い平和な友好の歴史があったことを知
り、不幸な事件は時の例外的な事件であったことを正しく認識することであ
る、そうした時期があったことを持ち出しても、不幸な時代の免罪符になると
は思わない。だが、歴史の正しい認識が、偏見をただし、双方の理解に大きな役割
を果たすだろうことも事實である。

　「朝鮮通信使」はわずか五十分の作品である。だがこの映畫が語りか
ける事實は重い。われわれの朝鮮觀はどうして形成されたか。長い德
川期を通じて友好關係にあった日朝關係がどうしてゆがんでしまっ
たのか。われわれは、いま一度、考えてみる必要がありそうだ。

신 기 수 (1931~2002)

일본 교토 출생. 고베대학 경영학부 졸업. 만년에 텐리대 강사. 조선통신
사 연구에 평생을 바쳤다. 관련자료 110점과 민화병풍 35점으로 이뤄진
'신기수 컬렉션'은 세계 최대의 조선통신사 컬렉션으로 오사카 시립 역사
박물관에 소장돼 있다. 이런 공적으로 재일교포로서는 이례적으로 오사
카 시민 문화 공로상(1997년), 감수포장(2003년) 등을 수상했다. 또 다른
기록 영화 '해방의 그날까지: 재일 조선인의 발자취'(1986년/16mm/195분)
는 2013년 한국에서 처음 상영됐다. '대계(大系) 조선통신사' 8권 등 20여
권의 저서도 남겼다.

辛 基 秀 (1931~2002)

京都市生まれ。神戸大學経営學部卒業。同大學院中退。生涯を通じて朝
鮮通信使の研究を行う。1974年より映像文化協會代表。1979に制作し
た記録映畫「江戸時代の朝鮮通信使」(16mm,48分)は文部省選定映畫とな
り高い評価を受ける。1984年からは靑丘文化ホールを設立し、朝鮮通信
使の第一人者として活躍する一方、1986年記録映畫「解放の日まで-在日

朝鮮人の足跡(16mm/195分)を發表。各地の映畫祭で上映され、NHKスペシャ
ル番組『映像の世紀』におさめられている。1995年天理大學講師。編集責任を
行った「大系 朝鮮通信使」全8卷など著書・共著は20冊を超える。2001年、朝
鮮通信使關連資料100余点、民畵屛風30余点からなる「辛基秀コレクション」
は、世界最大の朝鮮通信使個人コレクションとして、大阪歷史博物館に所藏。
1997年、 朝鮮通信使の歷史研究と普及活動の功績により大阪市民表彰（文
化功勞）受賞。2003年、日本政府より紺綬褒章受賞。映像資料は東京國立近
代美術館フィルムセンターが所藏。文獻資料は國立九州大學図書館の「辛基
秀文庫」として、後世に活用されている。

2013年、記錄映畵「解放の日まで-在日朝鮮人の足跡」は韓國で初上映。日韓
國交正常化50年である2015年、 記錄映畵「江戶時代の朝鮮通信使」が憲政記
念館など韓國各地で上映された。

II. 되살아난 회화자료 - 묻혀 있던 역사로부터의 진실

 락쿠세이(洛西) 사가(嵯峨)의 초등학교에서 전시 중의 학교 교육을 받
은 나에게 국사(일본사) 시간은 지겨운 수업이었다. 교과서에 등장하는
최초의 조선은 진구황후(神功皇后)의 '삼한정벌(三韓征伐)'이었고, 다음
에 나오는 13세기의 '몽고침략·원나라 오랑캐'에서는 음악 시간의 '고안
4년 여름 경(弘安4年夏の頃)'이라는 창가와 마찬가지로, 일본은 신神의
나라로서 어려울 때는 반드시 가미카제神風(신풍·신의 위력으로 일으킨
다는 바람)가 지켜준다는 '가미카제 역사관(神風史觀)'을 배웠다. 학생들
에게 인기가 높은 '도요토미(豊臣)의 조선정벌'과 '가토 기요마사(加藤
淸正)의 호랑이 퇴치'는 오늘도 활개 치며 버젓이 통용되고 있다. 조선과
일본 양쪽에 커다란 재앙과 액운을 가져온 도요토미의 조선침략(임진왜
란과 정유재란) 이후, 불과 10년도 채 되지 않아 국교가 회복되고 선린우
호의 상징인 조선통신사가 왕래한 사실(史實)을 접했을 때 눈앞이 확 틔

는 것 같이 놀랐다.

메이지유신 이후 무시되어 전시(戰時)만이 아니라 전후에도 왜곡된 역사교육의 영향을 받은 사람으로서 당연하다. 두 번 다시 같은 하늘을 이고 살 수 없었을 일본과 어떻게 국교를 회복한 것일까, 당시의 일본민중은 조선의 사절을 어떤 식으로 맞이하고, 어떤 눈길로 바라보았을까. 이에 답을 해준 것이 일본의 독특한 회화형식인 두루마리 그림과 병풍에 그려진 조선통신사이고, 동네 화가가 그린 순간 묘사(스냅)였다.

일본 교과서에서 삭제된 부분에 진실이 숨겨져 있는 것은 아닌가 하는 의문을 메이지유신 이후 묵살되고 무시 당해온 회화류가 밝혀줬다.

1970년대 초, 오사카의 고서 판매 유리 진열장에 목판 인쇄본의 조선통신사행렬 두루마리가 펼쳐져 있었다. 통신사 일행 각자의 직책명이 감자로 만든 붉은 도장으로 찍혀 있었다. 양산된 것 중의 하나이다.

사야 할 것인가 말아야 할 것인가, 고민 끝에 강재언(姜在彦)선생 (하나조노대학(花園大)교수)에게 연락했더니 반드시 구입하라고 권해주셨다. 이것이 조선통신사 자료수집의 제1호가 되었다.

당시는 도쿠가와 요시무네(德川吉宗)의 쇼군 습직을 축하하는 1719년 제9차 조선통신사의 제술관 신유한의 '해유록-조선통신사의 일본기행'의 구어체 번역이 일단 완성됐을 때로, 강재언 선생은 이 책의 문체에 관한 의견을 요청받았기에 번역문을 갖고 있었다. 통신사 일본 기행문의 백미 '해유록'은 1974년 헤이본샤 도요분코平凡(社東洋文庫)에서 출판되었다.

70년대 후반에 들어서며 좋은 일이 이어졌다. 교토의 정조문씨가 전화를 했는데 "모두 8권짜리 통신사 두루마리 그림을 입수했으니 빨리 보러 오라"는 길보였다. 방 안 가득 펼쳐놓고 보니 100m가 넘는 육필 두루마리 그림으로 상당히 훼손돼 있었지만 그림 부분은 무탈했다. 1711년에 그린 이 방대한 두루마리는 오와리 도쿠가와(尾張德川) 가문의 아가씨가 교토의 고노에(近衛) 가문에 시집갈 때 지참했던 보물로서, 나무상자에는 1911

년 가을에 민간에게 불하했다는 먹글씨가 적혀 있었다. '한국병합' 이듬해
에 쓸모가 없다는 듯 정리 되었지만 미술상들도 무엇이 그려져 있는지 이
해하지 못한 채, 이곳저곳을 전전하다가 정조문 씨에게 온 것이다.

그 후에 만난 통신사 병풍과 두루마리들도 대부분 비슷한 운명을 거
친다. 에도막부와 조선의 선린 우호관계에 대한 앙갚음이다. 일본 역사
에서 오래된 회화형식인 두루마리는 수천 명의 통신사 행렬을 그리는 데
안성맞춤이다. 일본의 전통적인 두루마리 기법에는 대지에서 날아오른
새의 눈으로 보는 부감 기법이나, 대각선 위쪽의 시각에서 지붕과 천장
을 생략하고 실내를 그리는 후키누케야타이(吹拔屋台) 기법의 에도성 내
의 통신사 향응 등 현대의 기록영화와 통하는 부분이 많다.

조선통신사를 현대에 되살리는 일은, 발견된 1711년의 두루마리를 중
심으로 각지의 제례 속에 나오는 외국인 춤이나 토산품, 그리고 쓰시마
에서 에도까지의 유물 등으로 구성하면 가능하다고 확신했다. 그 중에서
도 교토 히가시야마(京都東山)의 센뉴지(泉涌寺)절에 내려오는 '조선국
사환대지도(朝鮮國使歡待之図)'(8폭 한 쌍)의 촬영허가가 났을 때는 마
음 속 깊이 안도했다. 황실의 고게인(香華院: 菩提所)으로서 '미테라'(御
寺: 왕실과 관련 있는 절)라고 불리는 센뉴지 절에 어째서 조선통신사 병
풍이 있는 것인지 이상했다. 8폭 한 쌍의 병풍 중에서도 좌측에 매료됐
다. 조선의 부산에서 오사카로, 교토부터 육로로 에도까지 일본 열도를
거의 종단하는 긴 여행의 종착점인 에도에 도착해 만세를 부르고 있는
하급 수행원들. 왼쪽 에도성에서 거행되는 국서교환 의식의 엄숙한 그림
과는 대조적으로, 엎드리거나 발을 주무르는 등의 풀어진 모습이 금박으
로 그린 구름이나 금가루로 그린 안개로 기품을 띤 밝은 화면에 그려져
있다. 센뉴지 입장에서는 쇼군 가문의 주문으로 가노 마스노부(狩野益
信)가 그린 기념비적인 병풍에 조명을 비추는 일에 난색을 표한 것도 당
연하다. 이 절을 여러 차례 방문해서 얻은 허가인만큼 기쁨도 각별했다.

1976년에는 조선통신사의 길을 찾아갔던 이진희(李進熙) 선생의 '이조의 통신사(講談社)'가 출판되고, 말로만 듣던 조선통신사 연구서인 마쓰다 고(松田甲)의 '일선사화(日鮮史話)' 4권이 복간됐다.

왜곡된 역사를 바로잡다

마쓰다 고 선생은 1863년 아이즈(會津) 출신이다. 다섯 살 때, 무진전쟁 (戊辰の役)을 만나 아오모리(青森)의 도나미斗南에서 신산(辛酸)을 맛보 다가 조선총독부에 들어간 한학자이다. 융화정책의 일환이었는지 조선총 독부로부터 일본과 조선의 깊은 관계를 조사하라는 의뢰를 받았다. 1923 년부터 1931년까지 일본에서 조선통신사를 자세하게 조사해서 정리한 것 이 '일선사화' 6편, '속(續) 일선사화' 3편으로 총독부가 배포했다. 나의 통신사 연구는 그 책에 힘입은 바가 실로 크다. 어두운 사실(史實)로 취 급받던 조선통신사를 오늘에 되살려내는 작업은 왜곡된 역사를 바로잡는 일이기도 하다. 조선통신사는 공물(貢物)을 갖고 온 사절이라는 왜곡은 일본 각지에 깊이 스며 있다. 친구인 다키자와 린조(瀧澤林三)와 합숙하 며 완성한 '조선통신사'의 시나리오를 갖고 치바현(千葉縣)의 구쥬쿠리 (九十九里) 해변 근처의 오아미(大網)에 은거해 계시던 조선통신사의 선 구적 연구자 나카무라 히데타카中村榮孝선생을 방문해서 빨간 연필로 시나리오를 한 줄씩 체크 받았다. 선생으로부터 전전(戰前)의 조선통신 사 연구에 관한 말씀을 들었다. 선생에게 제자가 없는 이유도 들으며 그 저 고개만 끄덕일 뿐이었다. 기록영화 '에도시대의 조선통신사'는 1979년 3 월에 완성했다.

신기수

이 글은 '조선통신사와 그 시대' 「우에다 마사아키(上田正昭)·신기수 (辛基秀)·나카오 히로시(仲尾宏) 공저, 2001년, 아카시서점」의 제3장 '교 류의 빛과 그림자' 중에서 신기수 선생이 쓴 부분을 번역한 것이다. 이 글로 '책을 펴내며'를 대신한다.

III. 아버지의 숙제

나의 아버지 신기수는 2002년에 세상을 떠났다. 한일 월드컵의 함성이 귓가에 남아 있던 어느 가을날이었다. 나는 아버지가 생전에 좋아하셨던 금목서 가지를 영결식 제단에 올리는 것 말고는, 고인이 되신 아버지께 어떤 약속을 해야 할지 몰랐다. 바로 그날 아버지의 마지막 원고가 실린 잡지가 발행되었고, 채 두 달이 되기 전에 아버지의 연재물이 책으로 출간되어 서점 입구를 장식했다. 나는 아버지의 책을 들고 있는 사람들을 바라보며 기쁨보다는 슬픔이 앞섰다.

이번엔 다르다. '끝은 새로운 시작'이라는 말도 있지 않은가. 아버지가 썼던 수많은 조선통신사 관련 책 중에서, 유일하게 본인이 손에 잡을 수 없었던 마지막 책이 한국에서 출판되는 첫 번째 책이 된 것이다. '일의대수(一衣帶水)'라는 한일 양국 사이에서 '성신(誠信)의 길'이 열리길 절실하게 원했던, 그래서 미처 다하지 못한 일도 많았던 아버지였다. 딸에게 남긴 숙제가 있다고 한다면, 이 책을 한국과 일본에 널리 알리는 것이야말로 숙제를 끝내는 것이다.

1979년, 아버지는 영상의 힘을 빌려 역사의 역동성을 하루라도 빨리 회복시키겠다며 책보다 먼저 기록영화 '에도시대의 조선통신사'(50분, 컬러, 도쿄 국립 근대미술관 필름센터 소장)를 완성했다. 그것은 문부성 영화로 선정되어 화제를 불러일으켰다. 아사히신문 '사설'에 소개되면서, 일본 전국에서 자체 상영회의 물결이 일었다. 영화의 주인공은 1711년 제8차 통신사의 행렬을 담은 그림(고려미술관 소장)이었다. 두루마리 8개를 합친 그것의 총길이는 무려 120m나 됐다. 그 그림은 영화가 나오기 2년 전 봄에 발견되었다. 마치 대하(大河)와 같은 두루마리는 에도시대의 기록영화, 그 자체라고 할 수 있었다. 당시 막부가 데리고 있던 화가에게 의뢰 하면 돈도 시간도 많이 들어간다는 이유로, 급히 43명의 동네 화가를 불러 모았다. 동네 화가가 붓을 잡은 만큼 표정이 생생하게 살아있다. 행렬 앞쪽의 사람은 긴장한 모습이 역력하다. 하지만 뒤로 갈수록 평화롭고 온화한 분위기다. 웃는 사람도 있고, 짚신의 끈을 고쳐 매는 사람도 나온다. 1970년대 당시, 한일 관계와 재일동포를 둘러싼 분위기와는 사뭇 다른 모습에 아버지는 놀라움을 금치 못했다. 역사의 무대에서 사라진 조선통신사를 축으로 한 선린우호의 역사 속에서 미래의 한일이 있어야 할 모습을 봤다고 말했다.

나는 2010년 가을에 서울에 왔다. 한국어를 배우면서 어떻게든 아버지의 유지(有志)를 전하고 싶었다. 어떻게 해야 할까. 역사가가 아닌 내가 할 수 있는 일은 무엇일까. 나는 시행착오를 거듭했다. 하지만 설상가상으로 한일관계는 날로 냉각되어 갔다. 양국이 거듭해서 서로 다른 점만을 강조했다. 나는 지금이야말로 양국이 평화롭게 지내던 시대로 눈길을 돌렸으면 하는 바람이 점점 더 강해졌다. 그래서 아버지의 영화가 한일관계에 가교역할을 해주기를 바라는 마음으로 한국어 자막을 넣었다.

한일 국교정상화 50년을 맞은 2015년. 제작된 지 36년 만에 영화 '에도시대의 조선통신사'가 부산 영화의 전당, 서울시립대, 국회 헌정기념관 등 각지에서 상영됐다. 나는 한국에서 이 영화가 어떻게 받아들여질지 긴장했다. 하지만 관객의 소리를 듣고 안도했다. 조선통신사행렬을 재현하는 행사에서 자원봉사를 하던 부산의 한 한국인 여성은 "조선통신사에 대해 이미 알고 있었지만, 더 자세히 알고 싶어 아이를 데리고 왔다. 영화를 보고 비로소 조선통신사가 현대에 갖는 의미를 알게 됐다"고 했다. 한국인과 결혼한 일본인 여성은 "아이가 학교 역사시간에 마음이 편치 않다고 했는데, 자신감을 얻게 된 것 같다"고 말했다. 서울시립대 학생들은 "선조들의 노하우를 지금의 외교에 활용하면 어떨지" "평화의 시대가 가져온 경제 효과는 얼마나 되는지" 등등 날카로운 질문을 던졌다. 일본에서는 영화를 감상했던 규슈대학, 시즈오카현립대학의 학생 전원이 감상문을 보내왔다. 임진왜란 뒤 10년도 되기 전에 전후처리를 하고, 한일 우호의 역사가 200년 이상 계속됐다는 사실을 목도한 양국의 젊은이들은 "옛날 사람들이 가능했으니 지금의 우리들도 가능할 것"이라고 입을 모았다. 아버지가 종종 말했던 "과거에서 미래를 비춘다"는 것은 실로 이런 것을 말하는 것이리라.

영화 '에도시대의 조선통신사'는 1988년 네덜란드 라이덴 대학에서 열린 '유럽한국학회'에서도 상영됐다. 상영회의 참석자들은 놀라워하며 환대해 주었다. 나는 그들의 모습을 지금도 잊을 수 없다. 영화 상영 후 종종걸음으로 아버지에게 다가온 영국인 노교수가 있었다. 다름 아닌 영국의 한국학 선구자인 런던대학 아시아·아프리카연구소(SOAS, The School of Oriental and African Studies)의 한국언어·문화학부의 윌리엄 스킬렌드(William E. Skillend, 2010년 작고, 당시 명예교수) 교수였다. 그는 "당신 영화에 나온 것 같은 두루마리가 우리 대학에도 있으니, 직접 와서 살펴봐줬으면 좋겠다"고 했다. 나는 부모님과 함께 곧장 런던으로 날아갔다. 그때까지 "중국인인지 어느 나라 사람인지, 아무도 알아보지 못한 채 도서관 서가에서 먼지를 뒤집어쓰고 있었다"고 했다. 두루마리를 펼친 순간, 우리는 마른 침을 삼켰다. 두루마리 속에 선명하게 그려져 있는 것은 1655년 제6차 조선통신사 행렬이었다. 손을 대면 곧바로 느낌이 전해질 듯한 화려한 장식과 가지런한 말의 깃털. 악대에서는 흥겨운 음악이 들려오는 듯했다. 그리고 뒤쪽에는 아~, 꽃향기를 맡으며 담소를 나누고 있는 통신사와 일본인의 모습이 그려져 있는 것이 아닌가. "통신사의 여정은 높은 사람이 아닌 쪽이 더 편했다"는 영화의 내레이션이 떠올랐다. 나는 대영박물관에 연락했다. 박물관 관계자들은 돌을 던지면 닿을 만한 SOAS에 이처럼 귀중한 작품이 있을 줄은 몰랐다며 흥분했다. 세계를 떠돌며 상처투성이가 됐던 두루마리는 다시 일본으로 건너와 정성스러운 복원과정을 거쳤다. 그리고 드디어 2009년 대영박물관에서 공개됐다. 되살아난 두루마리 그림이 세계 여러 나라 사람들의 눈을 즐겁게 해줬음은 두말할 필요도 없다.

이 작품은 한일 양국민이 평화를 구가했던 시대의 증표로서, 하나부사 잇쵸(英一蝶)의 '조선통신사소동도(朝鮮通信使小童圖; 일명 馬上揮毫圖·오사카역사박물관 소장 '신기수 컬렉션')와 비견할 만하다. 하지만 안타깝게도 이처럼 아버지에게 각별한 추억이 담겨 있는 SOAS의 두루마리 그림의 사진이 일본의 원서에는 실려 있지 않다. 2002년 여름부터 아버지의 체력이 급속하게 떨어지면서, 마지막까지 사진작업을 할 수 없었기 때문이다. 나는 한국어판 출간에 맞춰 29년 만인 지난해 SOAS 도서관에 연락을 해 봤다. 도서관에는 당시의 에피소드가 전설처럼 남아있는 듯했고, 한국어판 출간을 진심으로 기뻐하며 깨끗하게 복원한 두루마리 그림의 사진을 보내왔다. 이 영화가 없었다면 어쩌면 이 두루마리 그림은 지금까지도 런던의 한 구석에서 먼지를 뒤집어쓰고 있을지도 모른다.

올해 1월 영화의 영어 자막도 완성됐다. 아버지와 인연이 있는 네덜란드와 영국에서 상영할 계획도 있다. 그들에게는 이웃한 두 나라가 전쟁을 하지 않고, 200년 이상이나 우호 관계를 유지했다는 것이 경이로운 일로 받아들여지고 있다. 아버지는 "'어둠暗'의 역사를 철저하게 검증하는 것도 중요하지만, 그것만으로는 불행은 사라지지 않는다. '빛明'을 보는 복안적 사고가 필요하다'라고 말했다. 아무쪼록 영어 자막을 통해 전 세계의 많은 사람들이 이 영화를 보게 되기를, 또한 영화를 통해 한일 관계는 위안부나 북한 문제만 있는 게 아니라고 자신 있게 말할 수 있게 되기를 바라마지 않는다. 또한 조선통신사가 '멀리 떨어진 동아시아의 아득한 옛일'이 아니라 지금도 세계 곳곳에서 벌어지고 있는 분쟁이나 대립을 풀 수 있는 소중한 열쇠로 받아들여지기를 원한다.

이 책의 출판을 앞두고 아버지와 함께 다녔던 여러 장소를 그리워하며 기억에서 불러내고 있다. 시즈오카 세이켄지(淸見寺)절에서의 촬영은 곤란에 곤란을 거듭했고, 교토 쇼고쿠지(相國寺)절의 창고에서 통신사의 글을 발견하고 기뻐서 뛰어나오던 아버지의 머리는 거미줄 투성이었다. 쓰시마(對馬) 섬에서 아메노모리 호슈의 묘를 찾는 것은 풀 섶에서 보물을 찾는 것이나 마찬가지였다. 아버지는 함께 간 어머니와 "어딘가 분명 묘가 있을 것"이라며 당신의 키만큼 자란 풀을 베어가며 찾아 헤맸다. 지금 그 묘는 깨끗이 정비되었고, 일본과 한국의 방문객들이 끊이질 않는다고 한다.

≪조선통신사의 여정≫은 일본에서 조선통신사에 대한 입문서로서 폭넓은 독자층의 사랑을 받고 있다. 이번에 풍부한 자료사진을 많이 추가하고 자세한 각주까지 붙여 한국의 독자에게 소개할 수 있게 된 것을 매우 기쁘게 생각한다. 각지에서 촬영한 아름다운 사진은 여행하고 싶은 욕구를 불러일으킬 것이다. 독자 한 사람 한 사람이 통신사가 되어 각자의 여행기를 쓰는 계기가 된다면, 그 이상 기쁜 일이 없겠다. 아버지도 분명 그렇게 생각할 것이다 (이하, 생략)

제114회 발표, 2018년 3월 30일

나의 한일고대사 - 유적답사

|

홍성화(건국대학교 교수)

Ⅰ. 무덤을 찾아서

1. 영산강 유역

광주광역시 월계동 지구. 월계동은 광주시에서 보면 중, 북부 지역에 해당하고 전남 전체에서 영산강을 기준으로 조망해보면 서안(西岸)에 치우쳐 있는 지역이다. 영산강 유역의 충적평야가 끝나고 낮은 구릉이 막 시작되는 경계에 위치하고 있다. 이곳에는 놀랄만한 유적이 자리하고 있었다. 과거 광주시가 월계동과 그 인접 지역에 첨단과학단지를 만들기 위하여 발굴하였던 2기의 고분. 비스듬하게 놓여 있는 고분을 마주하는 순간 기존에 흔히 보아 왔던 무덤의 모습과는 사뭇 다른 형태를 띠고 있었기에 산득 놀랄 수밖에 없었다.

서로 비슷한 크기로 엇갈려 자리 잡고 있는 고분 2기는 쌍둥이처럼 닮았다. 전체 길이는 대략 40미터, 높이는 6미터가량 되어 보이는 듯했다. 공중에서 본 고분의 모습은 앞이 네모지고 뒤가 원형인 열쇠 구멍의 모양으로 우리나라에서는 좀체 발견하기 어려운 특이한 형태의 고분이었다. 무덤 주위로 주구(周溝)라는 도랑이 둘러 있는 것도 역력히 보인다. 소위 일본에서 전방후원분(前方後圓墳)이라 부르는 무덤과 그 형태가 흡사하다. 초기에는 일본의 고분과 유사한 모양의 무덤이기는 하지만 전방후원형이 아니라는 시각도 있었다. 그렇지만 발굴 결과, 모양과 형태 뿐만 아니라 일본의 전방후원분에서 나올 수 있는 유물들도 함께 출토되었기 때문에 지금은 전방후원형의 고분으로 인식하는데 무리가 없는 것 같다. 특히 원형의 후원부(後圓部)와 방형의 전방부(前方部)를 이어주는 연결부에서 하니와(埴輪)가 열을 지어 세워진 채로 발굴되었기 때문에 전방후원분의 영향을 짙게 받은 고분임을 보여주는 결정적인 근거가 되었다. 또한 고분의 조성 연대도 대개 5세기 후반에서 6세기 전반경의 늦은 시기에 해당하고 있어 조성 주체에 대한 궁금증을 불러일으키기에 충분했다.

그러나 이러한 형태의 고분이 최근에 와서 처음 발견된 것은 아니다. 몇몇 지방에서는 이미 오래전부터 알려져 소위 장고분(長鼓墳)이라고 불렀던 고분이다. 옆에서 본 모양이 마치 장구의 모양과 같다고 해서 붙여진 이름인데, 고분이 있는 이곳 월계동 주변도 예전에는 장구촌이라 했다 하니 그리 새삼스러운 것은 아닌 듯싶다.

호기심을 갖고 이곳저곳 답사를 하다 보니 우리나라에서는 현재 북으로부터 고창, 영광, 함평, 담양, 광주, 영암, 해남에 이르는 영역에서 발견되고 있음을 알 수 있었다. 대개 전라남도의 해안을 중심으로 하여 남북으로 고르게 분포하고 있는 모습이다. 한반도의 최남단이라고 할 수 있는 전라남도 해남의 남쪽 해안에서 발견된 방산리 고분은 전체 길이 77미터로 규모가 제법 크다. 남쪽 바다가 가까이 보이는 곳에 있는 해남군 방산리의 장고봉고분은 최근 국립광주박물관이 도굴 여부를 확인하는 과정에서 무덤방을 열어본 결과 온통 붉은색이 칠해져 있었음이 밝혀진 바 있다. 붉은 칠을 한 고분은 일본의 무덤방에서 자주 나타나는 것으로 일본과의 관련성이 주목되는 부분이 아닐 수 없다.

옛 소가야의 지역으로 알려진 경상남도 고성의 송학동 1호분도 원래는 그 모양이 전방후원형의 고분과 같다는 논쟁이 끊이지 않았다. 그래서 그동안 전방후원형 고분이 섬진강을 넘어 경상도 일원에까지 존재하는 것으로 알려져 있었다. 그러나 2001년 송학동 1호분을 직접 발굴을 한 동아대박물관은 전방후원형 고분이 아니라 여러 개의 고분들이 중첩되어 나타난 결과, 형태만이 전방후원형으로 보이는 것일 뿐 전방후원분과는 관련이 없는 것으로 파악하였다. 즉, 구덩식돌방무덤, 굴식돌방무덤, 앞트기식돌방무덤 등 3개의 무덤방이 둥근 봉토분으로 연결된 모습이라는 것이다. 그래서 최근 복원을 하면서는 3개의 봉우리가 있는 것을 유독 강조하고 있다.

하지만 단지 무덤방이 3개라는 이유만으로 송학동 1호분이 전방후원형 고분이 아니라고 단정하기에는 부족한 구석이 많은 것이 사실이다. 일단 동아대박물관이 송학동 고분군 가운데 제1B라고 이름 붙인 무덤방은 무덤으로 연결되는 통로는 물론 무덤방 내부 전체가 온통 붉은 색으로 칠해져 있기 때문이다. 이뿐만 아니라 출토된 구멍무늬잎큰단지(有孔廣口小壺)나 뚜껑접시(蓋杯) 등의 토기류, 오키나와에서 반입된 것으로 보이는 조개(イモ貝)장식 등 왜계(倭系)로 보이는 유물이 심심치 않게 나왔기 때문이다. 일본에 있어서도 전방후원분 중에 전방부에 무덤방이 있는 것도 발견되고 있기 때문에 단지 무덤이 중첩되었다는 근거만으로 이것을 전방후원형이 아니라고 말하는 것이 설득력이 있을지 모르겠다. 어쨌든 아직까지 논란의 한가운데 있는 고분이기에 현재 송학동 1호분을 제외한다면 대부분의 전방후원형 고분은 영산강을 위시한 서, 남해안 일대에 주로 나타나고 있음을 알 수 있다. 앞으로 더 많은 조사를 통해 더욱 확실하게 밝혀지겠지만 지금까지 나타난 것으로 보아 한반도 남부 그것도 영산강 주변 및 그 해안을 크게 벗어나지 못하고 있는 실정이다.

그동안 문헌사에서는 『일본서기』를 분석하여 근초고왕 때인 369년에 백제가 전라남도 지역 전역을 점유하였다고 보아왔는데, 뜻하지 않게 나타난 전방후원형 고분은 우리에게 무엇을 이야기하려 하는 것인가. 일본의 고분시대에 전형적인 고분인 전방후원분과 유사한 고분이 한반도에서 발견되고 있다면 그 원류를 한반도에서 찾아야 하는 것인가, 아니면 일본열도로부터 찾아야 하는 것인가.

1983년 한반도에도 전방후원형 고분이 존재한다는 결과가 발표되면서부터 그 존재 여부를 둘러싸고 학계에서 격렬한 논쟁이 일어났다. 어쩌면 우리는 일본 고분의 전형이라고 하는 전방후원형의 고분이 한반도 내에서 발견된다고 하는 것 자체를 믿고 싶지 않았기 때문일 듯도 싶다. 아마 소위 '임나일본부설(任那日本府說)' 때문이었을 게다. 하지만 지금은 우리나라에도 전방후원형 고분이 존재하고 있다는 것이 자연스러운 사실이 되어 버렸다.

전방후원형 고분의 조성연대를 추정해 보면 그 양식과 출토 유물로 판단컨대 5세기말에서 6세기 중엽경으로 일본의 것보다 시기적으로 앞서지 못하고 있다. 따라서 어떠한 경로를 통해서든 아니면 어떠한 영향이든 간에 일본과의 관련성에 눈을 돌리는 수밖에 없다. 특히 전방후원형 고분에 대한 연구가 일본에서는 지천으로 깔려있는 터이지만 우리나라에서는 전무한 상황이기 때문에 먼저 일본에 관심을 갖는 것은 당연하지 싶다. 동북아시아를 둘러싼 고대사 최대의 수수께끼인 전방후원형 고분에 대한 문제를 푸는 것만이 실타래와 같이 얽혀있는 고대사의 진실을 풀 수 있는 지름길인지도 모른다.

2. 거대한 고분

상상할 수 없을 정도로 거대한 무덤들이 동 닿듯 널려져 있는 사카이(堺)라는 곳은 행정구역상 오사카부(大阪府) 내에 소재하고 있다. 가마쿠라 시대부터 어항으로서 해운교통의 중심지가 되었던 이곳 사카이는 전국시대가 되면서 황금시대를 누리게 된다. 무역항으로 해외무역의 거점이 되어 자유도시로서 번성했기 때문이다. 지금은 행정구역상 오사카부 내에 있는 초라한 입지가 되었지만, 예전 한 때는 오사카의 남서부와 나라현까지 아우르던 때도 있었다. 그런 사카이가 그 보다도 훨씬 이전인 고분시대에는 더 큰 세력을 보유하고 있던 듯하다. 사카이 내에서도 바닷가가 바로 내려다 뵐 정도로 가까운 거리에 소위 모즈고분군(百舌鳥古墳群)이라 부르는 무덤 떼가 위치해 있으니 말이다.

4킬로미터 사방의 광활한 대지 위에 놓여 있는 대형 고분군 중에 규모가 가장 큰 무덤이 다이센고분(大仙古墳)이다. 전체 길이 486미터, 후원부 지름 243미터, 전방부 폭 305미터, 후원부 높이 36미터. 아마 이 정도면 지구상에 있는 무덤 중에서는 가장 클 듯싶다. 웅장한 이집트의 피라미드보다도 더 크다고 하니 더 이상 할 말이 없다. 공중에서 바라보아야 그 규모와 모양을 가늠할 수 있을는지 몰라도 곁에서는 아무리 보아도 그 뿐, 별 감흥이 없다. 이곳을 무덤이라고 하기 이전에는 단지 숲으로 뒤덮인 야산이라는 생각밖에 들지 않을 뿐더러 걸어서 그 무덤의 주위를 도는 데만도 반나절은 족히 걸리기 때문이다. 주위에 파 놓은 도랑, 소위 전방후원분에 나타나는 주구도 왜가리가 노닐며 새들이 지저귀고 있는 한마디로 거대한 인공호수를 방불케 하고 있다.

일본에서 제일 큰 고분인 다이센고분은 통상 일본인들에게는 닌토쿠(仁德) 천황릉으로 알려져 있다. 고분이 있는 지역이 다이센정(町)이기 때문에 다이센고분이라고 부르는 편이 낫다고 생각하지만, 대개는 닌토쿠 천황릉이라 부르고 있다. 일본 현지에서는 단지 『일본서기』에 의해, 또는 전해오는 말에 따라 닌토쿠 천황릉에 비정하고는 있지만, 묘지석이나 명문 등 무덤의 주인공을 알 수 있는 유물이 출토되지 않았기 때문에 진정 이곳이 누구의 무덤인지 알 수 없는 상태이다. 더욱이 기년에 있어서 문제가 있는 『일본서기』를 좇아 닌토쿠천황의 능을 5세기 무렵의 고분이라고 추정하고 있는 것 또한 더 더욱 옳은 태도는 아닌 듯싶다.

　현재 다이센고분은 북쪽으로 한제이천황(反正天皇)의 능이라고 하는 다데이야마고분(田出井山古墳)과 남쪽으로 리쥬우(履中)천황의 능이라고 하는 미산자이고분(ミサンザイ古墳)이 버티고 있어서 이들과 함께 궁내청에 관리되고 있다. 이처럼 궁내청이 보호하는 고분은 애당초 발굴이 금지되기 때문에 과학적인 방법을 동원하여 그 조성시기를 추정해 본다는 것은 거의 불가능하다. 그런데, 다이센고분의 경우는 전국시대 말기에 갑옷과 투구며 돌널(石棺)들이 노출되어 내부 출토품에 대한 일부 정보가 있었던 데다가 이후 1872년 9월에 있은 산사태로 인하여 전방부의 일부가 무너져 내리는 사이에 구덩식돌방에서 각종 껴묻거리가 발견된 적이 있었다. 당시 그 안에서는 수대경(獸帶鏡)이라 이름 붙여진 청동거울과 고리자루큰칼(環頭大刀)이 출토되었다고 한다. 지금은 누군가에 의해 미국의 보스턴 미술관에 보관되어 있다고 하는데, 아마 도굴꾼에 의해 몰래 반출된 것으로 보인다. 출토된 청동거울은 7개의 돌기가 있는 칠자경(七子鏡)으로 한 때 무령왕릉에서 출토된 의자손수대경(宜子孫獸帶鏡)과 흡사하다고 해서 매스컴에 이목을 끈 적도 있었다. 무령왕릉에서 출토된 청동거울의 경우 다이센고분의 청동거울과 지름이 엇비슷하며 주조된 주작, 청룡, 백호의 문양까지 일치하고 있다는 것을 컴퓨터 그래픽으로 밝혀 낸 바 있기 때문이다. 무령왕릉은 지석의 출토로 인하여 고대에 확실하게 무덤의 주인을 알 수 있는 고분이고, 그곳에서 출토된 청동거울이 다이센고분에서 출토된 청동거울과 비슷한 형식을 보이고 있다면 두 고분이 6세기 초라는 비슷한 시기에 조성되었다는 것을 의미하는 것은 아닐까 싶다.

　일본에서는 흔히 닌토쿠 천황의 능으로 알려져 있기 때문에 닌토쿠의 치세인 5세기 전반에 조성된 것으로 보고 있지만, 유물의 고고학적 분석으로 보면 전혀 그렇지 않은 듯싶다. 고분 주위에서 수습된 스에키(須惠器)도 형식상 5세기말에서 6세기초의 것으로 보일 뿐만 아니라 출토된 하니와(埴輪)의 경우도 닌토쿠 다음 대의 분묘라고 전하는 미산자이고분 출토의 하니와보다도 시기가 늦은 것으로 추정되기 때문에 다이센고분의 조성시기가 5세기 후반을 넘어갈 가능성이 조심스레 제시되기도 한다. 그렇다면 닌토쿠 천황릉이라고 부르는 것과는 달리 이곳 다이센고분에는 엉뚱한 다른 사람이 묻혀 있을 가능성이 농후한 것이다. 결국 문제의 초점은 이처럼 이곳에 거대한 고분군을 조영한 집단이 누구이며 그동안 일본 고유의 고분으로 알려진 전방후원분은 어디에서부터 비롯되었는가로 모아 질 수밖에 없다.

전방후원분은 일본열도의 기나이 지방에 집중된 분포를 보여주고 있는 것을 시작으로 해서 열도 내에 3,000기가 넘게 존재하는 것으로 알려져 있다. 1970년대까지만 하더라도 중국과 한반도에서는 발견되지 않아 일본 고유의 전형적인 무덤 양식으로 여겨져 왔던 터이다. 또한 그 규모에 있어서도 일반적인 무덤과 달라 일본 내에서는 천황을 비롯한 고대사회 수장급의 무덤으로 알려진 양식이다. 일본의 시대 구분에 있어서도 고분시대의 중요한 무덤 양식으로 알려져 있다. 공중에서 볼 때 열쇠구멍 모양으로 보이는 고분을 전방후원분이라고 명명한 것은 에도시대에 가모 군페이(蒲生君平)로부터 비롯된 것인데 앞이 네모지고 뒤가 원형이라고 해서 붙인 이름이었다.

그런데 전방후원분이라는 것에 대해서는 일본에 있어서 일종의 선입견이 작용한 일정한 전제라는 것이 있다. 그것은 고분에 대한 획일적인 발전 과정을 미리 상정하고 그 내용들을 일본의 사서들과 꿰어 맞추는 일종의 정치사 복원 작업에 이용되고 있다는 사실이다. 먼저 전방후원분이라는 것은 왕의 능이며 최대 고분은 후에 천황이라 불리는 지위에 해당하는 대왕의 묘라는 것을 가정으로 하고 있다. 즉, 최대 규모를 가진 대왕묘는 항상 나라의 분지나 오사카의 평야에 축조되어 있기 때문에 정치적 중추는 일관되게 나라 조정이라고 부르는 고대국가로 발전하여 야마토라는 정권이 이를 계승하게 된다는 것이다. 따라서 당연히 정권의 중추인 기나이지역의 전방후원분을 기본형으로 하여 점차 고분이 성립하고 이곳을 중심으로 일본열도 각 지역에 영향을 끼친 결과 전방후원분의 광범위한 분포를 만들었다고 하는 전제를 깔고 있다. 이러한 전제가 일본고대사에 있어서 한마디로 바이블화 되어 있는 것이 현실이다.

그런데 일본열도에서는 거대한 고분들이, 그것도 초기 고분의 상당수가 오사카와 나라를 비롯한 기나이 지방에 밀집하고 있는 것을 볼 수 있다. 그렇다면 애당초 기나이지방에서 시작되었다는 전방후원분이 조그마한 무덤에서부터 시작한 것이 아니라 처음부터 갑자기 거대한 고분들이 나타났다는 것이다. 과연 이러한 결과를 두고 전방후원분의 시원이 기나이 지방에서부터 시작되었다고 단정할 수 있을까.

모즈고분군(百舌鳥古墳群)을 둘러보고 나오는 길 모퉁이에서 특히 주목되는 곳이 있었다. 부근에 구다라, 즉 백제라는 지명이 남아 있었기 때문이다. 본래 모즈고분군이라고 할 때의 모즈(百舌鳥)라는 명칭은 일본에서 1889년 시정촌(市町村)제의 행정구역을 개편하면서 붙여진 것으로 이전까지만 하더라도 구다라(百濟) 또는 하지(士師)라고 불렀던 지역이었다. 이러한 사실을 통해 보면, 바닷가와 가까운 사카이 지역이 과거 바다 길을 따라 한반도로부터 넘어와 정착하게 된 백제인의 마을이었을 듯싶다. 현재도 구다라천(百濟川)이 사카이시 한가운데를 흐르고 있으며 그 위로 구다라교라고 하는 다리가 놓여 있는 것을 볼 수 있기 때문이다.

또한 사카이시 부근에는 일본의 대승정 교키(行基)가 태어났다고 전하는 에바라시(家原寺)라는 사찰이 있다. 교키는 백제계인 다카시(古志)씨 족으로 알려져 있어서 구다라라는 지역의 신뢰성을 담보해주고 있음은 물론이다. 외가인 에바라(家原)에서 자랐다고 하는 교키는 일본에서 민중구제에 힘을 쓴 승려로 잘 알려진 인물이다. 몸소 다리도 만들고 제방을 쌓아 민중 교화사업을 통해 불교의 포교를 실천한 사람이다. 지금도 오사카 남부 구메다사(久米田寺) 앞에는 치수사업을 위해 그가 만들었다고 하는 커다란 연못도 남아 있다.

최인호는 『제4의 제국』이라는 소설에서 진구, 오진과 닌토쿠(仁德)가 대성동 고분을 축조했던 가야계 도래인으로서 일본 열도를 정복하고 일본에 새로운 왕국을 세운 것으로 그리고 있다. 또한 그는 이곳 모즈고분군(百舌鳥古墳群)의 조성 주체에 대해서도 고구려 광개토대왕의 침략을 받아 일본열도에 대규모로 건너온 김해 가야인으로 추정하고 있는 것을 볼 수 있다.

하지만, 광개토대왕으로 인해 가야제국(諸國)의 붕괴가 있었던 4세기말에서 5세기초엽의 시기에 왜와 가야가 하나의 나라였다는 증거는 어디에도 없으며 당시 한반도에서도 통일된 주체가 아니었던 가야의 제국이 일본으로 넘어가서는 왜와 연합하여 새로운 왕국을 두었다는 것도 타당성이 없다.

파형동기(巴形銅器)와 같이 당시에 나타나는 몇 가지 유물을 가지고 지배세력이 교체되었다고 보고 있는 것도 문제가 있지만, 실제 4~5세기경 무덤 양식만을 보아도 가야는 덧널무덤인데 반해 일본은 전방후원분으로 전혀 다른 양식을 보이고 있다. 이 이야기는 애당초 에가미 나미오(江上波夫)가 주장했던 한왜(韓倭)연합왕국론에 기초를 두고 있는 것이다. 북방 기마민족에 의한 한왜연합세력이 일본에 진출해 고대 왕권을 수립한 후 원래의 근거지였던 한반도 남부 지역에서 영향력을 유지했다는 것이 전체적 줄거리이다. 하지만 이것도 섣불리 건드리면 오히려 임나일본부설을 인정하게 되는 위험성이 다분히 존재하고 있다. 결국 일본의 왕조를 세운 가야국 운운하는 이야기는 자국주의 사관이 빚어낸 상상에 기초한 창작으로 밖에 보이지 않는다.

사카이시 부근에는 백제인의 정착촌이 다수 밀집해 있고 오바데라(大庭寺), 스에무라(陶邑) 유적지에서는 4세기말~5세기의 초기 스에키(須惠

器)가 보임에 따라 당시 도래인이 둥지를 틀고 정착하였던 것만은 틀림 없다. 그렇다고 해서 당시의 도래인이 새로운 왕조를 설립했다고 하는 증거는 어디에도 없으며 아직 거대한 전방후원분의 기원도 제대로 파악 하지도 못한 상태에서 다이센고분 등 일본열도의 전방후원분을 가야인 의 무덤으로 단정할 수는 없을 것이다. 물론 소설이라고 치부해버리면 할 말이 없지만, 이것이 우리나라 사람들에게 끼치는 영향을 생각할 때 제대로 된 고증을 통한 역사소설이 되어야 할 것이다. 그렇지 않다면 일 본이 한반도 남부를 점유했다는 임나일본부설을 주장하고 있는 것과 무 엇이 다른 것인가.

II. 광개토왕비를 찾아서

한때 광개토왕비문은 일본 육군참모본부에 의한 조작설이 제기되어 논란이 된 적이 있었다. 1972년 재일사학자인 이진희는 일본 육군참모본 부가 비문을 석회로 조작하였다는 이른바 '석회도부작전설(石灰塗付作 戰說)'을 주장했다. 이는 여러 개의 탁본마다 다르게 기재된 글자가 일부 확인되었기 때문에 주장된 설인데, 이를 통해 그는 일본이 19세기말 조 선과 만주를 침략하기 위해 고대사까지 조작, 왜곡하였다고 주장하였다.

광개토왕비가 알려진 것은 1880년대 일본을 통해서였다. 광개토왕 사 후 414년에 만들어진 비는 이후 수세기 동안 누구의 비석인지 모른 채 방치되어 있었다. 그러던 것이 일본이 만주와 한반도에 대한 침략을 준 비하기 위해 1878년 육군참모본부를 설치하였고 이곳에서 스파이로 파 견된 사꼬 가게아끼(酒勾景信)라는 중위에 의해 1884년경 비문의 탁본이 일본에 알려졌다. 당시 일본 육군 참모본부는 한반도 침략에 대한 여론을 조성하고 있었기 때문에 비문에 나오는 신묘년조의 문구를 통해 소위 임나일본부설의 근거로 삼으려 했다. 이진희는 이때 일본 육군참모본부에 의해 비문에 석회가 발라지고 비문이 조작이 되었다고 주장한 것이었다.

이로 인하여 1970년대 이후 한국과 일본의 사학계에서는 광개토왕비 문에 대한 연구가 활기를 띠게 되었다. 이러한 논의를 통해 비문의 연구 에 있어서 상당 부분 진전을 이루는 계기가 되었던 것 또한 사실이다. 하 지만, 수차례에 걸친 논의 결과 일본 육군참모본부의 비문조작설은 수그 러들었고, 1984년 중국의 왕젠췬(王健群)이 현지 조사를 통해 석회를 발 랐던 것은 일본 육군참모본부가 아니라 비문의 탁본을 팔아먹기 위해 중 국인들이 저지른 순진한 만행이라고 주장했다. 비문에는 오래되어 잘 보 이지 않는 글자가 많았기 때문에 탁본을 팔기 위해 중국인이 직접 석회 를 바르고 글자를 찍었던 기간이 있었다는 것이다.

그렇다면 비문조작설은 단지 탁본으로만 확인하다가 생긴 일이었고 냉전시대였던 1960~70년대 당시 한국과 일본 모두 실지 답사를 할 수 없 었기 때문에 일어난 파문이었다. 같은 시기에 광개토왕비를 직접 확인할 수 있었던 북한의 박시형이나 김석형이 비문조작에 대해 옹호하지 않았 던 사실을 통해서도 일본 육군참모본부에 의한 '석회도부작전'은 실제로 있었던 일이 아닐 확률이 높다. 그럼에도 불구하고 이진희의 '비문조작 설'은 아직도 한국사회의 일반대중에게 역사적 사실로 각인되고 있다. 그 바탕에는 최인호가 1985년 조선일보에 연재하였던 「잃어버린 왕국」 이라는 역사소설이 자리하고 있다.

신묘년조로 알려진 구절에 우리에게 불리한 내용이 있다는 선입관이 작용하여 이처럼 비문조작설을 부추겼던 듯하다. 어쨌든 이후 다케다 유 키오(武田幸男)에 의한 미즈타니(水谷) 탁본에 관한 연구와 쉬젠신(徐建 新)의 원석탁본 발견 등으로 비문의 탁본 문제와 관련해서는 많은 연구 가 축적되었다. 물론 아직까지 반드시 결론이 이루어졌다고 할 수는 없 지만 많은 진전이 있었던 것은 사실이다. 지금은 비문을 실제로 보고 조사할 수 있게 되었고 석회가 다 떨어져 석회를 바르기 전의 원석탁본과 대조가 가능하기 때문에 몇몇 글자를 제외하고는 비문에 대한 전반적인 해석이 가능하게 되었다. 신묘년조에 관한 부분은 안 보이는 글자를 포함하여 대체적으로 기존에 알려진 문구와 크게 차이가 없었던 것이다.

그렇다면 비문에 씌어 있는 '百殘新羅 舊是屬民 由來朝貢 而倭以辛卯年來渡海破百殘□□□羅 以爲臣民'을 어떻게 보아야 할 것인지에 대한 문제가 남는다. 일단 신묘년조에 대한 해석으로는 국문학자인 정인보가 제시한 이후 박시형, 김석형 등에 의해 '渡海破'의 주체를 왜가 아닌 고구려로 본 견해가 있었다. '辛卯年來'에서 끊어 읽어 '來'의 주어는 왜이고 '渡海破'는 주어가 표기되어 있지 않지만 고구려로 보아야 한다는 것이다. 즉, '왜가 신묘년에 왔으므로 (고구려가) 바다를 건너가 깨뜨리고...'로 해석한 것이다. 하지만, '來'의 주어는 왜인데 연이어 나오는 '渡海破'가 단독으로 존재하여 고구려를 주어로 한다는 것이 일단 전체적인 흐름에 있어서 부자연스러움이 보인다. 또한 왜의 침범은 연도와 주어를 명확히 하고 있으면서 고구려가 파(破)한 것에 대해서는 연도와 주어를 모두 생략했다고 하는 것도 고구려 주체설의 약점이라고 할 수 있다.

어쨌든 한문체에는 불완전한 문장이 있기도 하고 비문에 확인이 안 되는 글자가 있는 탓에 이 문구에 대한 다양한 해석이 가능할 수도 있다. 하지만, 그래도 가장 자연스러운 해석은 '왜'를 주어로 하는 것이다. 그렇기 때문에 광개토왕비문은 단지 신묘년조의 한 구절에 얽매이기보다는 왜 이러한 문구가 쓰였는지 광개토왕비문의 전체적인 흐름 속에서 그 맥락을 짚어나가야 할 것이다.

우선 비문은 광개토왕의 훈적을 기리기 위해 건립되었다는 것을 상기할 필요가 있다. 전체적으로 비문은 광개토왕의 공적을 기록하면서 각각의 공적 첫머리에 각국과 전쟁을 치루면서 전쟁의 정당성 및 그 이유에 대해 쓰고 있다.

이처럼 신묘년조의 구절도 연이어 나오는 영락 6년에 대한 전치문(前置文)이라는 것이 학자들 간에 거의 공통적인 인식으로 자리 잡아 가고 있다. 오히려 그동안 비문의 탁본을 둘러싼 논쟁으로 인해 정작 비문의 해석 및 당대의 역사상(歷史像)에 대한 논의가 제대로 이루어지지 못했다. 중요한 것은 신묘년조에 대한 사료 비판이나 그 내용의 사실성 여부일 것이다. 신묘년조가 고구려의 입장에서 과장되었다는 견해가 있는 만큼 이 내용을 역사적 사실로서 신뢰할 수 있는가의 여부에 대해 판단해야 하는 것이 필요하다.

일단 신묘년조의 맨 첫 구절에는 '百殘新羅 舊是屬民 由來朝貢'이라는 문구가 있다. 그런데, 내용과 같이 백제와 신라가 예부터 고구려의 속민으로 조공을 해왔던 것이 사실일까?

광개토왕의 시절에서 20여년을 올라가면 고구려는 광개토왕의 할아버지인 고국원왕의 치세였고 백제는 근초고왕이 지배하던 때였다. 특히 371년에는 한반도 남부에서 영토를 넓힌 근초고왕이 아들인 근구수와 함께 고구려 평양성에 침입하여 고국원왕을 전사시키는 일대의 사건이 있었다. 이처럼 광개토왕 직전의 시기에는 오히려 백제가 고구려보다 우위의 상황에 있었다. 당시 백제가 한반도 내에서 가장 강력한 세력이었다고 말할 수 있다. 이러한 상황에 대해 백제를 '옛날부터 속민'이었다고 표현한 것은 고구려 우위의 역사관이 투영된 것으로서 역사적 사실에 근거한 것으로 보기 어렵다.

영락 10년조의 기사는 신라에 침입한 왜를 광개토왕이 기보병 5만을 보내 물리치는 내용으로 되어 있다. 그러고는 신라와 관련해서 '昔新羅寐錦 未有身來論事 □□□□[廣]開土境好太王□□□□寐錦□家僕勾請□□□朝貢'이라고 씌어 있다. 이는 '신라가 이전에 조공논사를 하지 않다가 광개토왕이 신라를 도와 왜를 물리친 이후로 조공을 하기 시작하였던 것...'으로 해석된다. 그런데, 광개토왕 이전에 조공논사를 하지 않았다는 내용과 신묘년조에서 '신라가 예부터 고구려의 속민으로 조공해 왔다(舊是屬民 由來朝貢)'고 하는 기록과는 서로 상충되고 있는 것을 알 수 있다.

이처럼 역사적 사실로 합당하지 않은 내용도 있고 비문의 앞뒤의 내용이 서로 맞지 않는 내용이 있다. 뿐만 아니다. 비문의 영락 20년조는 고구려가 동부여를 토벌하는 내용인데, 그 전치문으로 '동부여는 옛적에 추모왕의 속민이었는데, 중간에 배반하여 고구려에 조공을 하지 않았다'는 구절이 있다. 그러나 전치문에 명분으로 씌어 있는 동부여가 원래 추모(주몽)왕의 속민이었다는 구절은 명백히 사실이 아니다. 『삼국사기』를 보면 부여의 왕 해부루가 국상(國相) 아란불(阿蘭弗)의 권고로 동해가로 옮긴 국가가 동부여인데, 오히려 부여를 탈출한 주몽이 동부여의 속민이었다면 모를까 동부여가 주몽의 속민이었다는 것은 타당하지 않다. 이러한 측면에서 보면 광개토왕비문은 고구려의 입장에서 자신의 입장을 합리화하기 위한 명분으로 기술되고 있었다는 것을 알 수 있다.

4세기 후반 근초고왕, 근구수왕과 일대 결전을 벌였던 고구려가 광개토왕 때에 와서 백제를 공격한 이유는 앞서의 패배에 대한 복수전의 형태가 되어야 타당할 것이다. 하지만, 비문의 경우 광개토왕의 훈적을 현창하고 고구려 공격의 정당성을 설파하는 필법으로 이루어졌기 때문에 과거 백제에게 당했던 굴욕적인 모습을 기술하기 어려웠을 것이다.

Ⅲ. 일본의 사서와 칠지도(七支刀)에 감춰진 비밀

1. 일본의 국보 칠지도

1874년 이 신궁의 대궁사(大宮司)였던 간 마사토모(菅政友)가 칼의 녹을 없애다가 칼에 금으로 그려져 있는 글자를 처음 발견했다. 그 이후 많은 연구자들에 의해 글자에 대한 해독이 이루어졌는데, 녹을 없애면서 일부 상감이 지워졌는지는 몰라도 분간하기 어려운 글자가 있어 그 해석은 분분하다. 대략 기존에 한국학계에서 해석되었던 칠지도에 새겨진 글자를 정리하면 다음과 같다.

(앞면) 泰[和]四年[五]月十六日丙午正陽造百練鐵七支刀[出]辟百兵宜供供
　　　侯王ㅁㅁㅁㅁ作
(뒷면) 先世以來未有此刀百[濟]王世子奇生聖音故爲倭王旨造傳[示]後世

먼저 제일 앞 부분에 나오는 연호를 무엇으로 보느냐에 대해 논란이 있다. 글자 해석의 초기에 첫 대목을 태시(泰始)로 보느냐, 또는 태화(泰和)로 보느냐에 대한 논란이 있었다. 맨 앞 글자가 태(泰)와 비슷한 글자로 보이지만, 그 다음의 글자는 제대로 보이지 않기 때문에 생긴 일이다.

고대 중국에 있어서 태시 4년의 경우는 서진(西晉)의 연호로 보면 268년, 송(宋)의 연호로 보면 468년이 있다. 반면, 태화(泰和)라는 연호는 없고 태화(太和)라는 연호밖에 없다. 그럼에도 불구하고 일본 학자들은 태화를 동진(東晋)의 태화(太和)라는 연호와 동일한 것으로 생각하고 있다. 난징(南京)에서 태원(泰元)과 태원(太元)이라는 두 가지 기년명이 발견된 것을 근거로 하여 동진 시기에 泰와 太가 혼용되었던 것으로 보고 있다. 이를 통해 태화(泰和) 4년이 동진의 연호를 가리키는 것으로 보아 태화(泰和)설을 주장하고 있는 것이다.

석연치 않은 해석이기는 하지만 어쨌든 이러한 주장대로 글자에 나타나 있는 시기를 동진의 연호인 태화 4년으로 본다면, 그때는 서기 369년에 해당된다. 『일본서기』에 따르면, 진구(神功) 49년에 해당하는 시기로 백제와 왜가 한반도의 남부를 점유했다는 연도와 정확하게 일치하고 있다. 특히, 『일본서기』진구 52년조에는 백제의 근초고왕(近肖古王)이 사신인 구저(久氏)를 통해 칠지도(七枝刀) 1구와 칠자경 1면 및 각 종의 중보(重寶)를 바쳤다는 기록이 있다. 이를 근거로 백제에서 일본에 헌상한 바로 그 칠지도로 해석하고 있는 것이다.

이후 일본이 한반도 남부를 지배하고 있다가 562년 신라가 임나를 멸망시킴으로써 야마토 정권의 한반도에 대한 지배권이 사라졌다고 적고 있다. 이처럼 고대 한일관계에 있어서 논란이 되고 있다는 칠지도의 글자 내용은 『일본서기』삼한 정벌의 기사와 함께 고대에 일본이 한반도를 지배했다고 하는 '한반도 남부 경영론'의 기원으로 삼고 있는데 이용되고 있다.

이처럼 369년 칠지도가 백제로부터 헌상되었다고 하는 것이 통설이 되면서 이러한 내용이 이소노카미 신궁의 회랑 밑 안내판에 상세하게 기록하고 있다. 칠지도의 전체 모습과 칠지도에 새겨진 글자의 사진자료를 전시하고 있는 곳에 '국보(國寶) 칠지도 해설'이라는 제목으로 나무판자에 그 내력이 적혀있다. 여기에는 어김없이 『일본서기』진구(神功) 52년조에 백제가 헌상했다고 하는 칠지도로 추정하고, 이를 통해 고대사에 있어서 절대연도를 명확하게 알 수 있는 최고의 유물이라고 씌어 있다.

어쨌든 그동안 이소노카미 신궁에서 발견된 칠지도에 대해서는 '泰[和]四年'을 동진(東晉)의 연호인 태화(太和)와 동일한 것으로 생각하여 만들어진 때를 369년인 것으로 보고 있는 것이 통설이 되고 있다.

369년은 백제로 치면 근초고왕 24년이 된다. 일전에 KBS에서 "근초고왕"이라는 주말 드라마를 방영하면서도 칠지도가 이 시기에 백제에서 일본에 하사되었다고 설명하고 있다.

하지만, 칠지도가 근초고왕 때 만들어졌다는 해석은 지금까지 『일본서기』를 근거로 369년 백제에서 제작된 후, 372년에 백제가 일본에 헌상했다고 보는 일본학계 통설의 연장선상에 있는 것이다. 단지 우리는 일본측이 백제가 헌상했다는 칠지도를 백제가 하사했다는 것으로 문구를 바꾸어 설명하고 있을 뿐이다. 즉, 칠지도가 왜 일본에 전해졌는지에 대한

합리적인 근거가 부족한 상태에서 칠지도의 제작연도를 여전히 근초고
왕 때인 369년으로 보고 있다는 모순된 논리를 따르고 있다. 만약에 칠
지도가 근초고왕 때에 만들어졌다면 왜 근초고왕이 일본에 칠지도를 보
냈는지, 도대체 어떤 이유로 만들어져서 일본에 하사되었던 것인지에 대
한 합리적인 논거가 있어야 할 것이다.

　이처럼 일본 측은 칠지도가 4세기중엽부터 왜(倭)가 200여 년간 한반
도 남부를 통치하였다는 소위 '야마토 정권의 한반도 남부 경영'에 대한
내용을 담고 있는『일본서기』를 뒷받침하는 중요한 자료로 내세우고 있다.

2. 칠지도의 진실

　일단은 칠지도의 글자 중에 "후세에 길이 전하여 보여야 할 것이다(傳
[示]後世)"라는 부분은『일본서기』의 기록대로 백제가 왜왕에게 헌상했
다고 보기보다는 오히려 지위가 높은 사람이 낮은 사람에게 하사하는 듯
한 표현으로 씌어 있다. 또한, 앞면의 '공공후왕(供供侯王)'이라는 글자
도 후왕이나 제후에게 하사했다는 뜻이 더욱 강하게 느껴진다. 이와 같
은 이유 때문에 백제가 일본 왕에게 하사했던 칼이라는 인상을 더욱 짙
게 해주고 있다.

　뿐만 아니라 칠지도에 나오는 연호를 369년 동진의 것으로 볼 경우 몇
가지 문제가 있다. 기록상 백제는 372년 동진의 함안(咸安) 2년 정월에
동진에 처음 사신을 보내 6월에 근초고왕 여구(餘句)가 '진동장군영낙랑
태수(鎭東將軍領樂浪太守)'로 책봉되었기 때문에 369년에 제작된 칠지
도에 동진의 연호를 새겨놓았다고 보기 어렵다. 372년 이전에 백제가 동
진에 사신을 파견한 기사도 없을 뿐더러, 실제 백제시대의 금석문에서
중국의 연호를 쓴 것이 발견되지 않고 있기 때문이다.

　따라서 칠지도에 나오는 '泰□'라는 연호에 대해서는 이것이 중국 연

호가 아니라 백제의 것이라는 주장이 대두되기도 했다. 북한의 학자 김석형은 태화(泰和)라는 연호는 중국에 없을 뿐만 아니라, 일본에서 연호를 쓰기 시작한 것도 7세기는 되어서부터이기 때문에 백제의 연호일 수밖에 없다고 주장했다. 실제로 연호로 보이는 첫 글자를 살펴보면 泰인지 奉인지도 불명확할 뿐만 아니라 다음의 글자는 아예 확인이 불가능하다. 따라서 백제의 연호가 사료에 남아 있지는 않지만, 고구려도 광개토왕비문에서 보듯이 4세기부터 연호를 썼으며 신라도 6세기에는 고유한 연호를 설정했던 것을 참작해 보면 백제의 연호일 가능성이 높은 것은 사실이다.

첫 번째 글자는 泰라고 써놓고 있지만, 칠지도에 상감되어 있는 것은 泰자보다는 오히려 奉자와 비슷한 글자로 보인다. 전반적인 글씨체로 볼 때 泰로 볼 수 있을 가능성이 전혀 없는 것은 아니지만, 확실하게 泰로 판단할 수도 없다.

그런데 다음의 글자는 전혀 확인이 되지 않는다. 좌측에 'ㅣ'로 내려 그은 선이 보이지만 무슨 글자인지 눈으로는 확인이 불가능하다. 다음으로 확인할 수 있는 글자는 월일에 대한 부분이다. 기존 통설에서는 이 글자를 五月十六日로 보았다. 하지만, '月十六日'은 대체로 확인되고 있는 반면에, 몇 월인지는 판단하기가 어렵다.

그런데 중요한 변화가 감지되기 시작했다. 무라야마(村山正雄)가 간행한 『이소노카미신궁칠지도명문도록(石上神宮七支刀銘文圖錄)』에는 칠지도 상감 글자의 확대 근접사진과 아울러 NHK가 촬영한 X-레이 사진이 함께 실려 있다. 이 X-레이 사진으로 인해 칠지도에 새겨진 글자를 좀 더 자세히 관찰할 수 있게 되었으며 지금까지 육안으로 확인하기 어려운 자와 획이 일부 남아있음을 파악할 수 있게 되었다. 이는 칠지도의 진실에 다가가는데 있어서 획기적인 전환을 이루게 되었다는 것을 의미한다.

그런데 이 사진에서는 그동안 논의되지 않았던 중요한 단서가 포착되고 있다. 즉, X-레이 사진에서는 칠지도 앞면의 연월(年月)의 글자 사이에 '十'자가 검출되고 있는 것이다.

(앞면) 泰□四年十[一]月十六日丙午正陽造百練[鐵]七支刀[出]辟百兵宜供
　　　供侯王□□□□作
(뒷면) 先世以來未有此刀百[濟]王世子奇生聖音故爲倭王旨造傳示後世

　지금까지 칠지도에 쓰인 월(月)에 대해서는 주조하기 좋은 때라고 여겨지던 5월의 '五'자로 추정하였던 것이 대세였다. 하지만, X-레이 사진에서 '十'자가 보임으로 인해 이젠 그 해석을 새롭게 할 필요가 생겼다. 사진을 보면, '十'자와 월자의 사이에도 한 글자 정도 들어갈 공간이 보인다. 때문에 바로 이어지는 글자를 통해 '十一月'로 볼 가능성이 새롭게 제기되고 있다.

　이상과 같이 판독하면, 그동안 61자로 알려졌던 칠지도의 상감 글자는 총 62자로 되어 있다는 것을 알 수 있다. 이에 따라 새롭게 확인된 내용을 살펴보면 다음과 같다.

3. 칠지도의 제작연도

어쨌든 이렇게 칠지도에 나타나 있는 시기를 동진의 연호인 태화 4년으로 본다면 그 시기는 서기로 369년이라는 연도가 도출되어 『일본서기』 진구 49년 왜가 한반도의 남부를 점유하였다는 시기와 연도가 정확하게 일치된다.

그런데 통설과 같이 칠지도의 제작연대를 369년으로 볼 경우 또 하나의 난제가 있다. 그것은 상감 글자에 나오는 날짜와 일간지(日干支)가 일치하지 않는다는 것이다. 그동안 칠지도의 제작일에 대해서는 새겨진 글자를 '五月十六日丙午'로 판독하여 왔다. 그런데, 문제는 태화(太和) 4년 369년의 경우 5월 16일이 병오(丙午)의 간지에 해당되지 않는다는 것이다. 옛 달력을 통해 대조해보면 태화(太和) 4년 5월 16일은 을미(乙未)가 된다.

이렇듯 369년 5월 16일이 병오일이 되지 않는다는 것은 칠지도 제작연도가 369년이라는 설의 가장 치명적인 약점이다. 그럼에도 불구하고 369년설을 주장하는 사람들은 칠지도에 등장하는 병오가 날짜와는 상관없는 길상구(吉祥句)로 보면서 기존의 통설을 합리화하고 있다. 즉, 병오라는 것은 5월 16일이라는 날짜와는 관련 없이 칠지도를 만든 길일(吉日)을 나타내기 위해 쓰인 것으로 보고 있다.

이에 대해서는 다음과 같은 몇 가지 사례를 근거로 삼고 있다. 후한의 왕충(王充)이 썼다는 솔성편(率性篇)에는 '양수는 하늘에서 불을 취하는데, 5월 병오 일중에 오석을 녹여 주조하여 기물을 만든다. 숯돌에 갈아 빛이 나게 한 뒤 태양을 향하게 하면 불이 내려온다. 이것이 진정 불을 취하는 길이다.(陽邃取火於天 五月丙午日中之時 消鍊五石 鑄以爲器 磨礪生光 仰以嚮日 則火來至 此眞取火之道也)'라는 구절이 나온다.

또한 우보(干寶)의 『수신기(搜神記)』에는 '5월 병오 일중에 주조하여 양수를 만들고 11월 임자 밤중에 주조하여 음수를 만든다.(以五月丙午 日中鑄 爲陽燧 以十一月壬子 夜半鑄 爲陰燧)'는 기록이 있다. 즉, 5월 은 하지의 달로서 태양이 가장 강력한 불의 기운을 머물고 있는 때이며 병오 또한 해가 중천에 떠 있을 때이므로 이때에 주조했다는 말이다. 이 를 근거로 옛 중국에서는 기물을 만들 때 화기가 강한 5월 병오에 만들 었고 이 때문에 칠지도에 나오는 병오도 일간지와는 상관없이 길한 날을 나타내기 위한 길상구에 불과하다는 설을 취하고 있다.

그러나 앞서 X-레이를 통해 칠지도의 상감 글자를 5월이 아닌 十一月 로 보는 것이 타당하다고 판독한 바 있기 때문에 칠지도에 나오는 병오 를 단순히 길상구로 판단하는 것은 타당하지 않다. 뿐만 아니라 칠지도 는 5월 병오만이 아니라 16일 병오라는 구체적인 날짜까지 등장하고 있다.

이처럼 칠지도의 5월 16일 병오가 길상구라고 하는 것은 잘못 판독된 칠지도의 상감 글자 때문에 생긴 것이다. 태화 4년을 369년으로 보고 이 때의 일간지가 날짜와 일치하지 않기 때문에 5월 병오를 길상구로 보았 던 것이다. 따라서 이제는 11월 16일과 간지가 합당하는 예를 찾아야 할 것이다.

현재까지 발견된 백제의 금석문 중에 간지가 월일과 불일치하는 사례 는 없다. 그렇다면 칠지도에 나오는 월일의 경우 역법상의 일간지와 일 치하지 않는 단순한 길상구로 파악하는 것보다는 옛 달력에 근거하여 일 간지가 일치하는 연도를 찾아보아야 할 것이다. 그동안 5월로 추정되었 던 글자가 X-레이 분석에 따라 11월로 볼 수 있게 되었기 때문에 이들 연도를 기준으로 칠지도의 제작연도를 맞춰 보아야 할 것이다.

그렇다면 11월 16일이 병오의 간지에 해당되는 연도를 찾아보아야 한다. 대략 칠지도의 제작연도로 추정할 수 있는 범위를 4세기 중엽에서 6세기까지로 한정하여 옛 달력인 『이십사삭윤표(二十史朔閏表)』를 통해 백제의 왕력과 비교하면 다음과 같은 연도가 도출된다.

〈11월16일이 병오인 연도〉

十一月十六日丙午	408년	439년	501년	532년
	전지왕4년	비유왕13년	무령왕1년	성왕10년

그런데, 이들 연대 중에서 단연 부각되는 연도가 있다. 칠지도의 '泰□四年'이라는 글자와 비교해보면 11월 16일이 병오일인 전지왕(腆支王) 4년(408년)이 두드러진다. 칠지도에 새겨진 연호와 연대가 일치하는 것을 알 수 있다.

그런데, 중요한 것은 칠지도가 전지왕 4년에 제작되었다고 한다면, 408년경 백제와 일본과의 관계를 통해 칠지도가 만들어졌다는 것을 여타의 사료를 통해 확인할 수 있다는 사실이다. 408년이면 광개토왕비문 (廣開土王碑文)에서 알 수 있듯이 고구려에 침탈당했던 백제가 왜와 연합하여 대항하던 시기이다. 비문에 의하면 396년 고구려에게 58성 700촌을 빼앗긴 백제는 이후 왜와 화통을 하여(永樂 9年 百殘違誓 與倭和通) 고구려에 대항하게 된다.

이러한 정황은 비단 광개토왕비문만이 아니라 『삼국사기』와 『일본서기』를 통해서도 파악할 수 있다. 『삼국사기』와 『일본서기』에도 전지가 일본에 갔었던 사실이 적시되어 있다. 즉, 광개토왕비문에 나오는 396년 고구려의 백제 공격 이후에 백제는 태자였던 전지를 일본에 보내 일본과 우호를 맺었다는 것을 알 수 있다. 이후 405년 아신왕이 죽자 백제로 돌아와 왕으로 등극한 인물이 바로 전지왕이다. 이런 상황 속에서 408년이라는 시기는 어느 때보다도 백제와 왜가 긴밀하게 교류하던 시기였다.

『삼국사기』 전지왕 5년조(409년)에는 '왜국이 사신을 파견하여 야명주

를 보내니 왕이 후한 예로 대접하였다.(倭國遺使送夜明珠 王優禮待之)'
라는 기사가 등장한다. 그렇다면 전지왕 4년 408년 11월 16일에 만들어
진 칠지도가 이듬해 백제에 온 왜국의 사신을 통해 왜왕에게 전달되었을
것으로 판단된다.

뿐만 아니라 칠지도가 369년이 아닌 5세기초에 만들어졌다는 정황도
보인다. 칠지도의 전달이 『일본서기』에는 진구 52년조에 기술되어 372년
경인 것으로 되어 있지만, 또 다른 일본의 사서인 『고사기』에는 와니키시
(和邇吉師(왕인))의 도일과 함께 오진기(應神記)에 기술되어 있다. 『일본
서기』에서 왕인의 도일을 5세기초엽으로 기술하고 있으므로 칠지도 또
한 5세기초에 제작되어 왜에 전달되었을 개연성을 높이고 있다. 아마 먼
저 『고사기』에 전승되던 내용이 『일본서기』의 편찬과정에서 가공의 인
물인 진구(神功)황후의 것으로 윤색된 것이 아닐까 싶다.

이렇듯 전지왕 4년 408년의 정황은 칠지도가 만들어진 시대적 상황과
딱 맞아 떨어진다.

따라서 '泰□四年十[一]月十六日丙午'는 408년 11월 16일 병오로 볼
수 있게 되었으며 이때가 전지왕 4년에 해당하므로 '泰□'는 백제의 연
호인 것으로 판단된다.

명문에 나오는 '宜供供侯王'과 관련해서는 칠지도에 백제가 직접 '泰
□'라는 연호를 써서 전달했던 사실과 뒷면의 백제왕세자-왜왕이 앞면의
연호-후왕과 서로 조응하고 있는 것으로 보아 상위자가 하위자에게 주었
던 것으로 볼 수 있다.

중국에 남아 있는 각종 鏡銘을 통해 侯王이라는 표현을 살펴보면 일
반적으로 지위가 높거나 고관의 의미로 판단되지만 그렇다고 하더라도
최소한 동등하거나 상위의 인물에게 쓸 수 있는 표현은 아니다. 즉, 왜왕
에게 후왕이라는 용어를 사용한 것은 왜국에 대한 백제의 우위성을 강조
하는 표현인 것이다. 또한 뒷면의 '傳示後世'에 대응하는 하행문서의 형식

으로 되어 있는 것에 주목할 필요가 있다.

즉, 侯王이라는 표현을 써서 칼을 만들어서 준다는 자체로서도 백제가 스스로 상위에 있다고 인식하였다는 것이며 백제의 정치적 의도가 담겨 있는 것으로 보아야 할 것이다. 더군다나 칼을 받았던 왜의 입장에서는 그 당시의 국제적인 지위에 있어서 자신을 하위자로 자리매김 하였던 것이다.

IV. 고대 한일관계에 대한 인식

1. 고대 일본과 관련한 일반인의 인식

가끔 인터넷을 통해 고대의 동아시아의 지도를 검색하다보면 깜짝 놀랄 때가 한 두 번이 아니다. 고구려, 백제, 신라가 중국 대륙에 위치해있는 지도에서부터 어떤 것은 일본 열도가 다 한반도의 나라들에 의해 점령당했다는 세력분포도까지 그 사례도 무척 다양하다.

예를 들어 4세기 동아시아를 그려놓은 어떤 지도는 한반도를 고구려와 백제, 신라 및 가야로 나누어 표기하였지만, 놀랍게도 중국의 동부 해안의 상당 부분이 백제의 영역으로 묘사되어 있다. 뿐만 아니라 일본 열도는 거의 대부분 한반도의 나라들이 점령한 것으로 그려져 있다. 가야가 규슈 일대를 점령하고, 혼슈의 대부분은 백제가, 신라는 일부 동해와 연접해있는 지역을 차지하고 있는 내용이다. 이 지도에 의하면 일본이 직접 통치를 하고 있는 지역은 일본 열도 남부 일원에 불과한 것이 된다. 그렇다면 이처럼 당시 일본 열도의 대부분은 한반도 국가에 의해 점령된 상태였을까?

물론 이러한 지도가 사실을 나타내려 했다기보다는 과도한 민족주의가 작용해 당시의 사실을 과장되게 표현했던 것으로 보인다. 100여년 전 우리가 일제 식민지하에 있었던 앙갚음을 고대사에 투영시켰다고 해야 할까? 그럼에도 불구하고 많은 한국인들에게 고대 일본은 상당 부분 한반도에 의해 지배당했던 후진 종족이라는 인식이 강하게 작용하고 있는 것 같다. 뿐만 아니라 시중에 나와 있는 대중서적들의 상당 부분이 고대 일본은 한반도의 나라가 건너가서 세운 것이며 심지어 일본의 고대 왕조인 야마토 왕권도 한반도에서 넘어가 만든 것이라는 설이 팽배해있다. 과연 이러한 인식은 역사적 사실에 기반한 것일까? 왜 이렇게 생각하게 되었을까?

제2차 세계대전 이후 고고학자였던 도쿄대(東京大)의 에가미 나미오 (江上波夫)는 기마민족설(騎馬民族說)이라는 것을 발표하게 된다. 정확히 표현하면 기마민족정복왕조설(騎馬民族征服王朝說)이라는 것인데, 일본 민족의 기원에 관해 일본 열도를 깜짝 놀라게 한 새로운 학설을 주장한 것이었다.

그는 만주와 한반도 그리고 일본에 나타나고 있는 마구류(馬具類), 무구류(武具類) 등 고고학적인 증거를 예로 들면서 북방 부여 계통의 기마민족이 남하해서 고구려와 백제, 가야를 세워 지배한 뒤 일본으로 건너와서 야마토 정권을 세웠다는 학설을 발표했다.

일본 고분문화(古墳文化)가 기존에 농경문화적인 특징을 갖고 있다가 4세기 말~5세기 초부터는 기마민족적인 특징으로 내용상 급격한 변화를 겪었다고 보았다. 따라서 기마민족의 주류는 4세기 초 바다를 건너 북규슈로 진출해 왜한(倭韓)연합왕국을 만들고 4세기 말~5세기 초 지금의 오사카(大阪)와 나라(奈良) 일대인 기나이(畿內) 지역을 정복하고 야마토 정권을 수립했다는 것이다.

그동안 일본은 그들의 사서인 『고사기』와 『일본서기』에 나오는 신화와 전승을 중심으로 역사를 꾸려왔다. 일본 천황의 경우 이들 사서를 사실로 본다면 기원전 660년경 초대 진무(神武)를 시작으로 해서 현 125대 아키히토(明仁)까지 왕통이 한 번도 바뀌지 않은 상태에서 내려오고 있는 것이다. 이런 왕조는 지구상에 일본밖에 없는데 이를 만세일계(萬世一系)라고 한다.

따라서 기마민족설이라고 하는 것은 당시까지도 금기시 되었던 천황가에 대한 담론을 이끌어 냈다는데 의의가 있었다. 특히 일본 고대문화의 원류를 동북아시아대륙, 특히 한반도와의 관련 속에서 밝히려 했다는 측면에서는 대담한 가설이었다고 할 수 있다.

하지만 현재는 고고학적으로 증거가 불충분하고 문헌도 일치하지 않는 부분이 많아 한국과 일본 학계에서 지지를 얻지 못하고 있다. 한반도 내에 있어서 낙동강 유역에서 발견되는 마구류(馬具類) 등의 편년을 보아도 제작연대가 대체로 5세기 전반기 이전으로는 올라가지 않는다. 또한 일본의 고분시대가 4세기 말~5세기 초를 중심으로 급격하게 변화 또는 단절되었다는 것도 많은 학자들이 수긍하지 않고 있다. 일본의 고분시대는 앞이 네모지고 뒤가 둥근 모양을 가진 전방후원분(前方後圓墳)이 나타나는 시대인데, 3세기초엽 기나이 지방에서 발생해서 단계적인 발달 과정을 겪었다고 보고 있기 때문에 중간에 급격한 변화나 단절이 있었다고 보고 있지 않다.

특히 기마민족설을 이야기하면서 거론되는 것은 가축의 거세(去勢)에 관한 것이다. 이는 대체적으로 유목민의 특징인데, 일본에서는 근세에 이르기까지 거세의 관습이 없었다. 따라서 우리가 흔히 내시라고 하는 환관 제도가 일본에 나타나지 않는다는 것을 사례로 들고 있다. 환관과 같은 제도는 중국과 한국에는 있었지만, 일본의 경우 전시대에 걸쳐 나타나지 않는 특징을 갖고 있기 때문이다.

무엇보다 중요한 것은 기마민족설이 갖고 있는 함의다. 에가미가 주장했던 기마민족설이라는 것도 가만히 들여다보면 북방 기마민족에 의한 한왜연합세력이 일본에 진출해 고대 왕권을 수립한 후 원래의 근거지였던 한반도 남부 지역에서 영향력을 유지했다는 내용으로 구성되어 있다.

따라서 에가미는 종가(宗家)인 야마토 정권이 임나에 지배권을 가졌고 분가(分家)인 백제에 대해 우월한 입장을 가졌다고도 했다. 이처럼 기마민족설을 섣불리 건드리면 오히려 일선동조론(日鮮同祖論)이라는 것을 토대로 해서 임나일본부설을 인정하게 되는 위험성이 다분히 있다.

이렇듯 기마민족설은 논리적으로나 고고학적으로 타당성이 없어서 한일 양국 학계에서 지지를 못 받고 있는 실정인데도, 이러한 내용이 우리 대중들에게는 마치 사실과 같이 전달되고 있다. 인터넷이나 대중서적에서 일본이 한반도에 의해 점령당했다는 인식의 근원을 여기에서 찾을 수 있다.

고대 일본 열도의 대부분이 한반도 국가에 의해 점령된 상태였다는 인식에 영향을 준 것으로 '분국론'을 들 수 있다. 분국론은 1960년대 김일성종합대학교 교수를 지냈던 김석형(金錫亨)이 그동안 일본에서 무비판적으로 받아들였던 '임나일본부설'에 대해 경종을 울렸던 가설이다. 사실 해방 이후에만 해도 임나일본부설에 대해 이렇다 할 반박을 하지 못했던 것이 우리의 현실이었다.

이때 김석형은 '삼한삼국의 일본열도내 분국에 대하여'라는 논문을 통해 삼한과 삼국의 한반도인들이 일본으로 건너가 일본 열도 내에 분국(分國)을 건설했다는 것을 발표했다. 당시 한반도에 있던 나라들이 일본으로 넘어가 일본에 같은 이름의 나라를 세웠다는 것이다.

예를 들면 임나일본부설의 증거 자료로서 언급되는 것이 5세기 중국의 『송서(宋書)』왜국전(倭國傳)이다. 중국 남조 송나라의 역사책인 『송서(宋書)』에는 왜와 교류를 하면서 왜왕이 '왜 백제 신라 임나 진한 모한 제군사왜국왕(倭百濟新羅任那秦韓慕韓 諸軍事倭國王)'이라는 관작(官爵)을 인정해줄 것을 송나라에게 요청했다는 기록이 있다. 이에 송에서는 백제는 제외했지만, 나머지 지역, '왜 신라 임나 가라 진한 모한 6국 제군사(倭新羅任那加羅秦韓慕韓 六國諸軍事)'라는 칭호를 내리고 있다. 이러한 기록을 근거로 일본의 학자는 당시 한반도 남부에 대한 왜의 지배권을 중국이 인정했던 것으로 보고 있는 것이다.

그러나 김석형은 당시 왜왕권이 작위를 받았다는 신라, 가야, 임나, 진한, 모한 등의 나라들이란 실은 한반도에 존재한 것이 아니라 각각의 나라에서 건너온 이주민이 같은 이름으로 일본 열도 내에 건국한 분국(分國)이라는 분국론을 주장한 것이다. 즉, 삼국 이전의 삼한에서 일본으로 건너간 한반도인들이 정치, 군사적 거점을 구축하고, 본국과 같은 이름의 일본 열도 분국을 만든 후 일본 열도의 통일 과정을 보여주는 것이 『송서』이며 일본 내에 있는 가야의 분국을 임나에 설치한 것이 임나일본부라 주장한 것이다. 임나일본부를 한반도가 아닌 일본 열도 내에 있는 것으로 설정을 바꿔버린 것이었다.

처음 주장한 1960년대 당시 이는 대담한 가설로서 일본 열도를 충격에 몰아넣기까지 했다. 그동안 임나일본부설에 대적할만한 가설이 없었던 우리에게 다시 한일관계를 재해석할 수 있는 계기를 마련해주었다. 이처럼 김석형의 분국론은 그동안 일본 내에서 펼쳐진 고정관념을 깨고 수많은 연구와 분석을 통해 고대 한일관계를 새롭게 성찰하게 하는 역할을 하였다. 하지만 지금에 와서 문헌적으로나 고고학적으로 분국론의 내용을 실증할 만한 증거가 나타나고 있지 않고 많은 부분이 현실에 부합하지 않아 사실로 보고 있는 학자들은 없다. 한반도로부터 일본 열도에 많은 이들이 건너왔던 것은 사실이지만, 그들이 같은 이름의 나라를 세웠다는 증거는 없다. 하지만, 일본에서도 고대 한일관계의 연구사를 거론하면서 김석형의 분국론이 빠지는 경우는 없다. 그만큼 당시 일본인이 받은 충격이 대단했다는 것을 암시한다.

2. 유사역사가의 문제점

최근 소위 유사역사가들이 고대 한일관계사에 대해 전혀 다른 인식을 갖고 있어 역사계에 있어서 여러 가지 문제로 부상하고 있다.

우선 이들은 기본적으로 과거 야마토 정권은 한반도인이 건너가서 만들어진 것으로 보고 일본 열도는 한반도에 의해 지배당했다는 고정관념 속에서 고대의 한일관계를 보고 있다. 물론 고대 일본 열도와 야마토 정권이 한반도에 의해 많은 영향을 받았던 것은 고고학적으로나 『일본서기』에 대한 비판적 해석을 통해 파악할 수 있지만, 한반도인이 일본의 왕권을 만들었거나 일본 열도를 지배했다는 근거는 없다. 아마 이러한 시각에 커다란 영향을 끼쳤던 것은 기마민족정복왕조설일 것이다. 하지만 기마민족정복왕조설이라는 것도 앞서 그 한계에 대해 언급하였듯이 고고학적으로 증거가 불충분하고 문헌도 일치하지 않는 부분이 많으며 오히려 임나일본부설의 잔영이 짙게 깔려 있다. 또한 이러한 인식에는 분국론도 영향을 주었을 것으로 생각되지만, 분국론 역시 문헌적으로나 고고학적으로 이 이론을 실증할 만한 증거가 나타나고 있지 않고 많은 부분이 현실에 부합하지 않아 역사적 사실로 볼 수 없는 것은 물론이다.

유사역사가의 이러한 인식은 우리 민족에 대한 우월성의 강조, 광대한 고대 영토에 집착하는 흐름과 맥이 닿아있다. 반도의 역사는 열등하다는 일제 식민주의 사관의 그릇된 명제를 그대로 수용하고 있다는 점에서 근본적인 한계를 갖고 있으며 고도의 새로운 문화를 침략자가 직접 갖고 가서 전해준다는 제국주의적 침략을 옹호하는 가설을 수용하고 있다는 점에서 문제점을 갖고 있다.

또한 한반도와 일본열도의 상호교류 속에 나타난 산물을 곧바로 영토와 국가의 증거로 보려는 인식은 과거 소위 임나일본부설을 주장했던 사람들이 한일관계를 지배와 피지배의 사관으로 보았던 것과 동일한 오류를 범하고 있는 것이다.

이들은 임나(任那)에 대해 대마도설(對馬島說)을 주장하고 있다. 이는 『환단고기』에 나오는 구절을 통해서도 주장되고 있으나 『환단고기』는 명백한 위서로서 『환단고기』에 대한 문제점은 이미 학계에서 여러 차례 검증된 바 있다.(趙仁成, 「『揆園史話』와 『桓檀古記』」, 『韓國史市民講座』2, 1988 ; 박광용, 「대종교 관련 문헌에 위작 많다-『규원사화』와 『환단고기』의 성격에 대한 재검토」, 『역사비평』10, 1990 ; 조인성, 「『桓檀古記』의 『檀君世紀』와 『檀奇古史』·『揆園史話』」, 『고조선단군학』2, 2000 ; 이문영, 『만들어진 한국사』, 파란미디어, 2010)

『일본서기』에 나오는 임나에 관한 최초의 기록은 숭신기(崇神紀)에 보이는데, 숭신 65년 7월조에 '임나국이 소나갈질지(蘇那曷叱知)를 보내 조공하였다. 임나는 쓰쿠시국(筑紫國)에서 2천여리 북쪽에 바다를 격(隔)하고 계림의 서남에 있다'라고 기술하고 있다.

『일본서기』 숭신기 소재 기사들에 대해서는 사료적 가치를 거의 인정하지 않는 것이 통설이만, 이 내용을 받아들인다 하더라도 그 위치는 대체로 경남해안 일대를 가리킨다고 할 수 있다.

『일본서기』에는 215회 등장하는 임나(任那)라는 표현이 우리나라의 사서나 자료에는 잘 나타나지 않지만, 『삼국사기』강수(强首) 열전, 진경대사탑비문, 광개토왕비문에 보이고 있어 임나의 표현이 쓰였던 것이 확인되고 있다.

일단 『일본서기』에 나오는 임나의 쓰임을 통해 보면 좁은 의미에서 김해나 고령으로 보기도 하고 또는 가야 지역 전체를 가리키는 명칭이나 백제왕의 통치지역을 일컫기도 한다.

이렇듯 임나를 대마도에 비정하는 설은 임나를 일본열도에 위치시킴으로써 표면적으로는 임나일본부설을 부정하는 듯 보이지만, 오히려 내용적으로는 임나에 대한 왜의 지배를 인정하게 되어 『일본서기』의 기사 내용을 사실로 오인하고 합리화시킬 수 있는 위험성을 내포하고 있다고 할 수 있다.

이밖에 유사역사가들의 일부는 왜(倭)가 일본 열도가 아닌 한반도 내에 있다는 설을 주장하기도 한다. 즉, 전남 나주의 반남고분의 주인공을 일본으로 넘어가기 전 한반도 내에 자리 잡았던 왜라는 주장을 통해 이들이 광개토왕비문이나 『삼국사기』에 등장하는 왜라는 주장을 하고 있다. 그러면서 이를 왜가 백제와 신라를 자신의 영향력 아래 두었던 강력한 정치집단으로 표현하고 있다.

이는 이노우에 히데오(井上秀雄)의 설을 변형하여 취한 것으로 일단 고고학적으로나 문헌 해석을 통해서도 입증하기 어려운 내용이며 한반도 남부에 설치한 왜국의 분국론(分國論)으로 해석될 여지가 있어 임나일본부설이 변형이라고 할 수 있을 것이다. 특히 한반도 남부에 있던 왜가 백제와 신라를 자신의 영향력 아래 두었던 정치집단이라고 한다면 오히려 기존의 임나일본부설을 비판하는 것이 아닌 긍정하고 있는 것과 다름 아닌 인식이 된다.

뿐만 아니라 유사역사가들은 자신의 주장을 합리화하기 위해 자신에게 유리한 자료만 취하고 나머지는 외면해버리는 행태, 타인의 주장을 왜곡, 조작하고 있는 행태도 서슴지 않고 있다.

이상에서 보는 바와 같이 유사 역사가들의 행태는 사실이 아닌 것을 센세이셔널하게 극단적 민족주의로 대중들을 자극해 자신의 주장을 합리화하면서 결국 근간을 이루는 논리와 연구 방법은 식민주의 사학의 양태를 답습하고 있다.

결국 겉으로는 식민주의 사학을 비판하고 거부한다고 하면서도 다른 한편으로는 식민주의 역사학의 틀을 그대로 수용하고 있는 이율배반적인 모습을 보이고 있는 것이다. 또한 민족의 우월성을 부각시키기 위해 타민족에 대한 비하와 적대감을 적극 활용하고 역사학계를 식민사학으로 매도하며 대중을 선동한다는 점에서 전형적인 파시즘 양상을 보이고 있다.

그동안 국민의 민족감정을 바탕으로 언론과 출판이 흥미본위로 접근하거나 인기에 영합하여 이러한 의식을 증폭시킨 탓도 크다. 따라서 학

계는 물론 언론, 출판 등 우리 모두가 쇼비니즘을 버리고 사실과 이성에
근거한 합리적인 역사 인식으로 거듭나야 할 것이다.

V. 도왜인(渡倭人)과 한일관계

내가 일본을 돌아다녔던 것은 그곳에서 우리의 흔적을 찾고 싶어서였
다. 그러기 시작했던 것이 벌써 20년 이상 되었다. 그때는 책상머리에 앉
아 있다가도 퍼뜩 영감이 떠오르면 이내 밖으로 떠나곤 했던 터라 일본
열도까지 나의 상상력이 뻗쳐있는 것은 당연한 일이었다. 특히 고대의
한일관계는 밀접하면서도 미묘한 관계에 놓여있었기 때문에 궁금증을
해소하기 위해서는 현장으로 나갈 수밖에 없는 상황이기도 했다.

과거 한반도에서 건너가 일본에 정착했던 이들에 대한 자취를 찾는
것이 실타래를 푸는 첫 번째 행보였다. 이들을 애당초 일본에서는 '귀화
인(歸化人)'이라고 했다. 지금도 우리는 귀화라는 표현을 쓰지만 이는 다
른 나라 국적을 얻어 그 나라 국민이 되었을 때를 일컫는 법률용어이다.
하지만 고대에는 그 의미가 좀 달랐다. 원래의 개념은 문명화되지 않은
중국 주변의 이민족이 중국 황제의 덕을 흠모해서 문명화된 중국에 이주
해 산다는 뜻이었다. 따라서 일본에서도 일본 천황의 덕을 흠모해서 일
본으로 오게 되었다는 것을 의도적으로 강조하기 위해 고대사 서인 『일
본서기』에서는 '귀화'라는 표현을 썼다.

한동안 '귀화인'으로 불렸지만, 현재에는 이들을 '도래인(渡來人)'이라
는 표현으로 쓰는 경우가 많다. '귀화'에는 일본에 의한 노골적인 복속
개념이 들어있지만, '도래'라는 표현에는 단순히 '건너오다'라는 의미가
있어 가치중립적인 느낌을 줄 수 있기 때문이다.

그럼에도 불구하고 도래는 '건너오다'라는 뜻이기 때문에 이는 일본 측

의 입장에서 쓸 수 있는 표현이다. 우리의 입장에서 보면 '건너간 사람'이지 '건너온 사람'이라고는 할 수 없기 때문이다. 그래서 종종 사용하는 또 다른 표현이 '도왜인(渡倭人)'이다. '도왜'는 '왜(倭)의 땅으로 건너가다'라는 의미이기 때문에 '도왜인'은 왜로 건너간 사람을 말한다. 아직 곱게 정착한 용어는 아니지만 난 서슴없이 '도래인'보다는 '도왜인'의 편을 택한다. 그것이 우리를 주체로 하는 표현이면서 아마 고대 당시에도 한반도에서 일본으로 건너갔던 이들의 마음상태였을 수 있기 때문이다.

고대의 한반도와 일본열도는 어쩌면 지금보다도 더 긴밀한 관계였다. 수많은 교류가 이루어지면서 한일의 해역은 옆집 드나들 듯 자유로이 넘나들던 공간이었다. 그중에서도 특히 백제(百濟)와 왜(倭)의 교류가 두드러진다. 4세기부터 백제는 왜를 끌어들여 고구려에 대항하는 체제를 이루었고 그 과정에서 다양한 인적, 물적인 교류가 수반되었다. 화친관계로 서로 왕실간 혼인 관계를 이룬 적도 있었고 이로 인해 일본열도에는 한반도에서 건너간 사람들이 정착하면서 새로운 문화를 꽃피우기도 했다.

그런데 그러한 백제가 멸망했다. 어쩌면 허무하게도 당과 신라에 의해 하루아침에 사비성이 무너지고 말았다. 그러나 백제는 660년 사비성 함락으로 끝나지는 않았다. 백제 민중의 항전 의식은 복신(福信), 도침(道琛), 흑치상지(黑齒常之) 등을 통해 새롭게 태어났다. 그리고 백제는 사자를 왜국에 보내 구원군을 요청하였다. 이에 당시 왜왕 사이메이(齊明)는 백제를 돕기 위해 나니와궁(難波宮)을 출발하여 멀리 후쿠오카까지 오게 된다. 특히 68세나 되는 고령의 노구를 이끌고 규슈에 온 사이메이와 대신들의 이동은 당시 백제의 멸망에 따른 왜국의 위기감이 어느 정도였는지를 잘 보여주고 있다. 그러나 후쿠오카에서 머문 지 75일만에 사이메이는 병을 얻어 쓰러지고 만다. 규슈 지역의 지방행정기관이 있었던 다자이후 옆에는 백제 구원 당시 이곳 규슈에서 죽은 사이메이를 추모하기 위해 발원한 간제온사(觀世音寺)가 자리하고 있다.

결국 사이메이의 뒤를 이은 아들인 덴지(天智)는 백제에 구원군을 보내게 되고 계속되는 전투 속에서 왜국은 663년 2만 7,000여명의 대군단을 파견하여 백제군과 함께 백강구(백촌강)에서 치열한 전투를 벌였다. 하지만 결국 당나라와 신라 연합군의 공격으로 400여척이 수몰되면서 백제라는 이름은 사라지게 되었다.

왜가 이토록 백제에 심혈을 기울여 구원하려 했던 이유에 대해 일본 내에서는 남쪽으로 뻗치던 당의 제국주의와 북으로 향하던 일본의 제국주의가 부딪힌 사건으로 백제를 왜의 조공국으로 보아 백촌강 전투를 해석하고 있지만, 근대사와 맞물린 또 하나의 러일전쟁을 보는 듯한 기분이다. 우리나라의 항간에서는 사이메이 천황이 백제 의자왕의 누이였고 백제 왕족과 일본 왕족이 형제지간이었기 때문에 구원을 했다는 해석이 있긴 하지만, 사료상이나 문헌상에 이를 증빙할 만한 곳은 한군데도 없다. 백강구 전투는 당시 백제와 왜국의 밀접했던 국제, 외교 관계를 단적으로 알려주는 내용이 아닐 수 없다.

이러한 구원의 힘도 무력하게 백제가 망하게 되자 이후 왜의 두려움은 대단했던 것 같다. 신라와 당나라가 대한해협을 건너 쳐들어 올 것이 두려웠던 것이다. 따라서 하카다 연안에 방어를 위한 요새를 만들기 시작했다. 먼저 백제멸망 이듬해인 664년, 후쿠오카 인근에 높이 10m, 길이 1km의 미즈키(水城, 수성)를 쌓았다.

또한 미즈키와 함께 축조된 방어 진지가 오노성(大野城)과 기이성(基肄城)이다. 이들 성은 패전 이후에 이곳으로 건너온 백제의 도왜인의 기술로 만들어진 흔적이 곳곳에서 나타난다. 판축 기법으로 산등성이에 토루를 쌓고 골짜기에는 석축을 쌓은 성이다. 이들은 일본에서 가장 오래된 산성으로 일본에서는 흔히들 '조선식 산성'이라고 부르고 있다. 『일본서기』에서도 백제가 패망한 지 2년 후인 665년, 백제 달솔 억례복류(憶禮福留), 달솔 사비복부(四比福夫)를 쓰쿠시(筑紫)에 보내 오노(大野)와

기(椽)의 2성을 쌓았다고 기록하고 있는 것으로 보아 이 성들이 백제인의 기술에 의해 만들어졌음은 분명하다. 백제 멸망 후 조선식 산성은 규슈의 오노성, 기이성, 쓰시마의 가네다성을 시작으로 하여 점차 동쪽으로 나라의 다카야스성(高安城)으로까지 이어지게 된다. 이토록 일본의 참패는 처절했던 것 같다. 이처럼 왜국은 백제인의 기술로 서일본 지역에 산성(山城)을 만들었으며 일본에서 산성이 만들어진 것은 이때가 처음이었다.

이렇게 왜국이 백제를 구원하다가 대패를 한 이후 그 아픔이 채 가시기도 전, 그리고 신라에 대한 반감이 극도에 달했던 무렵인 8세기 초엽에 일본 최고의 사서라고 하는 『고사기』와 『일본서기』가 등장했다. 다분히 이러한 분위기에서 영향을 받으며 진구의 신라정벌이라는 기사가 기술되었을 법하다. 즉, 이들 사서 속에 등장하는 '진구의 신라 정벌'과 '임나일본부설'등은 바로 백제에서 망명한 도왜인들에 의해 꾸며졌을 가능성이 농후하며, 백제가 신라에 의해 멸망당하였을 당시 백제의 구원군으로 파견된 왜군이 백촌강 전투에서 나당 연합군에 의해 전멸해 버리는 대패배가 진구의 신라 정벌이라는 전설에 일정 부분 모티프를 준 것이지 싶다. 현실의 실패가 후대 천황의 시대에 들어와 현실적인 요구로 변하여 신라 정벌의 이야기로 형성되었던 것이다. 마치 조선 후기의 『임진록』이라는 소설에서 사명 대사가 일본에 건너가 왜왕을 희롱하고 항복을 받아 오는 내용처럼 말이다.

규슈 후쿠오카에 있는 다자이후의 덴만구(天滿宮)를 둘러보고 있으면서도 도왜계이기는 하지만, 이미 일본인화 되어 학문의 신(神)으로 추앙받고 있는 스가와라노미치자네(菅原道眞)를 떠올렸다. 그 또한 백제에 대한 그리움 보다는 오히려 일본의 천황에 대한 현실적인 고려가 앞섰을 것으로 헤아려본다면, 『일본서기』의 편찬과정을 조금이나마 이해할 수 있을 것 같다.

VI. 한일관계를 보는 올바른 시각

이키 섬의 가쓰모토(勝本)라는 곳에 가면 과거 조선의 통신사들이 머물렀다는 아미타당(阿彌陀堂) 옆에 진구를 제신으로 하는 쇼모(聖母) 궁이라는 신사가 있다. 가쓰모토라는 곳은 진구가 삼한을 정벌한 뒤 돌아와서 승리를 기념하기 위해 지명을 승본(勝本)으로 고쳤다는 곳이다. 그런데 신사 안내판에는 진구가 삼한 정벌 때 적군의 목 10만여 개나 가져와 바닷가에 묻었다고 씌어 있을 뿐만 아니라, 그녀가 타던 신마(神馬)의 발자국이라는 돌이 그럴듯하게 포장되어 있다. 이렇게 무시무시한 이야기가 전승된 이유가 무엇일까?

진구의 말굽석 곁에 또 다른 비석이 있었는데, 그것은 '文永之役元軍上陸地'라는 비석이다. 고려 말 여몽연합군이 이키 섬을 공략할 때 상륙했다는 곳이다. 『신원사(新元史)』에는 당시 참담하게 패배한 이키 섬의 상황이 실려 있다. 이 전쟁으로 쓰시마와 이키 사람들이 수없이 죽었고, 살아남은 사람은 화살을 쏘지 못하도록 손에 구멍을 뚫어 쇠사슬로 배에 묶어두었다고 한다.

지금까지도 북부 규슈에 남아 있는 진구에 대한 전설은 여몽연합군의 공격, 백촌강 전투의 패배, 쓰시마 정벌 등으로 인한 반작용이 설화의 형태로 이어진 것이다. 우리나라와 궂은 일이 많았던 탓에 열등감을 극복하기 위한 통로로 진구 증후군이 급속도로 퍼져나갔을 것이다. 허구가 진실로 만들어진 것은 어쩌면 그들 나름의 고통을 없애기 위한 일종의 보상 콤플렉스는 아니었을까 싶다.

이처럼 후대의 인식으로 고대를 재단하는 경우가 수없이 많다. 사람들은 흔히 근대와 현대의 인식으로 고대의 사실까지도 자신에게 유리한 방향으로 끌고 나가려고 한다.

우리의 실정은 어떠한가? 지금까지 우리는 유물이 발견되면 그것으로 영토와 영역을 확정하려는 시각에서 역사를 보았다. 고분의 유형이나 분포를 조사해서 왕조를 구분하려 하고 영역을 확정하려 했다. 바로 이것이 문제였다. 그리고 이런 시각 때문에 일본에서 한반도계 유물이 발견되는 것을 보고 일본이 한반도에서 건너간 사람들이 세운 국가라는 결론까지 내렸던 것이다. 하지만 단지 유물이 출토되었다고 도왜인이 국가를 세웠다고까지 확대 해석할 수는 없다. 이는 거꾸로 한반도에서 일본 계통의 고분이 발견되었다고 해서 야마토 정권이 한반도를 지배했다고 볼 수 없는 것과 같다. 한반도와 일본열도의 상호교류 속에서 나타난 산물을 곧바로 영토와 국가의 증거로 보는 사관에 문제가 있었던 것이다.

역시 고대사 해석과 설정은 중구난방이다. 임나일본부에 대한 성과는 일본 것을 그대로 베끼면서 근거 없는 마음속 소망만은 일본을 지배하고 싶다는 욕망으로 표출된다. 이런 주장이 판을 친다면 황국사관에 젖어 임나일본부설과 진구의 삼한 정벌을 주장하는 일본의 극우주의자들과 무엇이 다른가? 한국과 일본 두 나라의 과도한 갈망이 역사 왜곡을 낳는 현실을 다시 한번 되새겨야겠다.

제119회 발표, 2019년 11월 5일

제2부:

갈등을 넘어 동행으로

2

후쿠자와 유키치(福澤諭吉)와
김옥균(金玉均)

|

김민규(동북아역사재단 연구위원)

I. 프롤로그

후쿠자와 유키치(1835~1901)는 일본 명문 사립대학인 게이오(慶應)대학의 설립자였으며, 현재 일본 최고액권인 1만 엔 권 화폐에 실려 있는 인물이다. 그는 메이지(明治)유신 전부터 서양 각국을 여행해 사회진화론(Social Darwinism) 등 서구문명의 영향을 받아, 서구열강의 위협에서 일본의 독립을 지키고 문명개화의 길로 나아갈 것을 역설한 인물로도 잘 알려져 있다. 『西洋事情』, 『時事小言』 『學問のすすめ』, 『文明論之槪略』 등 수많은 저서를 출간한 학자였으며, 「時事新報」(1882.3.1.~1936.12.25.)라는 신문을 창간해 활발한 언론활동을 했던 언론인이기도 했다. 일본이 최고액권 화폐에 그를 실은 것은 패전 후 경제·문화적으로 부흥한 오늘날의 일본을 있게 한 인물로 손색이 없을 것이라는 평가 때문으로 여겨진다.

김옥균(金玉均, 1851~1894)은 1876년 조일수호조규(朝日修好條規)체결로 일본과 국교를 '재개'한 이후, 친청(親淸) '사대당'에 맞서 '독립당' 즉 '(급진)개화파'를 이끌었던 인물로 갑신정변(1884)을 일으킨 주동자였다.

그런데 후쿠자와 자신은 정작 부인했지만, 후쿠자와가 김옥균, 그리고 김옥균이 이끌었던 (급진)개화파와 밀접한 관계를 형성하고 있었으며,

그들이 주도했던 갑신정변(1884)에도 깊숙이 관여했다고 하는 사실은 우리에게 적잖은 관심과 흥미를 불러일으킨다. 후쿠자와는 갑신정변 실패에 낙담하고 실망한 후쿠자와가 집필했다고 하는 그 유명한(악명 높은) '탈아론(脫亞論)'으로도 유명하다.

김옥균과 후쿠자와가 만났던 1883년부터 김옥균이 상해(上海)에서 암살당하고 또 청일전쟁이 발발했던 1894년까지의 십여 년은 조선의 명운이 정해졌던 시기와 겹친다. 그러니만큼, 본 발표를 통해 '근대화'의 갈림길에서 활약했던 두 역사적 인물이 살았던 격동의 시대를 돌아보면서 당시의 역사상(像)을 고찰해본다. 특히 후쿠자와 유키치를 조선, 구체적으로는 김옥균과 개화파와 관련되는 부분과 탈아론에 대한 평가 등에 대해 담론해 보기로 한다. 아울러 후쿠자와의 '탈아론'을 통해 오늘날의 '탈아(脫亞)'가 던지고 있는 의미를 새롭게 새겨봄으로써 현재 한중일 동아시아 3국이 겪고 있는 갈등의 원인(遠因)과 원인(原因)을 생각해보는 기회로 삼고자 한다.

II. 후쿠자와 유키치의 조선인식

후쿠자와가 당시 조선을 어떻게 인식하고 있었는가 하는 문제는 그의 대(對)조선 정략 즉 개화파에 대한 인식과 직결되어 있어 유심히 살펴보아야 한다. 특히 그의 인식은 메이지정부의 대청 정책 및 일본인의 '아시아' 멸시관의 원류를 알 수 있게 해주기 때문이다.

사실 그의 대외관은 당시 서구열강과 불평등조약을 체결하고 있는 상황에서, 실추한 메이지일본의 국권을 회복하고 또 부국강병 달성에 온힘을 쏟으며, 대륙으로의 진출·침략을 획책했던 메이지정부의 대외인식과 기본적으로는 차이가 없었다.

1873년 10월 메이지정부 내에서는 이른바 정한론(征韓論)의 시시비비를 가리는 일로 무척 소란스러웠다. 중앙집권에 의한 관료제 강화를 위해, 이미 폐한 번(藩)이지만 그들의 여력을 소진시키고 불평 사족(士族)의 관심을 해외로 돌릴 필요에서 정한을 주장하였다. 또 혹자는 관료제는 처음부터 반대하고 사족의 힘을 강화하기 위해 정한을 논하기도 하였다.

결국 정한은 후일로 미루고 내치를 우선해야한다는 '내치우선파' 즉 중앙집권적 관료체제의 강화를 꾀하는 오오쿠보 도시미치(大久保利通, 1830~1878)를 중심으로 하는 세력이 승리해, 내무성을 창설하고 야마가타 아리토모(山縣有朋, 1838~1922)가 징병국민군을 정비하게 되었다.

그런데, 후쿠자와는 이러한 정한론에 대해 신생 메이지국가의 경제적 상황을 고려할 때 정한으로 국력을 소모시키는 것은 옳지 않다고 주장했던 당시 재무 담당관료 마쓰카타 마사요시(松方正義, 1835~1924)와 같은 의견이어서 반대했다.

후쿠자와에 따르면, 1875년 현재 일본은 아직 완전히 개화한 독립국이라고는 할 수 없어, 일본이 관심을 가져야할 나라는 일본의 독립을 해칠 가능성이 있는 서구 열강인 것이지, 무역을 한다고 하더라도 이익이 없으며 또한 군사력으로도 위협을 느낄만한 상대가 결코 아닌 조선에 대해 정한의 논쟁을 벌이는 것은 무의미한 일이라는 것이다.

당시 후쿠자와가 조선을 어떻게 인식하고 있었는가를 보자.

> 내가 조선이라는 나라를 보건데, 옛날의 전기(戰器)는 예리했는데 지금에 와서 조악하게 된 것이 아니며, 또 옛적의 지론(持論)은 활발하였지만 지금 완고하게 된 것도 아니다. 그리고 옛날의 풍속은 우아했었는데 지금에 와 야비하게 된 것도 아니다. 이러한 것 모두는 2250여년의 구물(舊物)을 개량치 아니했기 때문이다. 따라서 조선은 퇴보하고 있는 것이 아니라 정체(停滯)해 있는 것이다. 하지만 지금의 세계는 빠르게 진보하고 각 문명은 부강을 위해 자웅을 겨루고 있는데, 어찌 우리가 조선의 정체함을 보고 웃으며, 우리의 소진(小進)함에 안심할 수 있겠는가.

후쿠자와의 조선에 대한 인식과 정략은 김옥균 등의 개화파 일원들과의 만남을 계기로 급격히 변한다. 후쿠자와가 조선개화파의 실체에 대해 알게 된 것은 '개화승(僧)'으로 알려져 있는 이동인(李東仁, 1849~1881)을 통해서였다. 김옥균과 박영효(朴泳孝, 1861~1939) 등 개화파 지도자들은 1879년 동지인 이동인을 하나부사 요시모토(花房義質, 1842~1917) 주(駐)조선 공사의 도움을 받아 일본으로 파견하여 국제정세와 만국공법(국제법) 그리고 일본의 정세를 파악케 하였다.

이동인은 당시 후쿠자와 집에 드나들던 승려 데라다 후쿠주(寺田福壽)를 통해 후쿠자와와 만났는데, 이것이 후쿠자와와 개화파 일원과의 첫 만남이었다. 이후 이동인은 후쿠자와 집을 빈번히 출입하면서 본국의 동지들에게 개화와 관련된 서적을 보내고, 또 '흥아회(興亞會)'에 참가하기도 하는 등 여러 외교활동을 하였다.

조선에 대한 무지와 무관심, 경멸로 일관했던 후쿠자와의 조선에 대한 인식은 이동인을 통해 개화파의 존재를 알게 된 후 다음과 같이 일변한다.

> 지금 서양 여러 나라가 그 위세를 떨치며 동양으로 쳐들어오고 있는 형태는, 마치 불길이 치솟으며 번지는 것과 같다. 그렇지만, 동양의 여러나라, 그중에서도 특히 지나나 조선 등은 그 대처하는 것이 느려 터져서 마치 판자 집이 불길에 감당치 못함과 한가지다. 따라서 우리 일본이 무력으로써 이를 응원해야만 하는 까닭은 단지 그들을 위함이 아니라 우리 자신을 위해서라는 사실을 알지 않으면 안 된다. 무(武)로써 이들을 보호하고 문(文)으로써 이들을 이끌어 내어, 하루 빨리 우리 일본의 예를 본받게 하여, 근래의 문명세계로 들어가게 하지 않으면 안 된다. 혹 부득이한 경우에는, 이들의 진보를 위해 힘으로써 협박할 수도 있는 것이다.

개화파의 리더 김옥균은 이동인을 통해 메이지사회 전반을 대략 파악할 수 있었고, 또 유력 인사들에 관한 정보도 입수하고 있었다. 김옥균은 후쿠자와라는 재야인사가 개화파의 제반 활동에 도움이 될 것으로 판단,

그에게 적극적으로 접근하게 된다.

고종(高宗, 1863~1907)의 명으로 1882년 4월 12일 나가사키(長崎)에 도착한 김옥균은 교토(京都)의 일본인 지인을 통해 후쿠자와에게 만나고 싶다는 연락을 취했다. 김옥균의 방일을 크게 반긴 후쿠자와는 데라다 후쿠주를 그가 머물고 있던 히가시혼간지(東本願寺)로 보내 도쿄(東京)까지 동반케 했다. 이때 김옥균은 1881년에 일본 국정을 시찰하기 위한 조사(朝士)시찰단의 일원으로 일본을 방문했을 때 후쿠자와와 만난 적이 있는 어윤중(魚允中, 1848~1896)의 소개장을 지참하고 있었다.

III. 후쿠자와 유키치, 김옥균, 갑신정변

후쿠자와가 김옥균을 도와 갑신정변에 깊이 관여하였다는 것은 여러 사실을 통해 확인할 수 있다. 그러나 정작 그 자신은 강하게 부인했다. 스스로 학자와 정치가의 구분을 명확히 해왔기 때문이기도 하지만, 무엇보다도 정치적인 책임과 부담을 회피하려했기 때문이었다.

갑신정변 실패 후 김옥균 등 개화파 잔존 일행이 일본으로 망명하는데, 그들이 한결같이 후쿠자와의 집에 은거했었다는 사실에서 후쿠자와가 어떻게든 갑신정변에 관여했다고 하는 것을 알 수 있다. 그들은 1884년 12월 하순부터 이듬해 4월 하순까지 약 4개월 간 그의 집에 머물렀다. 당시 후쿠자와를 만난 김옥균은 다음과 같이 말한다.

이번 일은 <u>선생님께 정말로 죄송하게 되었습니다.</u> 대개는 계획대로 잘 되었었는데, 지나병(支那兵)에게 배반을 당해 전부 실패하고 말았습니다. 일본병은 비록 소수였지만 그 힘은 충분히 있었습니다. 하지만, 선생님께 서도 잘 아시다시피 다케조에가 겁쟁이어서 어떻게 할 도리가 없었습니다. 지금에 와서 말하긴 좀 그렇지만, 만일 하나부사(花房)공사였었더라면 좋았을 터인데, 정말이지 유감스럽기 짝이 없습니다.

여기에서 다케조에란 갑신정변 당시 변리공사(辨理公使) 직을 맡고 있었던 다케조에 신이치로오(竹添進一朗, 1842~1917)를 말하는데, 하나부사 요시모토(花房義質)의 후임자였다. 아무튼 후쿠자와가 정변과 아무런 관련이 없었다면, 김옥균이 어째서 그에게 사과를 했으며, 또 왜 정변이 실패로 끝나자마자 그의 집으로 망명·피신을 했었겠는가.

후쿠자와의 김옥균과 개화파에 대한 정치적 원조 즉 쿠데타 지원 사실은 이노우에 가쿠고로(井上角五郎, 1860~1938)가 남긴 여러 글에서 아주 잘 드러나 있다. 이노우에는 후쿠자와의 제자로 그의 집에 유숙하면서 후쿠자와 아들의 가정교사를 했으며, 또 조선으로 건너가 개화파를 도와 신문을 창간하였다. 그리고 갑신정변 발발 직전에는 명치정부의 지령을 받아 스파이활동까지 했던 인물이다.

이노우에는 후쿠자와가 쿠데타 발발 전에 자객과 일본도 등을 서울로 보내고, 암호문을 사용해 정변에 관계되는 사항에 대해 서로 통신했다고 말한다. 뒤에서 언급하겠지만, 이 일로 인해 후쿠자와가 후일 재판에 참고인으로 출정하게 되는데, 이러한 사실로부터도 후쿠자와가 정변에 관여했음은 명백하다.

후쿠자와는 자택에 은거하고 있던 망명중의 김옥균으로부터 갑신정변의 구체적인 전개상황을 듣고, 『명치17년경성변란지시말(明治十七年京城變亂之始末)』이라는 수기를 작성했다. 그런데 후쿠자와는 단지 정변의 경위만을 기록했을 뿐 본인과의 관계에 대해서는 단 하나의 기록도 남기지 않았다. 그러나 이 수기 속의 정확한 날짜라든지 일본 측 관계 기사만을 추려서 쓴 점 또한 그가 갑신정변의 시말에 깊이 관여했었음을 암시하고 있다.

이노우에 가쿠고로는 이에 대해 다음과 같이 증언한다.

그 시말서(=『명치십칠년경성변란지시말』)를 보면, 선생님(=후쿠자와)께서는 단지 제3자의 위치에 서 계신 것처럼 보이지만, (중략) 金玉均과 朴泳孝 일파의 거사에 대해서는 선생님께서 그 줄거리의 작자였을 뿐만이 아니라, 스스로 배우를 고르시고 지도하시는 등 만전을 기하셨다는 사실이 있다. 필시 동양의 평화와 문명을 위하고 조선의 독립을 도와 지나(支那)의 폭거를 제압하여, 우리나라의 국권황장(國權皇張)을 열심히 꾀하려고 하신 나머지 그렇게 하신 것이리라. 金·朴 등 독립당 사람들은 선생님의 집 문을 드나들어, 마치 선생님을 중심으로 하고 있는 것 같았다. 1884년 8월에 나는 먼저 조선으로 건너가고 이어 선생의 조카 이마이즈미 슈타로오(今泉秀太郎)도 다케조에 귀임과 동시에 서울에 와 곧 변란을 보게 되었다. 그동안 선생님께서 김·박 등에 아주 열심히 원조를 하셨다. 나는 통신의 임무를 맡아 선생님과 주고받은 문서도 적지 않았지만, 이 시말서에는 그러한 문서에 대한 이야기는 없다. 생각건대, 이 시말서는 선생님께서 제3자의 입장에 서서, 김·박 등의 담화를 기록하셨을 것이다.

후쿠자와와 김옥균 그리고 이노우에 가쿠고로, 이 3자 간에는 전신 암호를 사용하여 서로 연락을 취하고 있었으며, 쿠데타에 필요한 자객이라든가 일본도 등 무기 또한 보냈던 자료가 남아있는 것으로 미루어 보면 후쿠자와의 정변 관여도는 어쩌면 우리의 상상을 초월하는 것일 수도 있다.

후쿠자와와 이노우에 가쿠고로는 바로 이 갑신정변에 관계하였다는 이유로, 1888년 1월 재판정에 서게 되었다. 그 표면적 이유는 이노우에 가쿠고로와 당시 외무경이었던 이노우에 가오루(井上馨, 1836~1915)가 갑신정변 실패 이후, 그 정치적 소신을 달리한 불화 때문이었다.

가쿠고로는 지나 군대의 발호로 인해 공사관이 소실되고 40명이라는 다수의 희생자가 발생된 것은 '국욕(國辱)'이므로 반드시 설욕하지 않으면 안 된다고 강력히 주장했었는데, 가오루가 '텐진(天津)조약'을 체결하여 그저 대등하게 강화(講和)해 버리고 말았다는 것이다. 게다가 가쿠고로가 가오루의 외교책에 관한 좋지 않은 일과 내정(內政)의 비행(非行) 등을 기록한 『경성사변전말서(京城事變顛末書)』를 가오루의 정적이었던 구로다 기요타카(黑田淸隆, 1840~1900)에게 보낸 것도 발단이 되었다.

재판은 이노우에 가쿠고로가 구속되고 후쿠자와가 증인이 되는 형식으로 진행됐다. 카쿠고로오의 갑신정변 관련 증거로, 구로다에게 보내졌다는『京城事變顚末書』와, 후쿠자와·김옥균·이노우에 가쿠고로, 이 3인이 사용했던 전신 암호 서류, 그리고 가쿠고로와 함께「한성순보(漢城旬報)」발간을 담당했던 김윤식(金允植, 1835~1922)과의 필담 메모 등이 채택됐다.

재판은 당시 증인으로 법정에 출두한 후쿠자와가 마치 피고처럼 심문을 당하고 있는 분위기 속에서 진행됐는데, 후쿠자와는 갑신정변 실패 후 망명해온 김옥균의 뒷바라지를 했던 것은 인정하면서도 자신의 쿠데타 관여 사실은 극력 부인하였다.

앞에서 본바와 같이, 후쿠자와가 갑신정변에 관계했다는 여러 증좌가 있음에도 그것을 부인할 수 있었던 것은 그 쿠데타가 후쿠자와나 이노우에 가쿠고로와 같은 민간인뿐만이 아니라, 이노우에 가오루와 다케조에 신이치로 등의 명치정부 관계자도 관여했었기 때문이었다.

결국 이 재판은 이노우에 가쿠고로가 처음에는 사문서 위조, 나중에는 관리모욕죄로 실형을 선도 받고 1개월 남짓 복역하다가 1889년 2월 11일 명치일본 헌법 발포(發布)기념 특사로 석방됨으로써, 갑신정변의 일본 측 관여 여부는 유야무야로 끝나버리고 말았다.

Ⅳ. 탈아론(脫亞論)

(전략) 실제로 일본이 조선을 대할 때에는 나라와 나라의 교제로서, 조선의 국사에는 간섭을 하지 않았다. 조선의 신하들 사이에서 행해지는 내부의 정실(情實)에 대해서는 더욱 더 일본이 관계할 바가 아니다. 그러므로 조선의 신하가 간혹 일본당이라 불리는 일이 있더라도, 그것은 우연

히 그렇게 불리는 것으로, 실제 조선에는 사대당과 독립당의 두 파가 있음에 지나지 않는다. (중략) 이번 사건은 오로지 조선의 국내에서 일어난 변란이고, 또 대신을 암살하여 주륙한다고 하는 것은 조선에서는 하나도 이상할 것이 없기 때문에, 조선에 있는 일본인과는 아무런 관계가 없을 터인데도, 전문(電文)에는 그 후 지나병(支那兵)과 일본병 사이에 분쟁이 일어나, 양쪽 모두 다소의 사상자가 나왔다고 하며, 공사관도 안전치 못해 다케조에 공사도 제물포로 철수하였다고 하니 이는 정말로 이상한 일이라 하지 않을 수 없다.

이 인용문은 정변 발발 직후인 12월 15일자로 된 후쿠자와의 논설(「朝鮮事變」)의 일부다. 김옥균 등 개화파의 정변을 여러 각도에서 지원해준 그가 태연자약하게, 이번 사건이 일본과는 아무런 관련이 없는 '오로지 조선의 국내에서 일어난 변란'으로 재조선 일본인들과는 아무런 관계가 없다고 강변하고 있다.

그런데, 일본은 정변에 일체 관여한 바가 없다고 주장하던 후쿠자와는 '이번 조선사변은 일본, 지나, 그리고 조선 이 세 나라가 연대하는 일대 사건으로 세 나라 가운데에 지나와 조선은 가해자이며, 일본만이 그 피해자'라고 태도를 급격히 바꾼다. 그래 청과의 일전(一戰)은 불가피하므로 하루빨리 군자금을 모집하여 전쟁에 대비해야 한다는 '대청(對淸)개전론'을 주장하기 시작했다.

즉 "이번 전쟁은 상대(上代)의 신공황후(神功皇后), 중세의 호오조오 도키무네(北條時宗, 1251~1284), 도요토미 히데요시(豐臣秀吉, 1537~1598) 이래 외국과의 전쟁이 아니겠는가. 군비를 아껴서는 아니된다"며, 청과 전쟁을 하면 그 승리는 당연하다고 선동하면서 군비 확충을 위한 구체적 방법까지 제시한다. 심지어 천황이 직접 군대를 이끌어야 한다는 주장까지 하였다.

이러한 가운데 개화파 잔여 일행과 그들의 친인척 등의 처형 소식이 전해지고, 또 후쿠자와가 강경히 주장하던 대청개전이 화해의 무드로 바뀌게 되자 후쿠자와는 '탈아론'(1885년 3월 16일)을 발표한다.

> (상략) 우리 일본인들은 나라를 중시하고 정부를 가벼이 하는 대의에 의
> 해, 또 다행히 황실의 신성존엄에 의거해, 결단코 구(舊)정부를 무너뜨리
> 고 신정부를 세워서, 국중(國中) 너 나 할 것 없이 만사일체 서양의 근대
> 문명을 채용하여, 단지 일본이 구투(舊套)를 벗어나는 것뿐만이 아니라,
> 아시아 전체에 있어 새롭게 한 기축을 세워, 그 주의로 해야 할 것은 단
> 지 탈아라는 두 글자에 있을 뿐이다. (중략) 일본의 국토는 비록 아시아
> 의 동쪽 변방에 있지만, 그 국민의 정신은 이미 아시아의 고루함을 벗어
> 나, 서양의 문명 속에 있다. 그렇지만, 아직 불행하게도 이웃에 봉건적
> 유교사상에 찌들어 헤어나지 못하는 두 나라가 있으니, 그 하나는 지나
> 요 또 하나는 조선이다. (중략) 우리 일본은 이들 이웃나라가 개명해 줄
> 때를 기다려, 함께 아시아를 흥하게 할 여유가 없으니, 오히려 그 대열에
> 서 벗어나 서양의 문명국과 진퇴를 같이하여, 이 지나나 조선을 대하는
> 법에 있어서도 이웃나라라고 하여 특별하게 생각해줄 것 없이, 서양인이
> 이들을 대하는 식을 그대로 따라서 처분해야 할 것이다. 악한 친구와 친
> 하게 지내는 자는 똑같이 오명을 면치 못할 것인 즉, 우리들은 진정한 마
> 음에서 아시아 동방의 악우(惡友)를 사절하는 바이다.

탈아론은 후쿠자와가 김옥균과 조선 개화파를 도와 그토록 온 힘을
기울여 일으켰던 갑신정변의 실패, 그리고 천황이 직접 군대를 이끌고라
도 청과 전쟁을 해야만 한다는 지론 즉 '대청개전론'의 불발에 따른 반동
에 의한 결과물이었다. 탈아론은 지금까지 일본이 조선을 간섭해왔던 것
에 대해, 그 정당성을 부여하려했던 것이며, 또 일본이 앞으로는 서구열
강의 제국주의적인 스타일로 침략을 하겠다고 선언을 한 것이었다. 궁극
적으로는 일본을 포함한 열강에 의한 중국과 조선의 분할마저도 구상하
는 아시아 침략론을 천명한 것이었다.

<그림 1> 지나제국분할도

V. 에필로그

'친일의 원조(元祖)' 또는 '독립운동의 원조'에서 보듯, 김옥균에 대한 한국 내의 평가는 극명하게 갈린다. 갑신정변을 둘러싼 평가와 밀접한 관계가 있기 때문이다. 후쿠자와에 대한 평가 역시 어떠한 역사관을 갖느냐에 따라 그 스펙트럼이 다양하다. 특히 탈아론 해석을 둘러싼 평가는 갑신정변의 그것처럼 선명히 갈린다. 탈아론에 국한시킨다면, 한국과 중국에서는 거의 예외 없이 부정적이다. 후쿠자와가 바로 이 탈아론을 통해 아시아 멸시관을 퍼뜨림으로써 대륙 침략의 이론적 토대를 제공했다는 이유에서다.

후쿠자와 유키치에 관한 평가가 굴절되기 쉬운 이유는 그가 '독립자존(獨立自尊)'을 주창한 저명한 학자이자 언론인으로서 일본이 근대 문명

국가, 국민국가로 발전하는 데에 큰 공헌을 했음은 물론, 조선 유학생을 지도해 조선의 '개화(사상)' 특히 신문의 창간이라든가 국한문혼용에 관한 아이디어 제공 등 문화 발달에 상당한 영향을 준 인물이기 때문이기도 하다.

끝으로 후쿠자와를 가늠·가름하는 데에 있어 중요한 요소가 될 법한 몇 가지 사항들을 소개하기로 한다.

후쿠자와는 과연 어떠한 의도를 가지고 김옥균 등 조선개화파에게 관심을 가졌을까. 잘 알려진 바대로, 후쿠자와는 자신이 운영하는 게이오 기주쿠(慶応義塾)에 많은 조선인 유학생을 받아들였다. 여러 이유가 있었으리라 생각되지만 첫째, 경영난에 허덕이는 학교에 새로운 활력을 불어 넣기 위해서였으며 둘째, 조선 내 일본세력 부식(扶植)을 위한 목적에서였다. 실제로 1876년 당시 게이오 입학생 수가 345명이었는데, 1877년에서 78년에 걸쳐서는 220명 내지 230으로 줄어들어 수입이 감소해 학교 재정이 파탄 위기에 처했었다. 교직원을 중심으로 자금을 각출해 어려운 고비를 간신히 넘긴 것이 1880년 말이었다. 1881년 6월 유길준 등이 게이오에 입학하고 있음을 볼 때, 새로운 활로를 모색하고 있던 후쿠자와는 관비 유학생인 이들에게 주목했음은 그리 상상하기 어렵지 않다.

다음 인용문은 갑신정변 발발 직전 명치정부의 지령으로 스파이 활동을 했던 후쿠자와의 제자 이노우에의 말이다.

> 당시 선생님(=후쿠자와)은 김옥균, 박영효 등의 지사(志士)를 가까이하고, 혹은 심복의 사무라이를 그들 나라에 파견하여, 학교를 세우고 신문을 발행하며, 혹은 서울에서 많은 소년을 불러들여, 그들을 게이오 기주쿠에서 교육시킬 뿐만이 아니라, 서울에 일본당의 세력을 부식하는 일에 매우 열중하셨다.

서울에 '일본당'을 부식하려는 후쿠자와의 의도는 자명하다. 후쿠자와

자신도 여러 곳에서 언급하고 있듯이 친일세력을 심어 조선에 있는 청의
세력을 견제하고, 서구열강의 동점(東漸)으로부터 일본의 안전과 독립을
유지하려는 정치적 타산에서였다.

도한(渡韓)을 앞둔 이노우에의 말을 소개해본다.

> 여러분! 오늘은 우시바君, 다카하시君 그리고 제가 조선정부로부터 초빙
> 되어 부임함에 이렇게 파티를 열고 후쿠자와 선생님을 비롯해 여러 동문
> 선배님들께서 참석해 주서서 대단히 감사합니다. (중략)
> 여러분! 조선을 개발·유도하여 일본과 같이 문명개화의 방향으로 향하게
> 하는 것이 우리들이 이번에 도한하는 목적입니다. 그러므로 신문도 발행
> 하고 학교도 세울 것이며, 또한 번역이라든가 책을 쓰고 가끔 조선의 유
> 력인사들에게 유세(遊說)하는 것이 우리의 일입니다. 이렇게 말씀드리면,
> 오로지 문필 하나만을 목적으로 한다고 생각될 수도 있으며, 또 조선 측
> 에서의 고용계약도 바로 이것입니다. 하지만 여러분! 저는 금년(1882) 7
> 월 게이오 기주쿠를 졸업한 한낱 서생에 불과하여 아직 아무것도 모르지
> 만, 아울러 그 이상(의 목적)으로서는 다음과 같이 생각하고 있습니다.
> 조선이 일본처럼 개화하고 일본화되어, 지나로부터 오늘날과 같은 간섭
> 을 받지 않고, 이른바 독립된 한 나라로 되게끔 하려합니다. 만일 조선에
> 독립의 자력(資力)이 없다면, 오히려 일본의 선정을 베풀고 또 일본의 덕
> 교(德敎)를 행하는 것이 우리들의 궁극적 목적인 것입니다. 제가 이번에
> 도한하는 것은 이러한 목적을 수행하기 위한 때문입니다.

후쿠자와의 조선 '정략'을 대신 수행·실행했던 이노우에 가쿠고로의
이 연설은 동북아의 실로 여러 '갈등'을 겪고 있는 오늘을 사는 우리에게
진정 많은 것을 시사해준다.

참고문헌

金旼奎, 「福澤諭吉와 朝鮮開化派: 그의 對朝鮮觀과 개화파에 대한 원조를 중심으로 (1885년초까지)」, 『實學思想研究』 2, 1991.

金鳳珍, 「朝鮮の開化と井上角五郎: 日韓關係史の「脫構築」を促す問題提起」, 『東洋文化研究所紀要』 140, 2000.

미야지마 히로시, 『일본의 역사관을 비판한다』, 창비, 2013.

坂野潤治, 「「東洋盟主論」と「脫亞入歐論」』: 明治中期アジア進出論の二類型」, 佐藤誠三郎・R.ディングマン編, 『近代日本の對外態度』, 東京大學出版會, 1974.

杉田聰, 『福澤諭吉 朝鮮・中國・台湾論集: 「國權擴張」「脫亞」の果て』, 明石書店, 2010.

赤野孝次, 「福澤諭吉の朝鮮文明化論と「脫亞論」」, 『史苑』 56:1, 1995.

야스카와 주노스케, 이향철 옮김, 『후쿠자와 유키치의 아시아 침략사상을 묻는다』, 역사비평사, 2011.

月脚達彦, 『福澤諭吉の朝鮮: 日朝淸關係のなかの「脫亞」』, 講談社, 2015.

月脚達彦, 『福澤諭吉と朝鮮問題: 「朝鮮改造論」の展開と蹉跌』, 東京大學出版會, 2014.

『福澤諭吉全集』, 岩波書店, 1971[초판 1959].

제108회 발표, 2016년 9월 8일

이토히로부미[伊藤博文]와 안중근

방광석(고려대학교 아세아문제연구소 연구교수)

Ⅰ. 머리말

한국에서 이토 히로부미[伊藤博文]는 '침략의 원흉'으로 표상되고 있다. 1904년 2월 러일전쟁이 발발하자 일본은 즉각 조선과 한일의정서를 맺고 조선정부에 일본군대의 주둔권과 조선에서 '자유행동'을 인정하게 했다. 8월에는 제1차 한일협약을 체결하여 재정, 외교고문의 고용과 외교교섭에서 조선정부가 일본정부와 사전에 협의하도록 의무화하였다. 다음해 1905년에는 '보호권확립'을 각료회의에서 결정하는 한편, 순차적으로 열강에게서 조선 보호국화의 승인을 얻었다. 이러한 준비작업을 거친 뒤에 일본은 '을사늑약'을 통해 조선의 외교권을 빼앗고 통감부를 설치하고 4년여에 걸친 '보호통치'를 실시하였다. 이토는 이러한 일본정부의 한국침략정책에 깊숙이 관여하였고 1906년부터 1909년까지 통감으로서 내정간섭, 고종의 퇴위, 군대해산, 의병탄압 등을 주도하면서 한국통치를 전면에서 이끌었기 때문에 한국민에게 '침략의 원흉'으로 비추어진 것은 당연하다.

그러나 일본에서 이토는 한국에서와 같은 '침략의 원흉', 즉 제국주의자 내지 침략자의 이미지는 거의 없고 근대일본 건설의 최대공로자로 '추앙'받고 있다. 메이지유신(明治維新) 이후 서양의 제도와 문물을 적극적으로 도입해 근대화폐제도의 확립, 내각제와 화족제의 창설, 헌법제정,

청일전쟁 등을 주도하면서 서양제국주의 국가와 대등한 근대국가 건설을 주도해나갔다는 점을 감안하면 일본에서 이러한 평가는 어쩌면 당연하다고 할 수 있다. 그것은 일본에서 '통감정치' 등 한국침략에 관여한 이토의 모습이 제대로 조명되지 못한 것과 관련이 있을 것이다.

아울러 이토를 사살한 안중근의 행위는 '침략의 원흉'을 제거하고 한국민의 독립 의지를 세계에 천명한 '영웅의 의거'로 평가받는 한편 한국을 '보호, 지도'하여 동양평화를 추구하는 근대일본의 위대한 정치가를 암살한 어리석은 테러행위로 규정하기도 한다.

이 발표에서는 한일 양국에서 '원흉'과 '위인', '영웅'과 '테러리스트'라는 상반된 이미지를 가진 이토와 안중근의 생애와 활동을 비교 검토하면서 일본의 한국 식민지화의 실상을 객관적으로 조망하고자 한다.

II. 근대 일본의 건설자 이토 히로부미

이토 히로부미(1841~1909)는 농민 출신에서 수상에까지 오른 입지전적 인물로 알려져 있다. 이토 히로부미의 어릴 적 이름은 리스케(利助), 슌스케(俊輔)이며 메이지유신 후 히로부미(博文)로 개명했다. 호는 슌포(春畝), 소로카쿠슈진(滄浪閣主人)을 칭했다. 1841년 9월 수오노쿠니(周防國) 구마게군(熊毛郡) 쓰카리무라(束荷村)[현재의 山口縣 光市 大和町]에서 농민 하야시 쥬조(林十藏)의 아들로 태어났다. 1854년 아버지가 조슈번(長州藩)의 하급무사 이토 나오우에몬(伊藤直右衛門)의 양자가 되었기 때문에 이토 성을 칭하고 무사신분을 얻음으로써 정치적으로 성장할 수 있는 조건을 갖추게 되었다. 또한 메이지유신을 주도한 조슈번(長州藩) 출신이라는 점도 이토가 출세하는데 유리한 환경을 마련해 주었다. 번벌(藩閥)이라는 배경이 없었다면 그가 젊은 나이에 고위 관료가 될 수 없었을 것이기 때문이다.

이토는 에도막부(江戶幕府) 말기 존황양이론(尊皇攘夷論)에 경도되어 친막부적 국학자를 암살하거나 영국공사관에 방화하는 등 테러리스트로서 정치활동을 시작했다. 1856년 막부의 명으로 조슈번이 경비를 담당하고 있던 사가미노쿠니(相模國: 현재 神奈川縣)에 파견되어 일찍부터 막말의 격동 속에 휘말리게 되었다. 1857년 그가 평생의 스승으로 삼은 구루하라 료조(來原良藏)의 지도를 받고 그 해 가을 하기(萩)로 돌아와 쇼카손주쿠(松下村塾)에서 요시다 쇼인(吉田松陰)의 가르침을 받았다. 그 후 다카스기 신사쿠(高杉晋作), 기도 다카요시(木戶孝允), 구사카 겐즈이(久坂玄瑞) 등의 영향을 받으며 존왕양이운동에 뛰어들었다. 1862년 영국공사관 방화사건에 참여하는 등 전형적인 존양양이운동의 '지사'가 되었다.

이토는 1863년 번의 허가를 받아 이노우에 가오루(井上馨) 등과 함께 영국에 밀항 유학했고 이것을 계기로 개국론자로 돌아섰다. 이듬해 4국 연합함대의 조슈 공격 소식을 듣고 이노우에와 함께 급거 귀국해 개국론을 주장하며 무력충돌을 저지하려 했으나 실패했다. 그 뒤 막부-조슈전쟁과 번의 내전 등 잇따른 위기 상황 속에서 기도 다카요시를 따르며 무력 도막(倒幕)운동에 매진했다. 이 사이 도막파 지도자들에게 재능을 인정받은 이토는 왕정복고 후 신정부에서 조슈 출신의 유력 소장관료로서 지위를 보장받게 되었다.

메이지 초기 이토가 정치적으로 급성장한 데는 주선가(周旋家)로서의 기질이 크게 작용했다. 1868년 메이지 신정부가 성립한 뒤 외국사무괘, 효고현(兵庫縣)지사, 1869년 대장소보 겸 민부소보, 1870년 조세두(租稅頭)를 거쳐 공부대보(工部大輔)로 승진했다. 1871년부터 73년까지 구미 12개국을 시찰한 이와쿠라(岩倉)사절단에는 기도 다카요시, 오쿠보 도시미치(大久保利通)와 함께 부사(副使)로 참가했다. 귀국 후 사이고 다카모리(西鄉隆盛) 등의 이른바 '정한론'에 대항해 '내치우선론'을 주장하며 이와

쿠라, 기도, 오쿠보를 도와 정변을 승리로 이끌었다('明治6년정변'). 이 정변으로 정부가 분열되어 '정한파'가 하야한 뒤 참의 겸 공부경으로 임명되어 참의 겸 대장경 오쿠마 시게노부(大隈重信)와 함께 참의 겸 내무경 오쿠보 도시미치를 도와 식산 흥업정책을 추진했다. 이후 연이은 사족반란, 1874년의 타이완침공, 1875년의 오사카(大阪)회의 등 불안정한 정치 상황 속에서 이토는 정체취조(政體取調) 담당, 지방관회의 의장, 법제국 장관 등을 겸임하며 지배기구의 법제적 정비와 번벌정권의 유지에 노력했다. 이토는 메이지 초기 신정부 지도자들에게 식견과 재능을 인정받아 중용됨으로써 매우 순조롭고 급속히 정부 내 유력관료로서 지위를 확보해갔다고 할 수 있다.

1877년 최대의 사족반란인 서남전쟁의 와중에 기도와 사이고가 죽고, 이어서 1878년 오쿠보가 불평사족에게 암살되자 그 뒤를 이어 참의 겸 내무경에 취임해 명실 공히 번벌정권의 중심인물이 되었다. 민간에서 자유민권운동이 고양되는 가운데 오쿠마 시게노부, 이노우에 가오루 등과 함께 메이지정부의 개명파로서 헌법제정과 입헌제도의 도입을 주도했다. 이토는 정치가로서 추진력과 유연성을 겸비하고 있었다. 1881년 정변에서 오랫동안 뜻을 같이 하며 개혁을 추진해온 동료 오쿠마 시게노부(大隈重信)를 과감하게 축출하고 사쓰마(薩摩)-조슈 번벌정권을 규합하였고, 1887년 민권파의 지도자인 이타가키 다이스케(板垣退助)가 민권론의 입장에서 백작 작위를 거부하자 천황의 권력까지 동원하며 집요하게 자신의 의사를 관철시켜 이타가키를 굴복시켰다. 또한 한국침략과 관련해 회유와 협박을 통해 강경한 방식으로 을사조약을 체결한 것은 잘 알려진 사실이다. 한편 자신과 생각이 다르더라도 필요할 경우 반대파와 타협하거나 능력 있는 인물을 발탁해 활용하는데도 능했다. 1880년을 전후해 활발히 전개된 자유 민권운동의 국회개설 요구에 정면으로 대응해 국회개설 조칙을 발포하게 했으며, 1890년대 실시된 입헌정치가 정당과 정부의 극단적인 대립으로 치닫자 정당내각제를 부정하는 '초연주의(超然主義)'를 포기하고 정당세력에게 정권을 넘겨주었으며, 1900년에는 자신이 직접 입헌정우회라는 정당을 만들어 그를 바탕으로 내각을 조직하기도 하였다.

이러한 정치자세의 배경에는 자신의 능력과 식견에 대한 자신감이 깔려있었다. 이토는 근대국가체제를 만드는데 필요한 서양문명의 지식을 습득하는데 적극적이었다. 일찍이 1863년 22세 때 적정(賊情)을 시찰한다는 명목으로 번에 해외 도항을 허가받아 이노우에 가오루(井上馨) 등 네 명의 동료와 함께 영국으로 가 서양학문을 습득했다. 메이지유신 이후에도 미국으로 파견되어 화폐제도, 은행제도를 조사해 귀국 후 일본의 금융제도를 정비했으며, 1882년에는 정부 최고지도자의 지위에 있으면서 입헌제도조사를 위해 직접 유럽으로 파견되어 장기간 체류하기도 했다. 이러한 경험을 통해 근대국가체제 수립을 위한 풍부한 서양 지식을 흡수했고 그 지식을 자산으로 삼아 다른 관료들을 압도하며 지도자의 위치를 굳혀나갔다. 여기에는 그의 어학력도 일조했다. 특히 영어실력이 뛰어나 많은 해외서적을 섭렵했을 뿐 아니라 해외신문과 잡지를 구독하며 국제정세도 민첩하게 파악했다고 한다.

이토는 40년 가까이 일본정부의 핵심에 있으면서 많은 업적을 쌓아 '근대일본의 설계자'라고 불리는데 무엇보다도 가장 큰 업적은 헌법을 비롯한 근대국가체제를 확립한 것이다. 이토는 1882~83년 유럽 입헌제도조사를 통해 천황을 중심으로 한 군주입헌체제를 구축한다는 구상을 확정하고 귀국 후 국가기구를 개혁해 나갔다. 1883년부터 궁중개혁에 착수해 여관(女官)을 정리하고 천황의 정치군주화를 꾀하는 등 입헌정치를 대비해 전통적인 궁중제도를 서양식으로 개혁했다. 1884년에는 독일과 영국의 귀족제를 모범으로 화족제(華族制)를 개혁하고 작위제를 실시했다. 천황에게 충성하는 보수적인 정치세력을 조성해 안정적인 정치운영을 하려는 것이었다. 1885년 태정관제(太政官制)를 개혁해 근대적 내각 제도를 수립하였으며 1888년 천황의 자문기관인 추밀원을 설치하였다. 또한 이토는 헌법제정과정을 주도했다. 1886년부터 시작된 헌법기초 작업은 당시 수상이었던 이토와 측근 참모들이 비밀리에 회합하면서 진행되었고 고용외국인의 의견도 반영되었으나 어디까지나 주도권은 이토가 쥐고 있었다. 1888년부터 시작된 추밀원의 헌법심의에서 이토는 보수적인 의견을 반박하며 자신의 헌법구상을 관철시켰다. 이러한 과정을 거쳐 1889년 헌법이 공포되었으며 이듬해 국회가 개설되어 일본에서 입헌정치가 실시되게 되었다.

한편 이토는 천황제를 국가체제의 중심에 편입시켰다. 유럽에서 기독교의 역할을 천황과 왕실에 기대했던 것이다. 이토는 헌법상 국가의 대권을 천황에게 집중시키고 정치적 위기 시에는 천황의 조칙을 이용하는 등 천황을 번벌정권의 보호막으로 삼았다. 19세기 말 이후 교육칙어, 국가신도와 결합되어 천황제이데올로기가 형성되는데 그 기틀을 마련한 것은 이토라고 할 수 있다.

이밖에도 일본의 근대국가 형성과정에 이토가 끼친 영향은 다대하다. 메이지유신 직후 오쿠마 시게노부, 이노우에 가오루와 함께 개명파 관료로 불리우며 철도의 건설, 지폐·은행제도의 창설, 식산흥업, 제국대학 설립 등 경제, 산업, 교육, 행정 등 다방면에 걸쳐 개혁을 주도했다. 헌법 발포 이후에는 입헌정우회를 창당하는 등 일본의 입헌정치 정착에 공헌했다고 평가되고 있다. 그러나 이러한 이토의 업적이 반드시 긍정적 평가로 이어지는 것은 아니다. 그가 행한 많은 근대적 개혁은 민중을 억누르고 지배층 위주로 진행되었으며, 정교하게 만들어진 '제국헌법체제'가 정치적 민주화를 가로막고 1930년대 이후 군부의 독주를 만들어냈기 때문이다.

대외정책의 측면에서 이토는 팽창주의자 내지 '대국주의자'로 분류할 수 있다. 1873년의 '정한론' 정변에서 '내치파'에 속했지만 대외팽창 자

체를 반대한 것은 아니었으며 1874~75년의 타이완침공과 강화도사건에
서도 정부의 방침을 추종하였던 것으로 보인다. 한국과 관련해 1884년의
갑신정변과 1895년의 명성황후시해사건에 간접적으로 관여했으며, 조선
의 지배권을 놓고 청국과 싸운 청일전쟁은 무쓰 무네미쓰(陸奧宗光) 외
상과 함께 직접 도발한 것이었다. 20세기 초 이토는 대러시아 외교에서
'문치파'로 불리며 전쟁 보다는 협상을 우선시하는 측면을 보였지만 대
륙으로 팽창하려는 일본의 제국주의적 노선을 기본적으로 지지하였으며,
통감으로서 한국의 식민지배의 실천에 적극적으로 나섰다. 러일전쟁 시
기 을사조약 체결을 주도하고 이른바 '보호통치'를 주도하며 식민지화의
길을 닦았다. 통감직 사임 후 1909년 10월 26일 극동문제에 관해 러시아
와 교섭하기 위해 만주를 방문한 이토는 하얼빈에서 한국의 독립운동가
안중근에 의해 사살되었다. 사후 종일위(從一位)에 추증되었으며 장례는
국장으로 치러졌다.

이토는 뛰어난 식견과 정치력으로 일본의 근대국가 형성에 결정적 역
할을 했으나, 일본의 국익을 최우선의 가치관으로 삼고 주변 약소국에
피해를 강요한 국가주의자이자 제국주의자였다고 할 수 있다. 근대국가
의 건설과정은 물론 '통감정치'의 실태 등 한국침략과의 관련성을 아울
러 검토해야만 이토에 대한 올바른 평가가 가능할 것이다.

III. 한국 침략과 이토 히로부미

이토 히로부미는 일본정부의 지도자의 위치에서 대한정책 결정의 핵
심적인 위치에 서 있었다. 1884년의 갑신정변 시기 참의(參議) 겸 궁내
경으로서 대청교섭을 주도해 천진조약을 체결함으로써 조선에 대한 청
의 간섭을 제한하고 조선 침략의 교두보를 마련하였다. 1894~95년의 청

일전쟁 시기에는 내각총리대신으로서 개전을 결정하고 전쟁과정을 진두지휘했다. 전쟁에서 일방적인 승리를 거둔 뒤 조선을 실질적으로 보호하려 추진하다 삼국간섭과 '을미사변' 등을 통해 한국침략을일시적으로 보류할 수밖에 없었으나 이후 일본정부는 군비확장과 강경한 대외정책 노선을 유지했다.

1904~05년의 러일전쟁에서 승리한 일본은 1905년 11월 17일 이른바 '을사조약'을 통해 대한제국의 외교권을 빼앗고 12월 이토 히로부미를 초대 통감으로 임명해 한국에서 '보호통치'를 시작했다. 일본의 한국 보호국화는 구미 열강의 승인이 있었기에 가능한 것이었다. 미국은 1905년 7월 29일의 가쓰라-태프트 밀약을 통해, 영국은 8월 12일 제2차 영일동맹조약을 조인하는 과정에서 한국에 대한 일본의 지배권을 인정했다. 러시아도 9월 5일 체결한 포츠머스강화조약에서 "일본이 한국에서 군사상, 경제상 탁월한 이익을 갖고 있음을 승인하고, 일본이 한국에서 필요하다고 인정되는 지도, 보호 및 감리의 조치를 취하는 데 있어 이를 방해하거나 간섭하지 않을 것"을 인정했다.

이러한 구미 열강의 승인이 있었기에 일본은 한국의 외교권을 빼앗고 '보호통치'를 실시하는 것이 가능했던 것이다. 그러나 구미 열강이 한국의 주권을 빼앗는 '병합'까지 승인한 것은 아니었다. 일본정부도 장기적으로 병합의 가능성을 염두에 두고 있었지만 당시로서는 통감부를 통해 간접 지배하는 것이 현실적이라고 판단했다. 한국을 직접 통치할 준비도 되어 있지 않았고 열강의 간섭과 한국 측의 반발을 우려했기 때문이다.

1907년 6월 헤이그 밀사사건이 일어나자 이토는 이를 계기로 한국지배체제를 더욱 강화하려고 하였다. 이토 통감은 이 사건을 구실로 고종을 퇴위시킴과 아울러 한국의 내정권을 장악하고 통감의 권한을 대폭 강화한 정미7조약을 체결했다. 일본정부는 원로와 내각대신들이 모여 숙의한 결과 한국의 국내정세나 국제정세가 아직 병합을 단행하기에는 조건이 성숙되지 않았다고 판단하고, 실질적으로 한국의 내정을 장악하는 것을 목적으로 삼기로 결정했다. 강제적인 한국병합이 한국민의 저항은 물론 러시아를 비롯한 열강의 간섭을 우려했기 때문이다. 일본정부는 순차적으로 한국의 내정권을 장악하고 병합을 위한 기반을 닦는 정책을 취했으며, 그러한 과정을 거쳐 정부의 방침으로 한국병합을 결정한 것은 1909년에 들어서였다. 이하에서는 한국병합 과정에 대해 좀 더 자세히 살펴보겠다.

일본이 한국병합의 시기를 결정하는데는 구미 열강과의 관계가 큰 영향을 미쳤다. 일본은 한국의 보호국화 이후에도 구미 열강의 입장을 확인하며 한국병합을 추진했다. 청일전쟁 이후 겪은 삼국간섭의 경험을 다시 맛보지 않으려는 이유도 그 배후에 존재했다고 할 수 있다. 특히 일본의 한국지배에 지대한 영향을 끼친 것은 러일관계였다. 1907년 7월 제1차 러일협약이 마무리되자 일본은 정미7조약을 통해 한국의 내정권을 장악했으며, 한국병합은 제2차 러일협약이 체결된 직후 단행되었다. 1910년 7월 4일 조인된 제2차 러일협약은 만주의 세력분할에 관한 합의였으나 협상 과정에서 러시아가 일본의 한국병합을 정식 승인했던 것이다.

미국은 러일전쟁 이후 일본의 대한정책에 우호적이었고 문호개방원칙을 한국에 적용하지는 않았다. 1910년에 들어 미 국무부는 조만간 일본이 한국을 병합할 것으로 예상하고 광산 이권과 교육 사업은 일본의 한국병합에 영향을 받겠지만 관세에 변화가 생길 경우에는 미국의 통상에 유리하도록 치외법권 포기를 협상 재료에 사용한다는 입장을 취했다. 영국은 러시아와 일본의 접근으로 영일동맹이 위축될 수밖에 없었기 때문에 일본의 한국병합에도 신중한 태도를 취했다. 결국 8월 5일에 이르러서야 한국에서의 기존 관세를 10년 동안 유지하는 것을 조건으로 일본의 한국병합을 수용했다. 경제적인 면에서 현상유지를 보장받고 나서야 한국병합을 승인했던 것이다.

한편, 간도문제에 관한 처리과정도 한국병합과 밀접한 관련이 있다. 간도영유권을 둘러싸고 중국이 일본의 만주침략을 우려하고 있었으며 열강의 간섭을 초래할 가능성도 있었다. 일본으로서는 열강의 간섭을 회피하기 위해 간도문제를 서둘러 해결하고 한국을 열강의 간섭이 불가능한 식민지로 확고히 해둘 필요가 있었다. 간도문제가 한국병합 시기를 앞당기는 역할을 했다고 볼 수 있다.

일본정부에서 한국병합의 구체적인 방안을 제시한 사람은 제2차 가쓰라 타로(桂太郎) 내각의 외상이었던 고무라 쥬타로(小村壽太郎)였다. 그는 한국문제에 관한 앞으로의 기본방침을 확립해둘 필요가 있다고 보고, 구라치 데쓰키치(倉知鐵吉) 정무국장의 의견서를 바탕으로 대한방침 및 시정대강을 작성해 1909년 3월 30일 수상에게 제출했다. 이에 가쓰라 수상은 즉시 동조했다. 이전부터 대외강경론을 지속적으로 주장한 야마가타 아리토모(山縣有朋) 추밀원 의장과 데라우치 마사타케(寺內正毅) 육군대신도 같은 입장이었다. 병합에 신중한 입장을 취하고 있던 이토 히로부미 통감은 파탄에 이른 '보호통치'를 더 이상 주장하지 않았다. 결국 고무라의 안에 순순히 동의했고 이렇게 해서 1909년 7월 6일 한국병합에 관한 일본정부의 공식 방침이 결정되었다.

이러한 과정을 거쳐 일본의 한국병합 방침은 확정되었고 이토도 여기에 적극적으로 관여하였던 것이다. 이토는 '한국을 병합하는 것이 한반도에서 일본의 실력을 확립하기 위한 가장 확실한 방법'이며, '병합의 시기가 도래할 때까지는 병합의 방침에 기초해 충분히 보호의 실권을 거두고 실력의 부식을 꾀해' '적당한 시기에 한국병합을 단행'한다는 일본정부의 방침을 확정하였고 이러한 방침에 따라 1909년 7월 사법 및 감옥 사무의 위탁, 군부 폐지, 조선중앙은행 설치가 이루어졌다. 병합을 위한 사전 정지작업을 마친 이토는 한반도와 만주에 대한 러일간의 협상을 위해 만주로 떠났다. 이토는 일본의 중심으로 동아시아에 일대 제국을 건설하려는 꿈을 거의 실현한 뒤에 안중근에 의해 하얼빈에서 사살되었던 것이다.

IV. 안중근의 국권회복운동

안중근(安重根, 1879~1910)은 1879년 9월 2일 황해도 해주에서 태어났다. 아명은 응칠(應七)이며, 천주교 세례명은 토마스(도마)이다. 안중근의 집안은 대대로 해주에서 거주한 전형적인 향반(鄕班) 지주였다. 고려 말 대유학자 안향의 후예로 조부 안인수는 진해현감을 지냈고 해주 일대에서 미곡상을 경영하여 상당한 재산을 축적했다. 부친 안태훈은 소과에 합격한 진사로 수천 석 지기의 대지주였다. 특히 부친인 안태훈은 어려서부터 신동으로 문명을 날리고 있었는데, 안중근은 바로 이 안진사와 그 부인 조(趙)씨 사이에 태어난 3남 1녀 가운데 장남이었다. 안중근의 부친은 진사였으나 전통적인 유학에 머물러 있던 보수 유림은 아니었다. 그는 근대적 신문물의 수용의 필요성을 인식한 개화적 사고를 지니고 있었다. 그리하여 1884년 박영효 등 개화세력이 근대 문물의 수용과 개혁정책의 실행을 위해 도일 유학생을 선발할 때 그에 뽑히기도 하였던 인물이었다. 그러나 그 해 12월 발생한 갑신정변의 실패로 뜻을 이루지 못하고 귀향하였다. 안중근의 집안은 갑신정변 직후 해주를 떠나 신천군 두라면 청계동으로 이사하게 되었다. 그것은 안태훈이 개화당 인사들과 교류가 깊었던 관계로 수구파 정부의 탄압을 피하기 위한 조치로 보인다. 따라서 안중근은 청계동에서 성장하면서 8세 때부터 조부의 훈도로 한학과 조선역사를 배웠다. 사서오경에는 이르지 못하고 통감 9권까지만 배웠다고 한다. 안중근은 나중에 ≪안응칠역사≫에서 "내 나이 예닐곱 때 조부모의 사랑을 받으며 서당에 들어가 8~9년 동안 한문을 익혔으며, 조부께서 돌아가신 뒤에는 사냥으로 학문에 힘쓰지 않았다"고 술회하였다. 그는 부친의 영향으로 개화적 사고를 지니게 되었다. 말타기와 활쏘기 등 무예를 연마하였고, 숙부와 집안에 자주 드나드는 포수꾼들로부터 사격술을 익혀 명사수로 이름을 날렸다.

1894년 동학농민전쟁이 발생하자 안중근의 부친 안태훈은 군대를 조직하여 반동학군 투쟁에 나섰다. 안태훈은 산채에 개인적으로 사병들을 양성하고 있었는데, 동학농민운동이 일어나 각지에서 동학도들과 농민들이 봉기를 하자 자발적으로 창의를 하여 동학농민군을 토벌하여 승리를 거뒀다. 오래 전부터 개화파와 연계를 맺고 있던 안태훈이 개화정책을 펴던 갑오내각을 지키기 위해 동학 토벌에 나선 것으로 생각된다. 안중근도 16세의 나이로 부친이 조직한 군대에 참여하여 선봉장으로 활약하면서 처음으로 역사에 그 모습을 드러냈다. 황해도관찰사의 요청으로 아버지가 산포군(山砲軍)을 조직해 농민군 진압작전을 펼치자 소년 안중근 역시 동학군 토벌에 참가하여, '박석골전투' 등에서 기습전을 감행하는 데 참여했다. 이때 안태훈은 동학군이 해주감영에서 빼앗은 5백석 가량의 양곡을 회수하여 군량으로 사용한 적이 있었는데 이것이 후일 문제가 되어 큰 곤욕을 치르게 된다. 한편 안중근은 동학농민군에서 활동하던 김구와 만나기도 하였다. 김구가 동학군으로 활동하고 있을 때 안태훈이 김구를 보호한 적이 있으며 그 시기에 안중근도 그와 안면이 있었으나 적대적 관계였기 때문에 가깝게 지내지는 않았던 것으로 보인다.

1896년 2월 아관파천으로 개화파 정부가 전복되고 친미, 친러 연립내각이 성립되자 척족 세도가인 민영준이 동학군에게서 빼앗은 양곡 반환 문제를 들고 나왔다. 이에 신변의 위협을 느낀 안태훈은 인근 천주교당으로 수개월 동안 피신하게 되었고 프랑스인 빌렘(J. Wilhelem) 신부의 인도로 천주교에 입교하였다. 그리고 신부들의 도움으로 양곡 반환 문제가 해결되어 청계동으로 귀가한 부친은 1897년 안중근을 비롯한 일가족 30여 명을 천주교에 입교시켰다. 이에 따라 안중근도 천주교에 입교하여 빌렘 신부로부터 영세를 받고 토마스라는 세례명을 부여 받았다. 안중근의 집안은 천주교 성당 건축에 참여할 정도로 신앙심이 독실하였고 안중근 자신도 천주교를 통해서 신학문에 관심을 가졌으며 신부에게 프랑스어를 배우기도 했다. 그 뒤 잠시 교회의 총대(總代)를 맡았고 뒤에 만인계(萬人契)의 채표회사(彩票會社, 만인계의 돈을 관리하고 추첨을 하는 회사)를 설립하고 사장이 되었다.

한편 1904년 2월 러일전쟁 발발과 함께 민족적 위기감을 느낀 안중근은 각국의 역사에도 관심을 가지며, 신문 잡지 등의 탐독을 통하여 국제 정세에 대한 안목을 넓혀 갔다. 그리고 1905년 11월 을사조약 체결로 망국의 상황이 도래하자 구국의 방책을 도모하기 위해 중국 상해로 건너갔다. 상해에서 한인들을 모아 구국운동을 전개하는 한편, 천주교 관계자들을 통해 일제의 침략 실상을 널리 알리는 외교 방책으로 국권회복을 도모하고자 하였다. 그러나 상해 지역의 한인 유력자들과 외국인 신부들의 비협조, 그리고 1906년 1월 부친의 별세로 말미암아 뜻을 펴지 못한 채 귀국하고 말았다. 이후 안중근은 그 해 3월 청계동을 떠나 평안남도 진남포로 이사하면서 민족의 실력양성을 위한 계몽운동에 본격적으로 뛰어들었다. 교육, 계몽운동의 필요성을 느끼고 서우학회에 가입한 뒤 진남포에 삼흥학교(三興學校)를 설립하였다. 그 뒤 황해도의 천주교 계열 학교인 돈의학교(敦義學校)를 인수하여 직접 교사로 아이들을 가르치면서 교육운동을 전개하였다. 다른 한편으로는 석탄을 채굴하여 판매하는 '삼합의(三合義)'라는 광산회사를 평양에서 설립하여 산업 진흥운동에도 매진하였다.

1907년 2월 대구의 유생 서상일의 주도로 국채보상운동이 전국적으로 일어나자 안중근은 국채보상기성회 관서지부를 조직하여 부인의 금반지와 은반지, 비녀 등을 비롯하여 전 가족의 장신구를 모두 헌납하면서 이 운동을 주도적으로 이끌었다.

1907년 7월 일본은 헤이그 특사사건을 빌미로 광무황제를 강제로 퇴위시키고, 곧 이어 정미7조약을 강제하여 대한제국 군대까지 해산시키며 한국을 식민지화를 강화하였다. 그에 따라 전국적으로 의병이 일어나자 안중근은 지금까지의 노선을 바꾸어 독립 전쟁 준비가 필요하다고 생각하게 되었다. 국망의 상황이 되자 안중근은 상경하여 이동휘 등 신민회 인사들과 구국대책을 협의하였고, 이 과정에서 국권회복운동 방략을 계몽운동에서 독립전쟁전략으로 바꿔 갔던 것으로 이해된다. 안중근은 강원도에서 의병을 일으키는 데 가담하였고 매국노 척결을 주장하던 그는 의병대를 찾아다녔다. 그 뒤 황해도 의병대의 한사람으로 일본군과 싸우다가 자신이 직접 국외에서 의병부대를 창설하기 위해서 블라디보스토크로 건너가서 계동청년회(啓東靑年會)에 가입하고, 곧 계동청년회의 임시사찰(臨時査察)에 선출되었다.

안중근은 1907년 연해주로 망명하였다. 이는 국외에서 의병부대를 조직하여 독립전쟁전략을 구사하기 위한 것이었다. 이를 위해 안중근은 노령 일대의 한인촌을 유세하며 의병을 모집하고, 노령 한인사회의 지도적 인물이자 거부인 최재형의 재정적 지원으로 1908년 봄 의병부대를 조직하였다. 흔히 이범윤 의병부대로 알려진 것이 바로 안중근이 중심이 되어 조직한 의병부대였다. 김두성이 총독, 간도관리사를 역임한 이범윤이 총대장으로 추대되었지만, 실질적으로는 참모중장이었던 안중근이 이 의병부대를 이끌었다. 의병부대의 규모는 3백명 정도로 두만강 부근의 노령을 근거지로 군사훈련을 실시하면서 국내 진공작전을 준비하였다.

1908년 6월 안중근은 의병부대를 이끌고 제1차 국내진공작전을 펼쳤다. 함경북도 경흥군 노면 상리에 주둔하고 있던 일본군수비대를 급습한 것이다. 이 작전에서 안중근의 의병부대는 치열한 교전 끝에 일본군 수명을 사살하면서 수비대의 진지를 완전히 소탕하는 전과를 올렸다. 그리고 같은 해 7월 함경도 일대에서 맹활약하고 있던 홍범도의병부대와 긴밀한 연락을 취하면서 제2차 국내 진공작전을 전개하였다. 함경북도 경홍과 신아산 일대의 일본군 수비대를 공격한 것이다. 이 전투에서 안중근의 의병부대는 제1차 진공작전과 마찬가지로 기습 공격을 통해 일본군을 여러 차례 격파하였고 아울러 전투 중에 10여명의 일본군과 일본 상인들을 생포하는 성과를 거두었으나, 얼마 후 일본군의 기습공격을 받아 패배했다. 이때 기습공격을 받은 이유는 다른 의병대원들의 반대에도 불구하고 안중근 혼자의 뜻으로 전투에서 사로잡은 일본군 포로를 국제공법에 의거해서 석방해주었기 때문이라고 한다. 안중근은 "사로잡힌 적병이라도 죽이는 법이 없으며, 어떤 곳에서 사로잡았다 해도 사후 돌려 보내야 한다."고 하는 만국공법에 따른 것이었고, 또 안중근이 믿고 있던 천주교의 박애주의의 소산이었다. 그러나 이로 인해 안중근은 의병부대원들의 불만과 오해를 사고, 또 포로의 석방으로 의병부대의 위치가 알려지면서 일본군의 공격을 받아 대패하고 말았다. 이후 온갖 고초 끝에 안중근은 몇몇 부대원들과 함께 본거지로 귀환하여 의병부대의 재조직을 모색하였다. 하지만 일본군 포로를 석방한 의병장에게 군자금을 대는 사람도 없었고, 그 부대를 지원하는 병사들도 없었기 때문에 안중근은 심한 좌절감에 빠졌다. 그리하여 안중근은 블라디보스토크에 머물면서 교포 신문인 <대동공보>의 기자, 대동학교의 학감, 한인민회의 고문 등을 맡아 활동하기도 하였다. 하지만 이로 인해 안중근이 독립전쟁전략을 포기한 것은 아니었다. 그는 1909년 1월 의병 재기를 도모하면서 동지 11명과 함께 동의단지회(同義斷指會)를 결성하고 의병으로 재기하기 위해 노력하였다. 안중근은 이때 왼쪽 손의 약손가락(넷째 손가락) 한 마디를 끊어 결의를 다졌다.

V. 안중근의 이토 히로부미 사살

1909년 9월 안중근은 <대동공보>사에 들렀다가 이토 히로부미가 만주를 시찰하러 온다는 소식을 들었다. 이토 히로부미가 러시아의 재무장관 블라디미르 코코프초프와 회담하기 위해 하얼빈에 오게 되었던 것이다. 안중근은 국권회복을 위한 좋은 기회로 생각하고 이토 처단을 자원했다. 안중근은 "여러 해 소원한 목적을 이루게 되다니. 늙은 도둑이 내 손에서 끝나는구나"하며 남몰래 기뻐하였다. 그리고 지체 없이 이토를 포살하기 위한 구체적인 준비 작업을 진행시켰다. 이때 큰 도움을 준 것이 대동공보사의 인사들이었는데, 사장인 유진율은 자금과 권총 3정을 내주었고, 대동공보사 집금회계원인 우덕순은 안중근과 뜻을 같이하기로 자원하였다. 이들의 지원 아래 안중근은 이토를 사살할 목적으로 10월 21일 우덕순과 함께 블라디보스토크를 출발하여 하얼빈으로 향하였다.

안중근 일행은 유동하, 조도선 등을 거사 준비에 합류시키고 동청철도(東淸鐵道)의 출발지인 장춘의 남장춘(南長春), 관성자(寬城子)역과 도착지인 하얼빈, 채가구(蔡家溝)역의 4개 지점에서 암살을 시도하려 하였으나 자금과 인력이 부족하여 도착지인 하얼빈과 채가구에서 저격하기로 계획을 변경하여 두 곳에서 거사를 추진하기로 하였다. 열차가 정차하는 전략적 요지인 채가구에서는 우덕순과 조도선이, 하얼빈에서는 자신이 거사를 결행하기로 하고 준비에 들어간 것이다. 그리고 거사 지역 사이의 연락과 통역은 유동하가 담당하게 하였다. 그러던 중 유동하로부터 10월 25일이나 26일 아침에 이토가 하얼빈에 도착할 것이라는 연락이 왔다. 이에 안중근은 10월 24일 우덕순과 조도선을 채가구에 배치한 뒤 하얼빈으로 돌아와 이토를 기다렸다. 그런데 채가구에서 우덕순과 조도선이 이토를 포살하려던 계획은 수포로 돌아갔다. 그것은 이들이 투숙한 역 구내의 여인숙을 밖에서 러시아 경비병들이 잠가 버렸기 때문이다. 이제 남은 것은 안중근의 거사 계획뿐이었다.

안중근은 10월 26일 새벽 하얼빈역으로 나가 러시아 병사들의 경비망을 교묘히 뚫고 역 구내 찻집에서 이토의 도착을 기다렸다. 드디어 오전 9시 이토가 탄 특별열차가 하얼빈역에 도착하였다. 이토는 환영 나온 러시아의 재무대신 코코프초프와 열차 안에서 약 30분간 회담을 갖고, 9시 30분경 코코프초프의 인도로 역 구내에 도열한 러시아 의장대를 사열하였다. 그리고 다시 귀빈 열차 쪽으로 향하여 가기 시작하였다. 바로 이때 의장대의 후방에서 기다리고 있던 안중근은 앞으로 뛰어나가며 브라우닝 권총으로 이토에게 3발의 총탄을 명중시켰고, 이토는 쓰러졌다. 이어서 안중근은 가장 의젓해 보이는 일본인들을 향하여 3발의 총탄을 더 발사하였다. 이는 혹시 자신이 이토를 오인했을 경우를 예상한 행동이었다. 이 총격으로 이토를 수행하던 수행비서관 모리 야스지로(森泰二郞), 하얼빈 주재 일본 제국 총영사 가와카미 도시히코(川上俊彦), 남만주 철도의 이사 다나카 세이지로(田中淸次郞) 등 일본인 관리들이 총탄을 맞아 중경상을 입었다. 당시 러시아군에 의해 체포될 때 안중근은 러시아말로 "코레아 우라(대한 만세)"를 연호하였다고 한다. 안중근의 총탄 세례를 받은 이토는 열차로 옮겨져 응급처치를 받았으나 결국 사망하였다.

이토 사살 후 안중근은 곧바로 러시아 공안들에게 체포되었고 최재형은 안중근의 이토 히로부미 사살장소를 하얼빈으로 정해, 일본이 아닌 러시아 법정에서 재판을 받도록 조치하고, 변호사인 미하일로프 주필을 안중근의 변호인으로 준비했다. 러시아 관헌은 만국공법을 무시하고 안중근의 신변을 일본에게 넘겨주었다. 안중근은 하얼빈의 일본영사관을 거쳐 여순에 있던 일본 관동도독부 지방법원에 송치되었다. 안중근의 체포와 수감 소식이 접해지자 당시 국내외에서는 변호모금운동이 일어났고 안병찬과 러시아인 콘스탄틴 미하일로프, 영국인 더글러스 등이 무료변호를 자원했으나 일제는 일본인 미즈노 기치타로(水野吉太郞)와 가마타 세이지(鎌田政治)를 관선 변호사로 선임했다. 그리고 1910년 2월 7일 부터 14일에 이르기까지 6회에 걸쳐 재판을 받았다. 그러나 이 재판은 안중근조차도 "판사도 일본인, 검사도 일본인, 변호사도 일본인, 통역관도 일본인, 방청인도 일본인. 이야말로 벙어리 연설회냐 귀머거리 방청이냐. 이러한 때에 설명해서 무엇하랴"라 불만을 토로할 정도로 일본의 의도대로 형식적으로 진행되었다. 안중근은 1910년 2월 14일 사형 선고를 받고, 같은 해 3월 26일 처형되었으며, 같이 거사한 우덕순은 징역 3년, 조도선과 유동하는 각각 징역 1년 6개월을 선고받았다.

한편 안중근은 체포되어 처형되기까지 재판과정에서 재판의 불법성을 주장하고 이토 히로부미를 처단한 이유 15가지를 밝혔다.

1. 한국의 명성황후를 시해한 죄
2. 고종황제를 폐위시킨 죄
3. 5 조약과 7 조약을 강제로 맺은 죄
4. 무고한 한국인들을 학살한 죄
5. 정권을 강제로 빼앗은 죄
6. 철도, 광산, 산림, 천택을 강제로 빼앗은 죄
7. 제일은행권 지폐를 강제로 사용한 죄
8. 군대를 해산시킨 죄
9. 교육을 방해한 죄
10. 한국인들의 외국 유학을 금지시킨 죄
11. 교과서를 압수하여 불태워 버린 죄
12. 한국인이 일본인의 보호를 받고자 한다고 세계에 거짓말을 퍼뜨린 죄
13. 현재 한국과 일본 사이에 경쟁이 쉬지 않고 살육이 끊이지 않는데 태평 무사한 것처럼 위로 천황을 속인 죄
14. 동양 평화를 깨뜨린 죄
15. 일본 천황의 아버지 태황제를 죽인 죄

사실과 다른 항목도 일부 들어있으나 일본의 한국침략, 그것을 진두에

서 지휘한 이토의 죄상을 명확히 열거하고 있다. 그리고 안중근은 "내가 이토를 죽인 이유는 이토가 있으면 동양의 평화를 어지럽게 하고 한일간이 멀어지기 때문에 한국의 의병 중장의 자격으로 죄인을 처단한 것이다. 그리고 나는 한일 양국이 더 친밀해지고, 또 평화롭게 다스려지면 나아가서 오대주에도 모범이 돼 줄 것을 희망하고 있었다. 결코 나는 오해하고 죽인 것은 아니다."라고 밝혀 자신이 이토를 처단한 것은 동양평화를 위한 정당한 행동이라고 강조했다.

안중근은 이후 공소도 포기한 채, 여순감옥에서 자서전인 『안응칠역사』와 이토 사살의 이유를 밝힌 『동양평화론』의 저술에만 심혈을 쏟았다. 안중근은 『동양평화론』의 집필이 끝날 때까지 만이라도 사형 집행을 연기해 줄 것을 요구하였으나 일본은 이를 무시하고 1910년 3월 26일 여순 감옥에서 사형을 집행하여 안중근은 만 30세의 짧은 생애를 마감했다.

VI. '안중근의거'와 한국 강제병합

안중근이 이토를 사살한 지 10개월만에 일본은 한국을 강제병합하여 직접 식민지로 삼았다. 이에 따라 '안중근의거'로 인해 일본의 여론이 나빠져 한국을 '보호국'에서 강제병합하였다는 인식이 널리 퍼져 있다. 일본에서는 역사교과서와 대중용 역사서를 중심으로 '안중근의거'가 한국 강제병합의 직접적인 계기인 것처럼 기술하고 있다. 이러한 인식은 마치 '보호통치'에 대한 한국인의 반발 때문에 일본이 어쩔 수 없이 한국을 병합했다는 오해를 불러일으켜 일본의 침략성을 축소시키는 결과를 초래하고 있다고 할 수 있다. 또 최근 일본학계에서는 이토 히로부미는 병합에 소극적이었고 이토 사후에 병합이 급격하게 추진되었다는 주장이 힘을 얻고 있다.

앞에서 살펴보았듯이 일본정부에서 한국병합이 논의된 것이 '안중근 의거' 이전부터이며 이토가 만주로 떠나기 전인 1909년 7월 각료회의에서 결정한 대한방침 및 시설대강에서 병합 방침이 확정되어 있었다. 그렇다면 '안중근의거'가 일본정부의 한국지배노선을 전환시키지는 않았다 하더라도 이미 정해진 일본정부의 병합방침에 불을 지펴 그것을 계기로 병합이 급속하게 추진된 것이 아닐까?

1909년 4월 17일 당시 가쓰라 수상은 원로 야마가타에게 편지를 보내 통감을 교체할 필요성에 대해 언급하고 있다. 한국병합방침이 형식적이라 할지라도 확정된 이상 병합반대론을 표명해온 이토 통감을 교체할 필요가 있다. 그러나 병합을 조기에 행하기 위해서는 통감에는 유력자를 둘 필요는 없다. 왜냐하면 유력자를 두게 되면 이쪽에서 무엇이든 지시하는 것이 가능하지 않기 때문에 부통감인 소네 아라스케(曾禰荒助)가 적당하다. 이토의 진퇴가 결정되지 않으면 그 다음의 문제가 일체 진행되지 어려우므로 이번에 반드시 이를 해결하려고 한다는 것이다.

이토가 이미 병합방침에 동의했다 하더라도 표면상 한국을 병합할 필요가 없다고 기회 있을 때마다 반복적으로 강조해왔기 때문에 이토가 통감직에 머문 상태로 병합을 추진하기는 어려웠을 것이다. 이토 스스로도 자신이 물러날 시점이 되었다고 판단해 사임의 뜻을 밝혔다. 6월 14일 통감직을 소네에게 물려주고 추밀원의장으로 자리를 옮겼고 이후 적극적으로 일본 정부의 병합 사전준비에 협조하였다. 이토는 1909년 7월 초 통감 사임 인사차 서울을 방문했을 때 소네 통감을 도와 사법권 및 감옥사무 위탁을 주도적으로 추진해 12일 이를 성사시켰다. 이것은 병합의 전제였던 서양 열강과의 치외법권 문제를 해결한 것이다. 이토가 10월에 만주에서 러시아의 재무장관 코코프체프와 회담하려 한 것도 병합에 대한 러시아의 동의를 구하기 위한 것이었다는 설이 유력하다. 이렇듯 한국병합을 둘러싸고 일본정부 내의 의견수렴이 이루어진 상태에서 10월

26일 '안중근의거'가 발생했기 때문에 이 사건이 일본의 한국지배정책에 큰 영향을 미치지는 않은 것으로 보인다.

당시 일본 언론의 주요 논조도 이토의 죽음은 크게 애석하지만 한국을 즉각 병합할 필요는 없다는 것이었다. 일본에서 반한감정이 고조되기는 했으나 즉시병합론이 대세를 차지하지는 않았다. 반면 한국에서는 흑룡회(黑龍會)와 연계한 일진회(一進會)를 중심으로 '합방청원운동'이 거세게 일어났다. 이토가 사살된 후 흑룡회는 우치다 료헤이(內田良平)가 일진회 명의의 '합방청원서'을 작성하여 스기야마 시게마루(杉山茂丸)를 통해 야마가타, 가쓰라, 데라우치에게 제출하였다. 12월 1일 우치다로부터 '합방 상주 및 청원서'를 받은 일진회 회장 이용구는 문구를 수정한 후 4일에 '일진회성명서'를 <국민신문> 부록으로 발표함과 동시에 '합방상주문', '총리 이완용께 올리는 합방 청원서', '통감께 올리는 합방 청원서'를 제출하였다. 이에 대해 이완용은 합방문제를 둘러싸고 일진회와 일시적으로 제휴했던 대한협회 등을 사주하여 대국민 연설회를 조직하고, 통감과 한국 내각 앞으로 '비합방 상서'를 제출하는 한편 일진회의 상주문과 이완용 수상 앞의 청원서를 각하했다. 이에 일진회는 12월 10일 상주문을 다시 제출했으나 한국정부는 통감이 참석한 大臣회의에서 상주하지 않고 각하하기로 결정했다. 또한 일진회의 합방 성명에 대해서는 일반인의 반대가 고양되어 일진회는 '거의 고립상태'에 빠졌다. 지방에서도 소요 발생까지는 이르지 않았지만 냉혹한 평가와 반대 의견이 다수를 차지했다.

일진회의 '합방청원운동'은 시기상 '안중근의거'를 계기로 전개된 것처럼 보이지만 이전부터 준비된 것이었다. 또한 '합방청원운동'에 대해 일본에서는 일진회의 세력확장론으로 보는 경향이 강했다. 즉, 일진회와 흑룡회 등은 '안중근의거' 이후 합방청원운동을 거세게 전개했지만 일본 정부로서는 병합의 분위기 조성을 위해 그들을 이용하려 했을 뿐 그들의 요구를 수용하지는 않았다. 일진회의 합방청원운동은 명목상 한국과 일본이 국가연합의 형태로 합방하자는 것이었으므로 한국의 주권을 완전히 박탈하고 직접식민지화하려는 일본정부의 방침과는 거리가 있는 것이었다. 일본정부로서는 오히려 시간이 지나면서 합방 찬반론이 고조되어 병합 반대운동으로 전환되지 않을까 우려하는 목소리가 커졌다. 이렇듯 '안중근의거'는 일본 국내외에 큰 충격을 주었으나 일본의 한국지배 방침을 변경시키는 계기로는 작용하지 않았고 일진회와 흑룡회 등의 합방청원운동도 일본정부의 병합추진에 직접적인 영향을 주지는 못했다.

이보다 일본이 한국을 병합하기 위해서는 구미 열강의 승인이 필수적이었으나 '안중근의거' 직후에는 아직 한국병합에 관해 모든 열강의 동의를 받지 못한 상태였다. 오히려 만주의 이권을 둘러싸고 열강이 신경전을 벌이고 있는 가운데 이토의 피살을 계기로 강경파가 득세해 일본이 한국을 병합하지 않을까 우려하고 있었다. 따라서 일본이 한국을 병합하기 위한 국제적인 환경은 아직 마련되지 않았다고 할 수 있다.

1907년 제1차 러일협약 이후 일본은 한국병합에 대한 러시아의 승인을 받으려 노력했다. 1910년에 접어들어 미국의 만주철도중립화안에 대한 대응을 둘러싸고 러시아와 일본이 접근하여 제2차 러일협약이 체결됨에 따라 한국병합의 실현할 수 있는 환경이 조성되었다. 1910년 2월 고무라 외상은 재외공관에 한국병합방침 및 시설강령을 통보했다. 3월에는 제2차 러일협약 체결방침이 각료회의에서 결정되었다. 4월에는 모토노 주러대사가 러시아로부터 한국병합에 대한 승인을 얻었다. 러시아의 동의를 얻음으로써 한국 강제병합은 급속히 추진되었다. 이어서 프랑스와 영국으로부터도 승인을 받았다. 드디어 일본은 열강의 간섭 없이 한국병합을 추진할 수 있게 되었다. 8월 22일 병합조약 체결로 한국은 일본의 직접식민지가 되었던 것이다.

제112회 발표, 2017년 9월 20일

일제의 문화재 수탈과 수난
─ 조선총독부 박물관과 관련하여

김인덕(청암대학교 교수)

Ⅰ. 문화재 수난 보기

정부에서는 일제강점기 때의 우리 문화재 피해사례를 직시하여 보고서로 엮었다. 그리고 중요한 문화재의 피해 사실을 수록한 책자도 나왔다. 하지만 아직까지 대부분의 사람들은 솔직히 이런 일에 무관심한 편이다. 사건이 있을 때만 관심을 갖고 있는 것이 사실이다.

2008년 2월 숭례문 건물이 방화로 대부분이 불 타 무너졌다. 화재는 2008년 2월 10일 오후 8시 40분 전후에 발생하여 다음날인 2008년 2월 11일 오전 0시 40분경 숭례문의 누각 2층 지붕이 붕괴되었고, 1층에도 불이 붙어 화재 5시간 만인 오전 1시 54분 석축을 제외한 건물이 붕괴되었다.

그 후 문화재청은 서울시와 논의하여 복원 사업을 시작해 2013년 5월 다시 복원했다. 사실 한번 훼손된 문화재는 다시 복원해도 그 가치가 분명 다르다. 그리고 그 어떤 상징성을 제고한다고 해도 본질의 변화는 원상을 돌릴 수 없는 일이다.

우리 문화재 수난의 역사는 복원을 통해 본격화되었다고 할 수 있다. 전라북도 익산에는 국보 제11호 미륵사지 석탑이 있다. 현재도 수리는 진행 중이다. 출발은 일제에 의해 보수가 시작 되었으나 콘크리트 덩어

리가 현재도 남아 있다. 우리의 손으로 하는 보수의 시작은 2001년 11월
이었다.

<그림 1>

II. 문화재란 무엇인가?

1. 문화재란

조상들이 남긴 유산으로 삶의 지혜가 담겨 있고 우리가 살아온 역사
를 보여주는 유산이다.

문화재(Cultural Heritage)는 조상들이 남긴 건물·조각·공예품·서적·서

예·고문서 등의 유물·유적 가운데 역사적·예술적 가치가 높거나 역사
연구에 자료가 되는 유형문화재, 연주·무용·음악·공예·기술 등에서 역
사적·예술적 가치가 높은 무형문화재 및 기념물·민속자료 등을 통틀어
일컫는다.

2. 문화재의 종류

한국의 경우 1962년에 제정된 문화재보호법 제2조에서는 문화재를 다
음과 같이 분류·정의하고 있다.

(1) 유형문화재(有形文化財) : 건조물(建造物)·전적(典籍)·서적(書籍)·고
    문서·회화·조각·공예품 등 유형의 문화소산으로서 역사상·예술상
    가치가 큰 것과 이에 준하는 고고자료(考古資料) 등을 통칭한다

(2) 무형문화재(無形文化財) : 연극·음악·무용·공예기술 등 무형의 문화
    적 소산으로서 역사상·예술상 가치가 큰 것,

(3) 기념물(記念物) : 패총(貝塚)·고분(古墳)·성지(城址)·궁지(宮址)·요
    지(窯址)·유물포함층(遺物包含層) 등과 같은 사적지로서 역사상·학
    술상 가치가 큰 것, 경승지(景勝地)로서 예술상·관상상(觀賞上) 가
    치가 큰 것, 동물(서식지·번식지·도래지 포함)·식물(자생지 포함)·광
    물·동굴로서 학술상 가치가 큰 것.

(4) 민속자료(民俗資料) : 의식주·생업·신앙·연중행사 등에 관한 풍속과
    관습 및 이에 사용되는 의복·기구·가옥 등으로 국민 생활을 이해하
    는 데 불가결한 것을 말한다.

문화재들은 중요도에 따라 여러 지정문화재로 분류된다.

(1) 국가지정문화재 : 문화재청장이 문화재보호법에 의하여 문화재위원
    회의 심의를 거쳐 지정한 중요문화재로서 국보·보물·중요무형문화
    재·사적·명승·천연기념물 및 중요민속자료 등 7개 유형이다.

(2) 비지정문화재 : 문화재보호법 또는 시·도의 조례에 의하여 지정되지
아니한 문화재 중 보존할 만한 가치가 있는 문화재이다.

(3) 시·도지정문화재 : 특별시장·광역시장·도지사(이하 '시·도지사')가
국가지정문화재로 지정되지 않은 문화재 중 보존가치가 있다고 인정
하는 것. 지방자치단체 (시·도)의 조례에 의하여 지정한 문화재로서
유형문화재·무형문화재·기념물 및 민속자료 등 4개 유형으로 구분
된다.

(4) 등록문화재 : 지정문화재가 아닌 근·현대시기에 형성된 건조물 또는
기념이 될 만한 시설물 형태의 문화재 중에서 보존가치가 큰 것이다.

(5) 문화재자료 : 시·도지사가 시도지정문화재로 지정되지 아니한 문화재
중 향토문화보존상 필요하다고 인정하여 시·도 조례에 의하여 지정
한 문화재이다.

Ⅲ. 역사 속의 조선총독부박물관

1. 전사 : 시정 5년 공진회

조선총독부박물관은 1915년 12월 1일 개관했다.[1] 이 박물관이 만들어
지게 되는 계기는 1910년 합방 이후 이른바 '조선총독부의 시정 5년'을
대대적으로 선전하기 위한 '시정5년 기념 조선물산공진회'였다. 당시 조
선총독은 여러 차례의 훈시에서 공진회의 취지를 강조하고 있다.

본 공진회 개최의 취지는 널리 조선 물산을 수집 진열하고 산업개량 진

---

1 이하 내용은 필자의 선행 연구 참조한다.(김인덕,『식민지시대 근대 공간 국립박
물관』, 2007, 국학자료원, 김인덕,「시정5년 기념 공진회와 미술관 전시에 대한
소고」, 2010. 9,『한국민족운동사연구』(64), 한국민족운동사학회, 김인덕,「조선
총독부박물관 본관 상설 전시와 식민지 조선 문화-전시 유물을 중심으로-」,
2010. 10,『향토서울』(76). 서울시사편찬위원회.)

보의 실적을 명시해서 일반 조선인의 분발심을 환기하고 출진생산품과 생산사업의 우열득실을 심사공격해서 당업자를 고무작흥하는 데 그치지 않고, 그와 더불어 행정, 교육, 교통, 경제 등 제반 시설의 상황을 전시하고 나아가 조선구래의 문물 중 특히 참고의 자료로 삼을 만한 것으로 신구시정의 비교대조를 밝혀서 조선민중에게 신정의 혜택을 자각하게 하고, 다른 한편으로는 내지 물산 중 특히 조선에 관계되는 것의 출진을 촉구하고, 첫째, 조선의 산업무역의 발달에 투자하며, 둘째, 촉진개선의 표적을 시범으로 보여 조선인의 구안을 경계해서 그 결과 조선인으로 깊이 스스로 반성계발해서 사치하고 노는 폐습을 고치고 근검역행의 미풍을 조장해서 서로 격려해서 날로 산업의 개량발달과 국부의 증진을 도도해야 하는 이치를 깨닫게 하는데 있다.(朝鮮總督府,『朝鮮彙報』1915. 9.)

이른바 박람회는 대량의 전시물을 특정 공간에 집중시켜 기획자의 의도대로 그것을 분류 진열하여 주최 측이 목적하는 바를 불특정 다수에게 과시하려는 이벤트이다. 일제시대 한국의 경우도 공진회를 통해 식민지 지배자인 조선총독부는 '시정(施政)'의 내용을 널리 선전하고자 했다. 특히 공진회의 개최 취지에는 조선 민중으로 하여금 신정부의 혜택을 각성하게 하고, 많은 일본인들을 오게 하여 조선의 실상을 보게 하여 향후 조선 개발이 현저한 효과가 있다는 것을 부각시키고 있다.

공진회는 경복궁을 훼손하고, 임시로 마련된 장소에서 열렸다. 결국 경복궁은 공진회에 의해 왕실의 권력은 사라졌고, 그 자리에 역사적 유래가 분명한 유물을 전시함으로써 시간과 공간의 관리자가 누구인지를 증명해 주는 기념비로 만들어졌다.

이러한 상징적으로 만들어진 식민지배의 공간은 문화적 우월성을 과시하면서 우리 민족의 열등감을 강조했다. 그것은 일제의 민족의식을 말살시키기 위한 동화정책의 차원에서 1910년 합방 직후부터 진행되었던 통치술에 따른 것이다.

특히 미술 분야의 경우, 한일 작품을 함께 진열하여 대비시키기 위한 전람회가 정책적으로 개최되었다. 1915년 10월 경복궁의 '시정5년 공진회'에서도 그것을 살펴 볼 수 있다. 이 공진회의 한 공간으로 마련된 미술관은 조선인과 일본인의 작품들이 함께 전시되었다.

일제는 1907년부터 1945년까지 전국 단위의 박람회와 공진회를 20여 차례 개최했다. 이 가운데 조선총독부는 시정을 기념하는 대규모 박람회를 시정5년과 시정20년, 시정30년에 열었다. 1915년의 공진회는 만들어진 대조선 홍보공간이었다. 따라서 찬란한 조선의 문화 보다는 열등한 조선의 문화, 제국주의적 권위에 압도된 조선의 왕권, 일본의 발달된 근대의 모습을 학습하는 장소였다.

공진회의 전시장은 대규모 전시 공간으로 규모가 72,800평이었다. 전시장 조성에 약 24만원의 공사비가 투여되었다. 진열관의 규모도 약 5,352평이었다.

공진회의 전시물품을 위해 조선총독부는 1915년 1월 18일 공진회에 출품하는 물품의 통관규정을 고시하고, 7월 초순에는 관람자 및 출품인들이 기차나 배를 이용할 경우에 대비하여 출품물의 운임 할인을 알렸다. 이와 함께 조선총독부는 각도에 공진회 출품과 전시에 관련된 비용에 대해 보조금을 지불한다는 취지를 알려 출품의 편의를 제공했다.

이 공진회에 전시물을 출품한 인원은 총 18,976명이며, 각 분야, 각 전시관에 전시된 출품물의 총수는 42,026점이었다. 총 제13부 이외에 공진회에는 심세관·참고관·미술관·동척특별관·철도관·기계관·영림관 등 7개의 특별관이 별도로 마련되어 이른바 '근대적인 문물'이 집중적으로 전시되었다.

공진회는 진열품 중에 미술, 고고자료를 제13부로 분류했고, 출품된 미술자료는 고고자료와 함께 전시되었다. 이 가운데 미술자료를 살펴보면, 45류로 이를 대분하면 회화류와 조각류이다. 회화류는 서양화와 동양화로 출품 총수는 151점이다. 동양화는 98점, 서양화는 36점, 조각류는

17점이다. 이들 작품을 제작한 사람들로 일본인은 동양화 52점, 서양화 28점, 조각14점이고, 조선인은 동양화 46점, 서양화 8점, 조각류 3점이다.(朝鮮總督府, 『施政五年記念朝鮮物産共進會報告書』第2卷, 1916, 555쪽.) 이 미술품은 고미술 및 고고자료와 함께 미술 본관, 강녕전 등지에 전시했다.

이렇게 미술관은 다른 특설관과 함께 위치했고, 이왕직특설관 부근에 설치되었다. 다른 건물들이 거대한 규모에도 불구하고 행사가 끝나면 없어지는 임시 건물이었던 것에 비해 근정전의 동쪽, 조선시대에는 왕세자의 거처인 동궁이 있었던 자리의 이 미술관은 2층 벽돌의 영구적인 건물로 지었다. 이 건물은 정면에 열주를 배치하고 지면에서 계단을 통해 처다보면서 올라가 입구에 들어가도록 되어 있어, 규모는 그리 크지 않으나 제국주의적 권위가 강조된 건물이었다. 따라서 한국적인 것이라고는 하나도 찾아 볼 수 없는 공간이었다. 이 공진회의 미술관을 박물관으로 상설화시킨 것은 데라우치 마사타케(寺內正毅) 총독의 명령으로, 처음부터 계획된 것이었다.

고미술품과 고고자료는 전술했듯이 준비된 공간인 공진회 미술관에 전시되었다. 미술관의 정면 1층에서 보면 경주 남산의 약사여래좌상이 놓였다. 그리고 뒤로는 좌우에 역시 경주 감산사터의 미타여래와 미륵보살이 있었다. 그리고 건물의 천장에는 평안남도 강서군 우현리 고구려 고분벽화의 주악천녀상도 그려져 있다. 1층의 동쪽으로는 고려청자와 신라시대의 유물로 장신구, 문양전, 삼국의 토기 등이 있었고, 서쪽으로는 금속기로 신라와 고려의 청동 범종, 청동 방울 등, 조선시대의 목가구, 철제와 동제 유물 등이 전시되었다. 이렇게 1층은 불교문화로 우리 문화를 설명하기 시작한다. 그리고 일본인의 기호에 맞추어 골동품으로 우리의 문화재를 전시하고 있다. 즉, 우리 역사의 설명은 의도하지 않았다.

미술관의 2층은 동쪽으로 조선시대 김명국의 산수도, 김홍도의 신선도, 김정희의 글씨 등 서화류가 전시되었다. 서쪽은 금동불상과 대장경 등의 불교문화재와 조선시대의 인쇄 관련된 활자와 책자가 전시되었다. 2층은 조선시대 회화를 통해 우리 문화를 규정하고 미정리 상태의 활자와 각종 서적을 전시했다. 아울러 불교문화의 진수로 대장경 전시를 시도했다. 신작 미술품의 경우는 강녕전과 그 부속건물인 연생전·경성전·응지당 등에 미술분관으로 전시되었다.

이와 함께 개성·원주·이천 등지에서 가져온 석탑, 부도, 불상 등이 옮겨졌다. 지광국사현모탑, 개국사지 7층 석탑 등이 그것이다. 이후에도 석물의 이동은 총독부에 의해 계속 추진된다. 이러한 미술관의 유물은 조선총독부의 행정력이 없이는 수집이 불가능한 것이었다. 특히 석조물의 경우는 역사성을 없애면서 조직적으로 민족문화를 말살한 예로 설명할 수 있다.

2. 조선총독부박물관

조선총독부박물관의 건물이 출현한 배경은 다음과 같은 내용으로 확인이 가능하다.

> 유일하게 내화 건축물인 본관은 공진회의 미술관으로서 지어진 것으로 박물관으로서의 설계가 아니기 때문에 매우 협소할뿐더러 진열실의 구조도 채광 기타 설비도 불완전하기 그지없고 1916년 이래 매년 증축안을 제출했지만 지금 받아들여지지 않고 있으며 할 수 없이 방화의 설비가 없는 경복궁의 근정전, 사정전, 수정전을 진열실로 하고 겨우 일시적 미봉에 지나지 않는다. 반도의 문화정책에 대해서도 부끄럽다.(朝鮮總督府博物館,『博物館報』(1-1), 1926, 3쪽.)

시작부터 왜곡된 공간에서 출발한 것이 조선총독부박물관이었다.

이 조선총독부박물관의 사무분장 상의 업무를 살펴보면, 사무는 총무국 총무과 소관으로 다음의 일은 관방 회계과 소관으로 했다. 그리고 첫째, 건조물의 보존 관리, 둘째, 입장자의 단속, 셋째, 용인의 단속과 경비, 급료 및 보통사무비는 조선총독부 본부의 일반 사무비(청비, 잡비)로 지불하고, 이밖에 고적조사 및 진열품비는 3만 2천 688원으로 충당했다.(「朝鮮ニ於ケル博物館事業ト古蹟調査事業史」, 참조)

그런가 하면 이곳의 관람구역은 광화문부터 신무문에 이르기까지 경복궁 전부를 대상지역으로 했다. 이미 시정5년 기념공진회 때, 가설 건축물이 많이 건립되었으나 미술관만은 영구적 건축물로 남겨졌으며, 같은 해 12월에는 그 때 전시된 수집품을 기반으로 조선총독부박물관으로 개관되었던 것이다. 백악(석회석)으로 된 이 서양식 이층 건물은 정면에 석단주를 배열하고 내부는 중앙의 큰 홀을 중심으로 좌우 2칸씩 모두 6칸으로 나눠서 여기에 주요 진열품을 전시했다. 박물관 본관 건물은 해방 후 학술원·예술원 소관 시설로 이용되었으나, 1997년 총독부 청사와 함께 철거되었다. 또한 창경궁 내 이왕직박물관처럼 경복궁 내 전각을 박물관 시설로 이용했다. 박물관 사무실은 고종의 양모의 거전이었던 자경전을 이용하고 경복궁 정전·근정전 뒤에 있던 사정전, 만춘전, 천추전과 전랑은 창고로 이용했으며, 근정전 회랑에는 근세의 여러 병기, 고려석관, 석불 등을 전시했다. 또한 수정전에는 오오타니 코즈이(大谷光瑞) 등이 서역에서 가져온 벽화, 유물을 전시하고, 경회루에서 광화문에 이르는 공간에는 조선 각지에서 반입한 석탑·비석·석등을 진열했다. 경복궁은 "12만 여평의 대박물관"(藤田亮策,「朝鮮古蹟調査」, 334쪽.)이 된 것이다.

조선총독박물관의 주요 유물은 공진회 인계물품, 내무부 및 회계과 보관 고물, 내무부 편집과 조사 수집품, 참사관 분실 보관 활자, 탁본서류, 고적조사물품, 구입품 등으로, 그 중심은 공진회의 인계물품이다.(「大正4年 12月 所藏品目錄」.)

1915년 12월 개관된 조선총독부박물관은 독립기관이 아니었다. 그리고 이곳에서는 조선총독부의 총괄 하에 1916년부터 5개년 계획의 유적 조사가 착수되었다. 그것은 전술한 고적조사위원회를 통해서였다. 이에 앞서 일제는 고적조사 사업을 조직적으로 진행했다.

일제시대 고적조사 사업의 역사를 정리하면, 첫째, 구한국시대와 일제 시대 초기의 고적조사 사업(1895년부터 1915년), 둘째, 고적 조사위원회의 운영시기(1916년부터 1932년), 셋째, 조선고적 연구회와 보물고적명 승 천연기념물보존회의 운영시기(1933년 이후)로 나눌 수 있다.

조선총독부박물관은 특별전을 열었다. 1926년 11월에는 경주 서봉총 에서 발굴한 신라시대 유물을 중심으로 특별전을 열었다. 1930년 5월에 는 조선사료전람을 개최했다. 조선사료전람은 조선의 역사와 관련된 자 료를 전시했다. 장소는 조선총독부 제3회의실에 조선 왕실, 외교, 사회, 문화의 4종류에 관련된 사료 22종을 전시했다.

IV. 일제강점기 문화재 수난

1910년 한일합방이 되고 이후 36년 동안 우리 민족은 일본의 식민지 로 온갖 서러움과 통분을 겪었다. 전통적인 문화도 왜곡되고 기형적으로 변형되었다.

일본은 고려청자부터 조선시대의 목가구까지 무차별적으로 수집해 갔 다. 특히 불교문화재의 경우 사찰의 문화재부터 산이며 들에 방치되어 있던 폐사지 유적에 이르기까지 약탈되었다.

일제강점기 문화재 피해를 유형별로 보면 다음과 같이 볼 수 있다.

첫째, 제자리에서 이동된 경우이다. → 갈항사 삼층석탑, 남계원 칠층석탑 등 현재 경복궁에 모여 있는 문화재 거의 대부분이 바로 이러한 경우이다. 청와대 안에 있는 석불좌상은 본래 경주에 있었으나 조선총독의 관심을 끌기 위해 지방군수가 올려 보낸 것이다.

둘째, 형태가 훼손되거나 파괴된 경우이다. → 익산 미륵사지 석탑을 들 수 있다.

셋째, 제자리에 잘 있고 외형상 파손된 것은 없으나 내용물이 없어진 경우이다. → 불국사 다보탑이 좋은 예이다. 다보탑은 잘 있지만 그 안에 있는 사리장엄을 탐낸 일본인들이 비밀리에 사리장엄을 꺼내 갔고, 수리 보고에 관한 글이 없다

넷째, 일본에 불법 반출된 경우이다. → 현재 일본 도쿄의 네즈(根津)미술관 마당에 놓여 있는 고려시대 부도가 대표적이다. 그 밖에 숱한 범종 등이 일본 각지에 흩어져 있다. 네즈미술관의 부도는 고려 초의 팔각원당형 부도로 우리나라에서도 그 예가 많지 않은 종류다. 또 일본 내에 있는 범종 가운데는 국내에 있는 것보다 더 많은 숫자의 신라시대 범종이 있다.

다섯째, 일본에 반출되었다가 국내에 환수된 경우이다. → 경천사 10층석탑이 대표적 사례이다. 경천사 탑은 한때 일본에 반출되었다가 이를 비난하는 여론이 국내외적으로 비등하자 마지못해서 되돌려 보낸 것이 원위치인 개성까지 가지 못하고 서울에 남게 된 것이다. 그리고 한송사 석조보살상 등을 들 수 있다.

문화재 환수를 위한 노력이 국가 차원에서 있었다. 1965년 한일 국교 정상화의 일환으로 일본에 가 있는 우리 문화재에 대해 반환협상이 있었다. 이때 총 438점이 국내에 돌아오게 되었는데 그 가운데 불교문화재는 강릉 한송사 고려시대 석조보살상과 문경 봉서리 삼층석탑 사리장엄 등 일부에 지나지 않는다. 438점이라는 수 자체가 일본에 불법반출 된 전체 문화재를 놓고 볼 때 턱없이 부족한 수량인데다가 주로 고분출토품들이어서 숫자에 큰 의미가 없다.

V. 간송 전형필(1906~1962)

<그림 2>

세종대왕 , 이순신장군, 안중근의사는 우리가 잘 알고 있다. 우리 민족의 체면을 지켜준 인물로 잃어버릴 수밖에 없었던 우리 문화재를 지키려고 노력한 간송 전형필이 있다.

그의 행적을 보면 다음과 같다. 서울 종로에서 중추원의관 전영기의 2남 4녀 중 막내로 태어나 휘문고보를 거쳐 일본 와세다대학을 졸업했다.

10만석의 재산을 상속받은 간송은 대학졸업 직후인 25세 때부터 고중학자인 오세창과 교유하며 민족문화재 수집-보호에 심혈을 기울여 전 재산을 문화재의 일본 유출을 막는데 활용했다.

1938년 최초의 사립박물관인 「보화각」을 세워 문화재들을 수장-연구-복원할 수 있는 초석을 마련했다. 1940년에 동성학원을 설립하고 보성중학교(종전 보성고보)를 인수하여 육영사업에 착수하였다.

간송의 뜻에 따라 보화각은 간송미술관으로 이름이 바뀌어 지금에 이르고 있다. 이곳 간송미술관에는 국보 72호 계미명 금동삼존불, 국보 70

호 훈민정음, 겸재 정선, 추사 김정희, 단원 김홍도의 작품 등 5천점이 넘는 소장품이 있다. 위치는 서울 성북구 성북동이다.

간송의 문화재보호에 대한 집념과 헌신적인 노력은 수집에 얽힌 몇 가지 일화로도 확인할 수 있다.

존 갯스비라는 영국인이 25년에 걸쳐 수집한 고려자기를 1937년에 내놓았을 적에 일본에 가서 그 전부를 사들인 일이 있었다. 영국인인 그는 25세에 일본에 건너와 변호사로 활약했다. 처음에는 일본 도자기에 흥미를 갖기도 했는데, 이후 조선의 고려자기에 매료되어 일본에서뿐 아니라 조선에도 자주 왕래하면서 고려자기를 수집한 것이다. 갯스비가 그것을 내놓은 이유는 1936년에 일본에서 젊은 군인이 쿠데타를 일으키다 실패한 2.26사건이 있어서였다.

1930년에 그는 부도(浮屠) 1기(基)가 일본인에 의해 인천항에서 이미 배에 실려 있다는 소식을 듣고 인천에 내려가 그것을 사들였다. 그것이 지금 간송미술관의 뜰에 있는 보물 579호인 괴산 외사리 석조부도이다.

국보 70호인 훈민정음(訓民正音)은 파는 사람의 부르는 값 보다도 몇 배를 더 주고 구입했고, 간송은 6.25 당시 피난시절에는 다른 것은 서울에 두고 가면서 이것만은 항시 품고 다녔고 베개 속에 넣고 잠을 잤다고 한다.

<그림 3> 출처: 간송미술관

VI. 해방 직후와 한국전쟁기의 문화재 수난

1945년 8.15 이후 문화재의 수난은 새로운 모습을 보였다. 소문으로는 미군정청의 장교가 한국 근무가 끝나자 당시 본인이 살던 적산의 문화재를 귀국하면서 유물과 함께 가지고 간 일이 있다고 한다.

6.25전쟁으로 많은 문화재가 훼손되었다. 그 가운데 사찰 문화재는 큰 피해를 입었다. 광주 무등산의 증심사에 국보인 금동불상입상 2개가 있었는데, 6.25동란 후 행방불명이 되어 못 찾고 있다.

6.25때 건물의 피해도 심각했다. 안동의 국보였던 문묘(文廟) 대성전(大成殿). 전남 보림사의 대웅전, 관음사(觀音寺)의 원통전(圓通殿), 송광사 백운당(白雲堂)과 청운당(靑雲堂) 등등...

확인되는 외국에서 우리 품으로 돌아오지 못한 주목되는 문화재는 다음과 같다.

> 기산풍속화첩 중 '줄광대' - 조선후기 풍속 화가 김준근의 작품으로 독일 함부르크 인류학 박물관
> 몽유도원도 - 조선 초의 대표적 화가 안견의 작품으로 일본 텐리 대학
> 아미타여래상 - 일본 근대 미술관
> 청자삼감운학문매병 - 고려 시대 것으로 일본 민예관
> 청자음각국문 접시 - 고려시대 것으로 프랑스 기메 박물관
> 청자음각연판문과 형주자 - 프랑스 기메 박물관
> 백자청화모란문주자 - 조선 시대 후기 것으로 일본 민예관
> 나전통영반 - 조선 후기의 것으로 일본 동경 박물관
> 분청자상감어문병 - 조선 시대 중반 것으로 일본 민예관

외국의 우리 문화재와 함께 현재 당장 시급한 문제는 지방문화재이다. 지방문화재가 도처에서 수난을 겪고 있다. 불의의 파괴나 오염도 아닌, 그것도 보수공사로 변형 변질, 훼손되고 있다.

특히 보수공사의 무정건도 문제이다. 준공 검사 이후 시정명령을 받은 문화재 공사의 낭비도 심각한 수준이다.

후손들에게 넘겨줄 문화재의 가치를 어디에서 발견해야 할지를 고민하는 것이 현재 우리의 문제이다. 문화재의 미래는 여기에서 출발해야 할 것이다.

제106회 발표, 2016년 4월 22일

아리랑, 일본에서 유행하다
— 음반을 통해본 일본 아리랑의 역사 —

진용선(아리랑박물관장)

Ⅰ. 1945년 이전의 SP음반과 아리랑

아리랑이 일본에 처음으로 흘러들어간 때가 언제인지는 명확하지 않다. 일본 코지엔(廣辭苑) 사전에서는 "아리랑은 조선의 민요로 '아리랑 아리랑 아라리요'등의 후렴구를 포함한 가운데 각 지역마다 발전돼 그 종류가 다양하며, 조선에서 전해온 조선의 민요로 소화(昭和)시대 이후부터 일본에서도 불리기 시작했다"라고 정의하고 있다. 사전의 정의에 따르면 아리랑은 소화시대가 시작된 1925년 이후부터 불린 조선의 민요인 셈이다.

일본에서의 아리랑은 한반도에서 현해탄으로 이어진 기나긴 핏줄의 도정의 역사만큼 복잡 다양하다. 초창기 일본에 전해진 아리랑은 레코드 산업의 영향이 컸다. 조선을 상품시장으로 여긴 일본 축음기회사는 1920년대 후반 들어서부터 조선인 가수가 부른 음반을 취입하기 시작했다.

특히 1926년 영화 「아리랑」이 조선에서 상영되면서부터 아리랑에 대한 대중의 관심과 수요가 크게 창출되었고, 이러한 여파는 일본에까지 밀려들었다. 영화 「아리랑」이 널리 알려지면서 주제가로 불린 <아리랑>은 그 이전의 <구조아리랑>을 넘어 아리랑의 대표성을 띠게 되었다. 아리랑을 통해 한민족이라는 공동체적 정서를 공유하고 일제의 지배를 받는 민족의 한을 표출한 시대정신이 배어있기에 파급과 영향은 상상을 넘어섰다.

이 무렵까지 잡가집이나 음반을 통해 확인할 수 있는 아리랑은 <경기긴 아리랑>, <경기자진아리랑>, <강원도아리랑> 등이었으나 아리랑은 다양한 범주로 발매되기 시작했다.

1930년대에 들어서면서 아리랑은 황금기를 맞았다. 아리랑에 대한 일본인들의 관심도 영화 「아리랑」에 대한 소문을 통해 입에서 입으로 전해졌고, 주제가가 오히려 영화보다 더 알려지는 현상을 낳았다. 일본의 음반회사, 출판사, 여행사 등에서도 식민지 조선을 소개하면서 아리랑을 조선을 상징하는 하나의 아이콘으로 홍보하면서 상업적으로 활용하기 시작했다.

처음에 '조선민요'라는 이름으로 일본에 흘러들어간 <아리랑>은 조선에서처럼 인기 있는 노래로 자리잡았으며, 가창자와 가창방식, 가사도 다양해졌다. <아리랑>은 개사와 편곡이 이어지면서 유행가로 자리 잡았고, 다채로운 변주를 통해 일본인들의 입맛에 맞춘 다양한 음반이 쏟아져 나왔다.

1930년 3월 조선에서는 김연실(金蓮實)이 일본 빅타악단 반주에 맞춰 노래한 영화소패(映畵小唄) <아르렁>이 빅타레코드사에서 음반으로 제작 발매되었고, 일본에서는 1931년 7월 일본가수 고바야시 치요코(小林千代子)가 금색가면(金色仮面)이라는 데뷔명으로 부른 <アリラン(아리랑)> 음반이 처음으로 빅타레코드에서 나왔다.

일본에 전해진 신민요 <아리랑>은 상업성과 직결되어 점차 '유행가'와 '경음악', '재즈'와 '블루스'라는 이름으로 장르가 다양해졌다. 1930년 초반부터 1945년까지 일본에서는 '아리랑'이라는 제목으로 50여종의 음반이 경쟁적으로 발매되면서 확산되었다. <아리랑>을 부른 가수들도 요코타 료이치(橫田良一), 아와야 노리코(淡谷のり子), 시마즈 이치로(島津一郎), 야마노 미와코(山野美和子), 다카미네 미에코(高峰三枝子), 스가와라 쓰즈코(菅原都々子), 다카사카 사치코(高阪幸子) 등 일본의 저명 가수들이었으며, 유명세를 타던 음악가들이 편곡과 연주를 맡았고, 당대 이름을 날리던 시인들이 개사를 하거나 작사를 했다. 음반 취입을 위해 일본에 온 가수들 가운데에는 조선에서 온 가수들도 여러 명이었다. 이들 가운데 김용환(金龍煥), 박경희(朴景嬉), 임동마(林東馬), 김안라(金安羅)처럼 자신의 이름을 그대로 쓴 가수가 있는가하면 하세가와 이치로(長谷川一郞·채규엽), 오카 난코(岡蘭子··이난영)처럼 일본식 이름을 쓴 가수들이 부른 아리랑 음반도 일본에서 널리 유통되었다. 일본에서 발매한 음반이 상업적으로 유통되면서 아리랑은 일본과 널리 중국을 거쳐 연해주 일대로까지 퍼져나갔다.

아리랑 선율을 바탕으로 다양한 모습으로 쏟아져 나오던 음반은 1937년 중일전쟁 발발 이후 전시체제가 강화되고 전시가요 성격을 띤 노래가 득세하면서 변화를 겪기 시작했다.

일본에서는 1930년 초반부터 1945년 일본이 패망할 때까지 '아리랑'이라는 제목으로 50여종에 이르는 신민요, 유행가, 연주곡 등의 다양한 음반이 발매되었다. 일본가수들이 가사를 일본어로 부르고 편곡을 하는 데 대해 조선의 지식인 가운데 김소운(金素雲)같은 이는 곱지 않은 시선을 보내기도 했으나 일본에서 아리랑이 지속적으로 확산된 사실은 놀라운 일이었다.

1930년대와 40년대 일본에서 전승되는 아리랑은 그 종류가 복잡다양하다. 당시 일본에서 발매한 아리랑 음반 수록곡은 조선에서 유행하던 <아리랑>의 곡조를 전체적으로 유지하며 편곡한 아리랑과 아리랑 곡조를 차용해 새롭게 아리랑으로 창작한 아리랑으로 구분할 수 있다.

1930년대와 40년대 일본에서 전승된 아리랑의 실상은 당시 발매한 SP

음반을 통해 살펴볼 수 있다.

[표 1] 1945년 이전 일본 발매 아리랑 SP음반 목록

	제목	노래	작사	작곡·편곡	레이블 음반번호	발매연월	비고
1	アリラン	金色仮面	西條八十	文藝部 編	빅타 51819B	1931.7	黒盤
2	アリラン節	阿部秀子	-	-	아사히 2625A	1927~ 1931	赤レベル
3	アリラン節	島津一郎	-	-	아사히 5979A	1930~ 1935.4	紺レベル
4	アリランの唄	高阪幸子			호오 P226A	1932	-
5	アリランの唄	巴里ムーランル ージュ樂團			호오 P226B	1932	
6	アリラン	峯深雪			돔보 S257	1932년경	7인치
7	アリラン	巴里ムーランル ージュ樂團			돔보 S415-A	1932	青盤
8	アリランの唄	淡谷のり子′長 谷川一郎	佐藤惣之助	古賀政男 編	콜롬비아 27066A	1932.9	黒盤
9	アリラン	笑太郎(京城本券)	植田國境子 柳田國境子		폴리도르 1215A	1932.10	黒盤
10	アリランの唄	横田良一	歌島花水	文藝部 編	데이치쿠 5141A	1932.10	黒盤
11	アリランの唄	宝塚キネマスター	-	-	데이치쿠 5290A	1933.2	黒盤
12	新アリランの 唄	横田良一	-	-	데이치쿠 5290B	1933.2	黒盤
13	新アリランの 唄	金龍煥	藤田まさと	紙恭輔 編	폴리도르 1339A	1933.5	黒盤
14	アリランの唄	朴景嬉	-	-	(ニットー) 日東 6036	1933.5	-
15	アリラン小唄	東海林太郎	服部龍太郎	篠原正雄 編	ニットー 6283B	1934.1	黒盤
16	新アリランの 唄	結城浩	木下潤	文藝部 編	다이헤이 4605A	1934.6	黒貝星
17	アリランの唄	横田良一	文芸部	服部良一 編	다이헤이 5112B	1934.12	黒貝星
18	アリラン節	島津一郎	-	-	루몬도	1935	-

	제목	노래	작사	작곡·편곡	레이블 음반번호	발매연월	비고
					3077 A		
19	アリラン夜曲	渡辺はま子	坂村眞民	鈴木靜一 作	빅타 53373 A	1935.4	黑盤
20	アリランの唄	ワルツ 演奏	-	仁木他喜雄 編	콜롬비아 28424A	1935.8	黑盤
21	アリラン越え て(朝鮮民謠)	山野美和子	松村又一	原野爲二 編	리갈 67234 A	1935.9	-
22	新アリランの唄	結城 浩	木下 潤	-	일동 S1836 B	1936	大衆S盤
23	アリラン夜曲	松平 晃	西條八十	江口夜詩 作	콜롬비아 28837 B	1936.5	黑盤
24	アリランの唄	岡蘭子	島田磐也	杉田良造 編	데이치쿠 50344 B	1936.7	赤盤
25	アリラン新曲	岡島貴代子	島原邦人	レイモンド服 部 作·編	데이치쿠 50482 A	1936.9	赤盤
26	アリラン小唄	京城百太郎	鈴木かほる	服部逸郎 編	콜롬비아 29073 B	1936.11	黑盤
27	アリラン	-	-	-	빅타 53892A	1937.1	黑盤 (流行歌謠集)
28	アリラン夜曲	赤坂百太郎	高橋掬太郎	服部良一 作	콜롬비아 29262 A	1937.4	黑盤
29	滿洲アリラン	山中みゆき	白鳥省吾	阿部武雄 作·編	폴리도르 2460	1937.6	黑盤
30	アリラン悲歌	水島早苗	野村俊夫	杉田良造 編	다이헤이 21273B	1937.8	赤盤(WS)
31	アリランの唄	菊丸	-	天地芳雄 編	콜롬비아 29801 A	1938.7	黑盤 朝鮮民謠
32	アリラン夜曲	洋樂器伴奏	鈴木靜一	デュフール	빅타 53694A	1938.7	黑盤
33	アリランの唄	海原松男	-	-	리갈 69082A	1938.7	黑盤 明笛獨奏
34	霧のアリラン	服部富子	石松秋二	鈴木哲夫 作	데이치쿠 A33 A	1939.10	A盤
35	アリランブル ース	高峰三枝子	西條八十	服部良一 作·編	콜롬비아 100001 A	1940.4	赤盤 (スタレ)
36	アリランブル ース	角田孝 (기타연주)	-	魚田孝 編	콜롬비아 100057	1940.7	赤盤 (スタレ)
37	アリラン娘	林東馬 金安羅(대사)	若杉雄三郎	東辰三 作 三宅乾夫 編	빅타 A4114 A	1940.10	A盤
38	アリラン物語	金安羅	若杉雄三郎	服部正 編	빅타	1940.10	A盤

	제목	노래	작사	작곡·편곡	레이블 음반번호	발매연월	비고
					A4114B		
39	月のアリラン	小林千代兒	矢島寵兒	若葉茂男 作 倉若晴生 編	폴리도르 P5063A	1940.11	P盤
40	アリラン月夜	菅原都々子	島田磐也	陸奥 明 作	テイチクT3 184A	1941.8	T盤
41	アリラン	橫山嘉伸	-		콜롬비아 100576A	1942.10	赤盤
42	アリラン	(콜롬비아Orch 연주)	-	服部良一 編	콜롬비아 100641	1943.2	赤盤 (歌謠輕音樂 選第6輯)
43	アリランの歌	美ち奴, 服部富子	-	-	데이치쿠 T3456B	1943.10	T盤 民謠傑作集)

II. 1945년 이후의 SP음반과 아리랑

1945년 8월 일본이 패망하고 일본에 미군이 주둔하던 시기에도 일본 가수들이 조선의 전통 민요 아리랑을 일본식으로 바꿔 부른 음반이 상업 적으로 유통되면서 아리랑은 널리 퍼져나갔다.

일본은 1952년 4월 28일 미군정 통치에서 벗어날 때까지 6년 반 동안 미국의 점령지(Occupied Japan)였으며 한국으로 드나드는 관문이었다.

한국에 주둔하던 UN군들이 한국에서 복무하면서 듣고 배운 아리랑에 관심을 가졌지만 정작 한국에서 음반을 구하는 것이 쉽지 않았다. 그러 나 한국전쟁 시기 산업 전반에 걸쳐 특수를 누리면서 발전한 일본에서는 다양한 아리랑 SP음반이 상품으로 나왔다.

한국전쟁 당시 미군위문협회(USO)를 통해 한국에는 많은 미국 위문공연 단이 공연을 위해 입국했다. 이들 가운데 오스카 페티포드(Oscar Pettiford) 나 피트 시거(Pete Seeger)의 경우처럼 한국에서 듣게 된 아리랑을 재즈와 포크 가요로 편곡해 미국에 알린 경우도 있다. 유엔군들이 아리랑을 '아 디동'이나 '오디동'으로 발음하는 것을 안 음반 제작자들은 아예 음반 레이블의 '아리랑'이라는 제목 밑에 '아디동(Ah Dee Dong)'이나 '오디동(O Dee Dong)'이라는 부제를 달아 출반하기도 했다.

일본 음반업계가 한국이나 일본에 주둔하던 UN군들이 복무를 마치고 귀국을 할 때 이들을 대상으로 만들어 판매한 기념품은 음반과 뮤직 박스 앨범, 스카프와 손수건 그리고 직물류 등으로 다양했다. 특히 축음기가 대중화된 미국에서 한국과 일본의 노래가 담긴 음반은 주둔지의 기억을 간직할 수 있는 더없이 좋은 선물이어서 인기가 높았다.

한국전쟁 당시 병참기지였던 일본은 경제적인 실리를 취하는 동시에 자국 문화를 알리기 위해 음악을 비롯한 여러 가지 노력을 기울였다. 한국전쟁에 참전한 유엔군들이 일본을 거쳐 귀국하게 되자 공항 주변이나 시내 숙소, 전용 클럽 등지에서 일본 노래를 수록한 음반 세트를 팔았다. 그 속에 일본 가수들이 부른 <아리랑>도 있었다.

음반 여러 장을 추려 한 세트로 만든 음반도 Recored for Korea Army Exchange, Japanese Records, Memories of Japan 등의 이름을 붙여 구매욕을 자극했으며, 이러한 음반들은 대부분 한국과 일본에 대한 기억과 추억을 테마로 해 세트로 꾸며졌다.

당시 <아리랑>이 실린 음반은 여러 종류였으나 그레이스 아메미야(Grace Amemiya·グレース 雨宮)와 스가와라 쓰즈코(菅原都々子)가 부른 음반이 대표적이라고 할 수 있다.

그레이스 아메미야는 1950년대 초반까지 요코하마의 주둔군 전용 클럽에서 레이몬드 핫토리가 조직한 '레이몬드 핫토리와 그랜드체리악단'과 함께 자주 <아리랑>을 불러 미군들 사이에 인기가 높았다. 일본어와 영어로 부른 이 노래는 자연스럽게 미국에 알려지게 되었고, 미국에서 『The Song of Arirang』(토교 C 3150-B)는 제목으로 제작되어 발매하기 시작했다. '도쿄 레코드(東京レコード)'라는 레이블은 1940년대와 1950년대 일본에서 발매한 콜롬비아, 폴리도르, 빅타의 음원을 활용해 미국에서 제작한 SP 음반이다.

스가와라 쓰즈코(菅原都々子)의 아리랑 음반은 일본에서의 높은 인기만큼 한국전쟁 당시 해외로도 널리 퍼져나갔다. 1951년 12月 데이치쿠(帝蓄)에서 발매한 스가와라 쓰즈코의 <아리랑>은 출반 당시부터 그의 명성만큼이나 일본에서 인기였고, 판매량도 대단했다. 그는 1941년에 이미 <아리랑월야(アリラン月夜)>를 호소하는 듯한 특유의 창법으로 불렀으며, 스스로도 자신이 부른 노래 가운데 <아리랑>을 가장 매력적인 노래 가운데 하나라고 했다. 이러한 배경에는 '비가(悲歌)의 여왕'이라고 불리는 자신만의 개성적인 비브라토(vibrato) 창법에 <아리랑>이 잘 어울렸기 때문이기도 하다.

스가와라 쓰즈코와 그레이스 아메미야의 아리랑을 비롯해 쓰무라 켄(津村謙)이 부른 <아리랑비가(アリラン悲歌)>, 산조 마치코(三條町子)가 부른 <아리랑고개(アリラン峠)> 등 1953년 이전에 나온 아리랑 SP음반은 <China Night>, <Ginza Kankan Musume>, <Tokyo Boogie Woogie> 등 1950년대 초반 일본에서 유행하던 노래가 실린 음반과 함께 폴더형 케이스나 상자형 케이스에 담겨 한국전쟁에 참전했던 유엔군의 귀국 기념품으로 인기가 높았다. 유엔군이 한국에 오기 전 일본에서 짧은 기간 동안 한국어를 배우거나 한국문화에 대해서 배울 때, 전쟁 중의 위문 공연이나 한국에서 배운 아리랑은 이미 귀에 익은 노래였기 때문에 <아리랑>이 수록된 음반은 잘 팔렸다. 한국전쟁 시기 아리랑은 일본에서 유엔군들을 통해 또 한 다시 서구로 공간 확산을 하게된 셈이다.

[표 2] 1945~1955 아리랑 수록 SP음반

	제목	노래	작사	작곡·편곡	레이블 음반번호	발매연월	비고
1	アリラン娘	御風まゆみ	長島 進	倉若晴生	데이치쿠 574	1948.9	
2	アリラン越えて	野崎整子	井田誠一	多忠修 編	빅타 V40351A	1950.3	
3	アリランの唄	南薫·南郁子	野村俊夫	レイモンド服部 編	콜롬비아 A741A	1950.4	
4	アリラン	菅原 都々子	大高ひさを	長津義司 編	데이치쿠 C3119	1950.12	
5	ARIRAN (アリランの唄)	淡谷のり子´長谷川 一郎	佐藤惣之助	古賀政男 編	이글 N138	1951	
6	SONG OF ARIRANG (ODI-DONG)	-	-	-	가와사키 KA-106	1951	
7	アリラン悲歌	津村謙	宮本旅人	上原げんと	킹 C631A	1951.1	
8	アリランの唄	グレース雨宮		レイモンド服部 編	콜롬비아 A1228B	1951.10	
9	アリラン・ビギン	クラーク・ジョンスト ン			빅타 A5006B	1951.10	
10	アリラン峠	三條町子	東條壽三郎	池久地政信	킹 C749B	1951.11	
11	アリラン月夜	櫻井稔	飛鳥井芳朗	大倉八郎 飯田景応編	다이헤이 H10196B	1952.1	
12	アリラン月夜	浜田元治とブルー・セ レナータス		大倉八郎	다이헤이 H10212A	1952.2	경음악
13	アリラン・ルンバ	服部富子	村雨まさを	服部良一	빅타 V40797A	1952.5	
14	アリラン哀歌	菅原 都々子	鳥田芳文	陸奥明	데이치쿠 C3430A	1953.2	
15	戀のアリラン乙女	双見眞沙子	鈴木政輝	細川潤一	킹 C900A	1953.3	
16	アリラン月夜	菅原 都々子	宮川哲夫	陸奥明	데이치쿠 C3462B	1953.5	
17	アリラン・マンボ	宮城まり子	井田誠一	宮城秀雄 編	빅타 V41303	1954.12	
18	アリラン子守唄	永田とよ子	榎本壽	レイモンド服部	콜롬비아 A2232B	1955.4	
19	アリラン越えて	一戸龍也	高明ことば	倉若晴生	데이치쿠 C4255	1950년대 중반	

1950년대 들어 음반시장에는 큰 변화의 바람이 불기 시작했다. 1949년 미국에서 EP(Extended Play)와 LP(Long Play)가 상용화된 이래 1950년대 중반 일본에서도 SP음반은 EP와 LP 음반으로 서서히 바뀌어갔다.

EP와 더불어 LP라는 새로운 기술은 음반 시장의 제작자와 소비자 모두에게 새로운 전환점이었다.

대중음악 제작자들은 이 신기술을 이용해 더 쉽고 다양한 형태로 음악을 상용화가기 위해 고심했다. 아리랑을 노래한 가수들도 한 장의 음반에 한 두곡 노래를 나열하던 시대에서 벗어나 자기만의 통일된 주제나 특징을 표현해야 하는 방식이 필요하게 되었다.

III. 1960년대 이후의 EP·LP 음반과 아리랑

한편 1950년대 중반부터 일본에서 아리랑을 담는 매체도 SP음반에서 EP와 LP로 바뀌기 시작했다. 1960년대 EP의 유통은 SP보다 편리하게 대중들에게 다가가게 해 대중음악이 보다 발전하고 진화하는 계기가 됐다. 더욱이 충격에 약해 보관하는데 어려움이 큰 SP음반보다 다루기가 편리하고 크기도 훨씬 작은 EP음반은 일본 대중의 선호도가 높았다.

표3에 제시한 '1960~1980 아리랑 수록 EP음반'은 정선아리랑연구소가 소장하고 있는 음반이다. 아직 확인하지 못한 음반까지 포함한다면 이보다 훨씬 많을 것으로 추정할 수 있다.

[표 3] 1960~1980년대 아리랑 수록 EP음반

	곡명	노래	작사	작곡·편곡	레이블 음반번호	발매연월	비고
1	アリラン	神樂坂ん子 ジョージ島袋	アルバアト・ハース レイモンド	レイモンド	콜롬비아 AA-17	1955.03	
2	アリラン	パテイ・キム (패티김)	服部レイモンド (작시)	服部レイモンド 編曲	콜롬비아 SA-643	1961.06	
3	アリラン	キムチ・シスターズ	井田誠一	吉屋潤 編曲	빅타 VS-558	1961.6	京城の夜
4	アリランの 唄	張世貞	島田馨也	吉屋潤 編曲	도시바 JP-1382	1962	
5	アリラン	佐賀直子	藤間哲郎	吉田矢健治 編曲	킹 EB-662	1962	
6	アリラン	ダーク・ダックス	菊村紀彦	若松正司 編曲	킹 EB-7106	1962	
7	アリランの 唄	柳うた子	野村俊夫	松尾健司 編曲	콜롬비아 SAS-72	1963.08	
8	アリラン波 止場	こまどり姉妹	西澤爽	安藤實親 作曲	콜롬비아 SAS-519	1965.07	
9	アリラン	アイ・ジョージ		中川昌 編曲	데이치쿠 SN-402	1966	
10	アリラン	金玉花		牧野昭一 編曲	하비스트 YA 15	1969	
11	アリラン	菅原 都々子	大高ひさを	ジョニー杉浦 編曲	데이치쿠 NEP-1001	1970.01	
12	アリラン	菅原 都々子	大高ひさを	長津義司 編曲	데이치쿠 NEP-1001	1970.02	Japanese Favorites
13	アリラン夜 曲	椿 まみ	司 卓也	柳ケ瀬太郎 編曲	로얄 RA-1127	1970.06	京の女
14	アリラン	菅原 都々子	大高ひさを	長津義司 編曲	데이치쿠 SN-1134	1972.12	
15	アリラン	菅原 都々子	大高ひさを	長津義司 編曲	데이치쿠 SN-1368	1974	데이치쿠 40년 기념반
16	ジョイフル アリラン	金相姫	河中熙	金康燮 作曲 ボブ佐久間 編曲	CBS・소니 06SH 50	1976	견본반
17	アリラン	西田佐知子	水木かおる	中島安敏 編曲	폴리도르 SDR-1075	1964	異國の女
18	アリラン	Le Grand Orchestre de Paul Mauriat		Paul Mauriat 編曲	필립스 SFL2230	1977	견본반
19	アリラン	パテイ・キム	服部レイモンド	服部レイモンド	콜롬비아	1978.11	1961년반

	곡명	노래	작사	작곡·편곡	레이블 음반번호	발매연월	비고
		패티김	(작시)	편곡	FK-152		재발매
20	アリランの うた	白龍	田貞一	田貞一 작곡 星勝 편곡	폴리도르 DKQ-1064	1979.09	
21	アリラン	Le Grand Orchestre de Paul Mauriat		Paul Mauriat 편곡	필립스 7PP-116	1979	

1960~1980년대 아리랑 EP음반은 일본 가수들과 한국가수, 재일 코리안 가수, 유럽 연주자들이 두루 참여할 만큼 다양했다.

일본 가수들이 부른 아리랑은 콜롬비아레코드나 데이치쿠레코드 등에서 EP 음반으로 발매되었다. 여기에는 스가와라 쓰즈코(菅原都々子)처럼 1930년대 이후부터 아리랑을 부른 가수도 있었지만 佐賀直子, 椿まみ, 西田佐知子 등이 있었다. 이들은 일본 작사가와 작곡가들이 작사하고 편곡한 아리랑을 부르거나 일본의 가장 대표적인 현악기인 샤미센(三味線) 등의 악기로 아리랑을 연주하기도 했다. 1945년 이전 아리랑의 확산을 본다면 1950년대 일본에서 아리랑이 지속적으로 확산된 사실은 그리 놀라운 일이 아니다.

1965년 한일 양국 간에 국교가 수립되기 전부터 일본 연예계에 한국 가수들의 진출이 시작되었다. 1960년 패티김은 한국 최초로 일본에 초청된 가수의 자격으로 일본의 공영방송인 NHK에 출연했고 이듬해 <아리랑>과 <도라지>를 콜롬비아레코드에서 EP음반으로 취입했다. 일본에서 한국가수로는 첫 EP음반 취입이었다. 이 음반에서 패티김이 부른 <아리랑>은 레이몬드 핫토리(服部レイモンド·服部逸郞)가 작사하고 편곡한 후 일본의 인간국보(人間國宝)인 요네카와 도시코(米川敏子)의 고토(琴) 반주에 맞춰 부른 것이다. 패티김이 화려하게 일본 무대에 데뷔해 성공을 거두자 곧이어 김치캣이 일본무대에 진출해 빅타레코드에서 <아리랑>과 <서울의 밤> EP음반을 출반했다. 곧이어 1962년 초 장세정이 도시바레코드에서 <아리랑> EP음반을 낸데 이어 3월 11일 도쿄에서 한일

친선예능제전(韓日親善藝能祭典)이 열렸다. 한국과 일본의 대표적인 가수들이 총동원되다시피 한 이날 제전에는 우리나라에서 박귀희(朴貴姬), 장세정(張世貞), 안복식(安福植), 문경자(文卿子), 이춘자(李春子), 강문자(姜文子), 패티김, 김치캣, 길옥윤(吉屋潤)등이 참가 했다. 일본 연예계에 한국 가요 붐이 일어난 행사였다.

한국 가수들의 일본 진출이 막 시작될 당시 재일코리안 사회는 민단에서나 조총련에서나 민족적인 정서에 대한 욕구가 강했다. <아리랑>과 <도라지>와 같은 노래는 이별과 슬픔을 비탄조로 노래해도 동포들의 가슴 속에 뜨겁게 녹아들었다.

1970년대 들어서면서 한국 가수의 일본 진출은 보다 활기를 띠기 시작했다. 1976년 가수 김상희가 <즐거운 아리랑>으로 동경가요제에 입상을 하고 CBS소니에서 음반을 취입하면서 일본에 우리 가요 진출의 기반을 조성했다.

일본에 영향을 준 아리랑을 이야기할 때 폴모리아(Paul Mauriat) 악단을 빼놓을 수는 없다. 폴모리아 악단은 세련된 연주로 일본 전후세대에게 아리랑을 친숙한 멜로디로 알렸다. 프랑스의 마르세이유 출신으로 경음악의 대명사 격인 폴 모리아(Paul Mauriat)가 아리랑을 연주하게 된 것은 한국 공연을 하면서 부터다. 1975년 12월 23일 아시아 공연을 하면서 한국을 찾았을 때 들은 아리랑의 아름다운 선율을 귀국 후 편곡해 1976년 프랑스 필립스사가 제작한 12인치 LP음반에 처음으로 소개했다. 아리랑이 동양을 넘어 세계인 모두가 쉽게 듣고 감동을 느끼는 매혹적인 음악으로 알려지는 계기가 되었다.

1977년에는 포노그램에서 폴모리아 특집 시리즈 음반으로 아리랑(アリラン) 7인치 EP음반을 발매했다. 일본어와 함께 한글 '아리랑'이 선명한 음반이다. 1977년에 이어 1979년에는 <아리랑>과 조용필의 <돌아와요 부산항에>를 경음악으로 연주한 EP음반이 다시 나왔다. 한국 노래가 일본

에서 발매된 데에는 한국과 일본에 많은 팬이 있었기 때문이기도 하다.

폴모리아악단의 매혹적인 선율로 연주한 <아리랑>은 일본에서 잘 통했다. 애달픈 느낌에서 친숙한 느낌의 이지 리스닝(Easy Listening) 무드음악이라는 평가가 나오기도 했다.

폴모리아는 매혹적인 연주로 아리랑을 전 세계 누구에게나 공감할 수 있는 음악이라는 사실을 알려주었다. 특히 전후세대의 일본인들에게 익숙한 음악으로 바꾸어 놓았다.

1979년 일본에서 국민배우 대접을 받는 재일코리안 하쿠류(白龍·田貞一)도 폴리도르 레코드에서 아버지의 기억을 담은 노래인 『아리랑의 노래(アリランのうた)』 EP음반을 취입했다. 재일코리안 가수가 뿌리에 대한 관심을 아리랑으로 드러낸 음반이었다.

1960년대부터 1980년대 초반까지 활발하게 유통된 EP(Extended Play) 음반은 1980년대 초반까지 LP음반과 치열한 표준 경쟁을 겪었다. 이에 따라 EP와 LP간의 '형식경쟁'도 치열해 졌으며, 레코드회전수 경쟁은 RCA빅타가 LP를 발매하고 SP, EP, LP를 겸용하는 플레이어가 개발되면서 LP가 자연스럽게 대세로 자리 잡게 되었다.

1970년대 EP와 LP의 대중화와 함께 남북한의 음악을 담은 LP도 나오기 시작했다. 당시 음반은 한국과 북한의 음반이나 음원을 일본 레코드사에서 복각하거나 음반으로 제작해 발매하는 식으로 이루어졌다. 여기에 실린 아리랑의 종류는 아리랑, 밀양아리랑, 강원도아리랑, 영천아리랑, 진도아리랑, 서도아리랑, 해주아리랑 등으로 매우 다양했으며, 이는 일본 사회는 물론 재일코리안 사회에 적지 않은 영향을 주었다.

1980년대는 한국가수들의 일본 진출 붐이 대대적으로 일어났다. 1982년 CBS 소니사와 음반 취입 계약 체결을 하며 일본 시장에 진출한 조용필의 <돌아와요 부산항에> 선풍에 힘입어 나미(羅美), 김수희(金秀姬) 등이 진출해 음반을 취입했으며 한국 가수들이 잇달아 음반을 내고 활발한 활동을 펼쳤다.

1980년대 이후부터는 한국민요와 유행가 등의 노래도 일본에 많이 소개되었다. 한국을 여행한 일본인들이 증가하고 가라오케가 보급되면서 조용필, 김연자 등이 부른 몇몇 한국가요가 일본 가라오케 프로그램의 고정 레퍼토리로 자리 잡게 되었다. 일본 어디를 가나 가라오케가 있는 곳에서는 <아리랑>을 비롯해 <사랑해>, <노란샤쓰를 입은 사나이>, <돌아와요 부산항에> 등의 대표적 한국가요를 쉽게 접할 수 있게 되었다. 이전까지는 재일코리안들도 모임이나 행사 등에서 반주에 맞추어 부르던 노래를 일본의 보통 술집에서도 한국어로 노래를 부를 수 있게 된 것이다.

1988년 서울올림픽 이후 자신이 재일코리안이라는 사실을 공개적으로 밝히고 자신의 음악작품을 통해 자신의 삶과 민족적 정체성을 표현하는 가수들이 나타나기 시작했다. 아라이 에이치(新井英一)처럼 통명으로 일본 이름으로 귀화했지만 민족적 뿌리를 노래하는 포크계열의 가수가 있는가 하면, 조박(趙博)과 같이 본명으로 오사카 이쿠노(生野) 지역의 삶을 노래하는 록 가수도 있다. 이들이 자신 만의 피나는 열정과 독특한 음색으로 한국과 일본을 넘나들며 노래하고 활동하는 시대가 되었다. 일본 가수들이 감상적인 정서로 노래하면서 주도하던 아리랑을 부모 세대의 힘겨운 삶과 자신들의 꿈을 담아 노래하는 시대가 온 것이다.

2000년대 들어서는 한국 드라마, 아이돌 가수들의 활동을 통해 한국의 노래가 어른에서부터 어린이에 이르기까지 급속히 확산되어 '한류'라는 이름으로 각광을 받고 있다. 이와 함께 일본의 가수들과 연주가들도 한국의 아리랑을 새로운 방식으로 실험 시도하고 있다.

지금도 아리랑은 대중들의 호응에 힘입어 지속적으로 불리고 새로운 유형의 노래가 탄생하고 있다. 일본인들의 정서에 맞게 창작해 일본 가수들이 부른 아리랑이 있는가 하면 우리나라 가수들이 현지에서 음반 취입을 통해 전한 아리랑도 있다. 한국과 북한에서 유행하는 아리랑이 LP 음반이나 카세트테이프, CD로 재발매 되어 확산되기도 했다. 1970년대 이후 부모의 고단했던 삶을 통해 자신의 정체성을 자각한 재일코리안 가수들도 시대적 미감에 맞게 재창조하고, 연주 형식도 새롭게 하는 방식으로 아리랑을 노래하고 있다.

제117회 발표, 2019년 3월 26일

후쿠시마 원전사고 이후 일본의
우경화와 시민사회의 변화

|

임병걸(KBS기자, 전 도쿄특파원)

Ⅰ. 아베 내각의 거침없는 우경화 행보

"아베 신조(安倍晋三) 일본 총리는 상상력이 없습니다.
사실 아베는 제2차 세계대전도 경험하지 못했습니다.
그는 그때 일본이 얼마만큼 무서운 범죄를 저질렀는지 상상도 못 하고
있습니다."

- 오에 겐자부로 / 2015.05.12. 연세대 강연

일본의 행동하는 양심, 노벨문학상 수상작가인 오에 겐자부로씨의 개탄에도 불구하고 지난 2012년 12월 집권한 아베총리의 거침없는 우경화 행보는 계속되고 있다.

지난해 7월 아베정권은 헌법 개정이 아닌 헌법해석 변경을 통해 집단적 자위권을 용인하는 각의 결정을 한데 이어, 올해 4월에는 미-일 방위 협력지침을 개정해 미-일 동맹의 활동범위를 사실상 전 세계로 확대하는 등 이른바 '전후체제의 탈피'를 위한 행보를 착착 진행하고 있다.

과거 일본의 내각제가 지녔던 고질적인 병폐는 잦은 총리 교체였다. 아베총리 취임 전까지 일본에서는 최근 6년 동안 무려 6명의 총리가 취임했다. 그러나 민주당의 몰락이라는 반사적 이익까지 챙긴 아베정권은

벌써 4년째 장기집권하면서 정치적으로는 전후 체제의 탈피와 보통국가
로의 행보, 경제적으로는 막대한 재정을 풀어 경기를 부양하는 이른바
'아베노믹스'를 내걸고 2020년 도쿄 올림픽까지 장기집권의 포석을 굳히
고 있다.

올해로 수교 50년을 맞는 한-일 양국관계는 이명박 정부 이후 악화일
로를 거듭해 양국관계는 최악의 사태를 맞고 있다.

지난 2012년 8월 이명박 전 대통령의 전격적인 독도방문 이후 양국은
4년째 정상회담조차 열지 못하고 있다.

좀처럼 해결의 실마리를 찾지 못하는 종군위안부 문제와 갈수록 노골
화되는 일본의교과서 왜곡, 근린국가를 전혀 배려하지 않고 개헌을 밀어
붙이는 아베 내각의 우경화 행보는 이명박 정부의 보수적 스탠스를 이어
받은 박근혜 정부의 경직된 대일본 정책과 맞물려 한 발짝도 앞으로 나
아가지 못하고 있다.

아베 총리의 이런 우경화 행보에 제동을 걸 수 있는 세력은 없을까?
내각책임제의 특성상 일본의 공무원 조직은 이미 아베 총리의 정책을 견
제할 수 없고, 지난 후쿠시마 대 재앙이라는 악재를 만나 좌초한 민주당
의 지리멸렬로 정치지형에서의 견제 역시 기대난망이다.

1996년 9월 하토야마 유키오, 간 나오토 등 진보적인 정치인의 주도로
창당된 민주당은 지난 2009년 중의원에서만 300석 이상을 차지하면서
집권에 성공했다. 그러나 민주당은 하토야마, 간 나오토, 노다 요시히코
세 총리가 대미외교와 후쿠시마 원전 관리 실패 등으로 줄줄이 낙마하면
서 집권 3년 만에 자민당에 다시 정권을 되돌려주고 말았다. 민주당은
이후 참의원과 중의원, 지방자치 단체 선거에서 줄줄이 참패하면서 최근
에는 정당 지지율이 7%까지 추락해 사실상 회복 불능상태에 빠져있다.
이런 추세로 간다면 내년 참의원 선거에서 자민당과 공명 연립여당이 개
헌 가능선인 3분2를 넘길 가능성마저 제기되고 있다.

그러나 최근 아베정권의 지지율을 견인했던 아베노믹스 경제정책이 한계를 드러내고, 무리한 개헌 드라이브에 피로감을 느낀 일본 국민들의 반감과, 양심적 지식인과 자민당 내부의 반발등이 증폭되면서 아베 총리의 행보에 다소 제동이 걸리기 시작했다.

이달 초 NHK 여론조사에서 아베 내각의 지지율은 48%로 추락했다. 또 요미우리 신문의 여론조사 결과로도 아베 내각의 지지율은 53%까지 하락했다. 집권 초기 80%가 넘는 압도적인 지지를 받은 것에 비하면 물론이고, 지난 6월 조사 때의 58%에 비해서도 떨어져 지지율은 하락세를 면치 못하고 있다. 요미우리 신문은 최근 집단 자위권 행사 용인 방침을 반영한 안보 법률 제·개정안에 대해 국회 심의에서 야당이 강하게 비판하는데다, 법안에 대한 국민의 우려가 반영된 것으로 보인다고 분석했다.

실제로 일본 국민들은 집단자위권 행사 등을 가능하게 하는 안보관련 법안을 이번 정기국회에 제·개정하는 구상에 관해서는 37%가 반대하고 18%만 찬성했다. 지난달 말 교도통신의 여론조사에서도 응답자의 81.4%가 일본의 집단적 자위권 행사를 가능하게 하기 위해 아베 정권이 추진하고 있는 안보 관련 법안에 대해서는 '아베 정권이 충분히 설명하지 않았다'고 불만을 나타냈으며, 응답자의 68%가 안보 관련 법안이 통과되면 일본 자위대가 전쟁에 휘말릴 위험이 '높아질 것'으로 우려했다.

한국과 중국 등 주변국에 대한 배려를 전혀 하지 않는 아베 내각의 오만한 역사 인식에 대해서도 일본 국민들은 동의하지 않고 있다. 교도통신의 같은 여론 조사에서 응답자의 54.5%는 전후 70주년 담화에 '식민지 지배와 침략'에 대한 '반성과 사과'를 담아야 한다고 응답했다. 이는 지난 4월 29~30일 실시한 조사 결과 50.4%에 비해 4.1%포인트 늘어난 것이다.

일본 국민들이 아베 내각을 지지하면서도 아베 내각의 우경화 행보에 대해서 선뜻 동의하지 않는 데는 어떤 요인들이 작용한 것일까?

필자는 2011년 3월11일 동일본 일대를 강타한 쓰나미와 후쿠시마 원전 사고라는 대재앙이 큰 영향을 미쳤다고 생각한다. 1945년 패전 이후 고도 경제성장기를 거치면서 활발했던 일본의 시민운동이 10년 장기불황을 맞으면서 거의 동력을 상실해가고 있었으나 후쿠시마 대재앙을 계기로 되살아나고 있다. 에너지 이슈는 물론 경제 사회, 정치 전반에 대해 시민의식의 각성이 일어나고 활발한 시민운동이 전개되면서 아베 내각의 독주에 강력한 대항세력으로 성장하고 있지 않나 하는 추론을 해본다.

생존을 위협하는 핵에너지의 설치와 사용 통제의 권한, 이른바 핵 결정권은 궁극적으로 주권자인 민주시민이 가져야 한다는 각성이 일어나고, 이런 각성은 핵 문제를 넘어 정치, 경제, 사회 전반의 중대한 문제에 대한 성찰로 이어질 수 있기 때문이다. 우리나라의 미국산 쇠고기 수입 갈등이나 세월호 참극에서 보듯 엄청난 충격을 주는 사회적 이슈가 발생하면 단순히 사건과 연관된 운동만이 활성화되는 것이 아니라 보다 근본적인 삶의 성찰, 제도와 이념에 대한 총체적인 성찰, 나아가서는 문명관과 세계관의 변화로까지 이어질 수 있다.

실제로 지난달 말 일본의 16개 역사학회와 역사교육단체는 위안부 문제 왜곡 중단을 촉구하는 성명을 발표했으며, 이달 8일에는 300명 가까운 지식인들이 아베총리의 '종전 70주년 담화'에 식민지배와 침략에 대한 사죄와 반성을 명확히 담아야 한다는 내용의 성명을 발표했다. 도쿄에서는 집단자위권 법제화 홍보를 위한 자민당 가두연설에 맞서 '카운터 시위'를 산발적으로 벌이기도 했다. 극우 역사 교과서 채택을 저지하기 위한 양심적 시민들의 저항운동 역시 꾸준히 전개되고 있다. 물론 이 같은 시민적 저항운동이 원전 사고 이전에 없었던 것은 아니지만, 원전사고 이후 보다 활기를 띠고 있지 않을까 한다.

II. 끝나지 않는 비극, 후쿠시마 대재앙

2011년 3월 11일 오후 2시 45분, 일본 도쿄에서 북동쪽으로 370km 떨어진 도호쿠 지방의 태평양 앞바다에서 규모 9.0의 대지진이 일어나면서 거대한 쓰나미가 도호쿠 지방을 강타했다. 사망자만 무려 18,862명, 여기에 2천6백명 가량이 실종되는 참극이 빚어졌다. (일본 정부 공식 발표) 이로 인해 진앙지로부터 인접한 해변에 있는 후쿠시마의 6개 원자력 발전소가 침수되고, 발전기가 수소폭발을 일으키면서 다량의 방사능 물질이 누출되기 시작했다 급기야 노심이 녹아내리면서 다량의 고농도 오염수가 바다로 흘러들기 시작했다. 일본 정부는 2011년 4월 12일에는 후쿠시마 제1원전의 사고 수준을 7등급으로 격상한다고 공식 발표했다. 이는 원자력 사고의 최고 위험단계로서 1986년 구 소련에서 발생한 체르노빌 원자력발전 사고와 같은 등급이다. 이 사고로 적어도 800명 이상이 숨지고, 원자력 발전소 반경 20km의 주민 약 23만명이 난민이 되었으며 이 가운데 3천명이 충격과 실의로 숨진 것으로 추정된다. 아직도 13만 5천명이 고향으로 돌아가지 못하고 기약 없는 난민 생활을 하고 있다. 이 사고로 인한 경제적 피해 추정액은 최소 5조 5045억 엔에서 최대치는 일본 정부 1년 예산의 절반에 육박하는 48조 엔에 이른다.

그러나 후쿠시마 재앙은 아직 진행형이다. 방사능 노출의 전형적인 질병인 갑상선 암 환자가 급증하고 있다 지난해 일본의 한 연구기관 조사 결과 후쿠시마지역 어린이 10만 명 당 28명꼴로 갑상선암에 걸린 것으로 밝혀지기도 했는데, 이는 30년 전 체르노빌 원전사고 직후 발병률과 비슷한 수치이다. 소아 갑상선암 환자는 매우 드문 것으로 100만명 당 한 명 정도가 평균인 것으로 알려져 있다.

또 아직도 방사능 오염수가 일본 바다로 흘러들고 있고, 현장을 방문하는 사람들의 잇따른 증언에 따르면, 사고지역에서 60km나 떨어진 후쿠시마 시의 공간 방사능 수치 역시 일본 평균의 세배 이상으로 측정되고 있고, 오염 현장에는 방사능에 오염된 토양이 여전히 길가에 방치돼 있다. 후쿠시마뿐이 아니다. 최근 후쿠시마 현 인근의 도치기 현 주민 7천여 명이 도쿄전력을 상대로 200억원 가량의 손해배상 소송을 제기했다. 주민들의 주장에 따르면 방사능 오염으로 인한 피해는 후쿠시마 현과 도치기 현북부 사이에 아무런 차이가 없다는 것이다. 후쿠시마 원전 사고란 말은 자칫 이번 사고의 피해가 후쿠시마 현의 일부분에만 국한된다는 착각을 줄 수 있다. 그러나 직접적인 방사능 오염으로 인한 신체적, 물리적 경제적 피해뿐만 아니라 정신적, 심리적 피해까지 감안한다면 후쿠시마 원전사고는 일본 원전사고로 정의해야 마땅하다. 실제로 올들어 요미우리 신문이 일본 전국민 3천명으로 대상으로 한 여론조사 결과 일본 국민의 80%가 원전사고로 인한 건강의 악영향을 우려하는 것으로 나타났다.

이 사고의 여파로 일본은 전국의 원자력 발전소 58기 가운데 두 기를 빼고 가동을 전면 중단했고, 최근에야 안전진단을 받은 일본 가고시마(鹿兒島)현의 센다이(川內)원전이 재가동을 위한 원자력규제위원회의 안전 심사 절차를 최종 통과했다.

아베 내각은 안전에 문제가 없는 만큼 재가동을 허용한다는 입장이지만 원전 재가동에 대한 각종 여론조사에서는 여전히 반대가 찬성보다 우세하다. 최근 요미우리 신문의 같은 여론조사에서 일본 시민의 80%가 원전 사용에 불안을 느끼고 있다고 응답했다.

후쿠시마 사고 현장의 복구도 기약이 없다. 일본 정부와 도쿄 전력이 최근 발표한 원전폐쇄 로드맵을 보면, 당초 2017년까지로 예정했던 후쿠시마 원전 폐쇄 계획은 2020년으로 연기됐다. 이유는 예상보다 작업 속도가 더딘 까닭이다. 오염수 역시 계속 흘러나고 있는데, 현재까지 수립한 계획은 오염수 증가의 원인으로 지목된 지하수 유입량을 오는 2016년까지 하루 100톤 미만까지 줄인다는 것이 고작이다. 엄청나게 쌓여있는 1-4호기 원자로 내부의 오염수 처리는 2020년까지 완료한다는 구상이지만 실현 가능성은 여전히 불투명하다. 돌아갈 기약이 없는 피난민들은 한달에 고작 10만엔씩 지급되는 도쿄전략의 위자료로 힘거운 삶을 이어가고 있다.

후쿠시마 원전 사고 당시 총리로서 이 사태를 수습하려고 안간힘을 썼으나 결국 2011년 8월 사임하고 만 간 나오토 전 총리는 지금은 '반원전 전도사'가 되어 세계를 돌고 있다. 올 초 한국을 방문했던 간 나오토 총리는 "원전은 싸지도 안전하지도 않으며, 국가를 궤멸시킬 수 있는 위험요소를 안고 있다."고 경고했다. 특히 후쿠시마는 사람이 많이 살지 않는 농촌지역이어서 수십만 정도가 대피하는데 그쳤지만, 부산과 울산 경주 등 인구밀집 대도시 주변에 원전이 집중돼 있는 한국의 경우 후쿠시마와 같은 사고가 일어난다면 한국은 상상을 초월하는 타격을 입을 것이라고 우려했다. 이런 맥락에서 최근 우리 정부가 노후한 고리 원자력 1호기 가동을 영구 중단, 해체하기로 한 것은 다행스런 일로, 후쿠시마 사고가 원자력 의존도가 높은 한국 경제에 주는 가장 소중한 반면교사의 교훈이 아니었을까 한다.

III. 분노한 시민, 되살아가는 시민운동

"올해는 한-일 국교 정상화를 이룬 지 50년이 되는 해지만 한-일 간에 깊은 골이 생겼고, 북-일 간엔 아직 국교교차 없다.
시민의 힘으로 정부를 움직여 과거 청산과 미래를 향한 희망으로 연대하자"

- 한-일 관계 재설정 캠페인 2015 공동선언 중에서 -

　지난 6월 20일 한일 양국 시민단체 회원 300여명이 도쿄에 모였다. "한-일 관계 재설정 캠페인 2015"라는 모임에서 참석자들은 아베 총리에 대해 역사를 왜곡하지 말라고 경고하고 헌법 9조를 지키자는 결의를 다지면서 거리 행진을 했다. 이에 앞서 지난 8일 도쿄 국회의사당 앞에서는 일본에서 좀처럼 보기 힘든 대규모 시위가 벌어졌다. '수도권 반 원전 연합' 등 3개 단체가 주도한 이번 원전 반대 시위에는 무려 2만 명이 넘는 시민들이 참가했다. 이들은 아베 정부가 아직도 원전사고의 진실과 현재의 오염상황을 은폐하고 있다고 주장하고, 섣부른 원전재가동에 반대한다는 목소리를 분명히 했다. 올림픽을 개최할 것이 아니라 그 돈으로 피난민들의 생계와 복지를 확충하라고 요구했다.

　일본의 시민운동이 다시 활발해지고 있는 징후가 여기저기서 감지되고 있다. 정치적으로는 아베 정권의 위험한 우경화 질주에 대한 우려가 담겨 있고, 경제적으로는 주로 원전 재가동이 야기할 일본의 생존위협에 대한 분노가 담겨 있다. 특히 지난 2011년 후쿠시마 원전 사태를 계기로 여러 학문적인 조사에 따르면, 시민운동단체가 양적으로도 늘고 있고, 질적으로도 확충되고 있는 것으로 보인다.

1. 일본 시민운동의 변화

　한국은 일본의 시민사회 운동에 대해서 적지않은 편견을 가지고 있을지 모른다. 한국에 비해 일본의 시민운동은 사회변혁이나 정치변혁에 별다른 영향을 미치지 못하고, 기껏해야 작은 지역에서 지엽적, 개별적인 운동에 그치고 있다는 인색한 평가를 하고 있다. 그러나 일본의 시민운동은 개개인의 성실성과 양심, 노력과 헌신들이 모여 서양 사회의 법률과 계약에 기초한 공공사회와는 또 다른 차원의 튼튼한 공동체를 이루는 데 큰 기여를 해왔으며, 지역사회의 건강한 공동체, 활력 있는 공동체를 만드는 원동력이었다고 우리나라의 대표적인 시민운동가였던 박원순 서울 시장은 평가한다.

19세기 후반 메이지 유신 이전은 물론 메이지 유신 이후 군국주의 패망까지 일본의 개혁은 동아시아 후진국들의 발전방식이 그렇듯 서양의 문물, 가치관을 이식하는 위로부터의 개혁이었던 만큼 아래로부터 시민사회가 배태되고 성장할 여지가 없었다.

종전후 일본 사회에서 일어난 시민운동을 분류하는 방식은 학문적으로 다양하지만 대체로 1950년대는 노동조합을 중심으로 한 노동운동, 1960년대는 대학생을 중심으로 한 급진 좌파 운동, 1970년에는 생활밀착형 테마를 중심으로 한 주민 운동, 1980년대 이후에도 생활형 테마를 중심으로 대안을 제시하는 소극적 시민운동이 주류를 이뤄왔다. 그러나 1990년대 이후 일본 사회의 급격한 고령화 등으로 시민운동은 활기를 잃어가고 있는 것으로 평가된다.

큰 흐름으로 본다면 종전이후 60년대 까지는 천황제폐지를 포함해 민주화를 이루기 위한 급진적, 이념적 대항운동이 격렬했다. 특히 50년대 후반부터 70년대 초까지는 학생과 노동자 농민 계급 등이 연대하여 안보투쟁으로 대표되는 반미, 반제 운동, 반 베트남 전쟁운동으로 대표되는 평화운동, 학원 투쟁 등 시민운동이 체제 변화를 포괄하는 사회운동의 성격을 띠었다. 그러나 일본이 60년대 이후 고도경제성장기를 구가하면서 시민운동은 저항적 성격의 사회운동에서 점차 공해반대 운동, 소비자 운동, 물가상승 반대 운동, 교육 운동, 노인복지와 장애자 복지, 공항과 철도 고속도로 건설 등에서 파생하는 교통문제 등 구체적인 생활 영역에서 피부로 느끼는 문제들을 중심으로 구체적인 대안을 모색하려는 생활밀착형 시민운동 혹은 시민활동으로 변모했다. 80년대 이후 이런 시민운동의 흐름은 지속되는 가운데, 환경운동이나 여성권익 운동, 지역사회 활성화 운동, 생협운동 등 보다 높은 수준의 삶의 질과 가치를 추구하는 시민운동이 이어졌다.

일본 정부 역시 시민운동을 배타적, 부정적으로 보던 관점에서 탈피, 1998년 NPO(None Profit Organization)법 개정을 계기로 적극적으로 시민들의 요구를 수용하기 시작했다. 특히 1990년 이후 경제 사회 전반에 구조개혁을 단행하면서 행정기관이 포괄할 수 없는 사업 분야를 시민활동 단체와 협동을 통해 해결해 나가려는 움직임이 강화되었다. 이에 따라 시민운동은 직접적인 시위에서 조례 제정, 의회 심의, 선거 등 기존 제도를 활용한 활동으로 확장되었고, 자연스럽게 관련분야의 전문가들이 시민활동의 주역으로 부상했다.

그러나 시민들의 시민활동 지표라 할 수 있는 마을자치회 가입률 하락은 일본 시민사회의 퇴행을 반영하고 있다. 일본은 한국에 비해 지역 주민들이 지역공동체를 기반으로 다양한 활동을 펴는 전통이 매우 강한데, 자치회의 가입율이 지난 1986년 70%까지 증가했으나, 1996년에는 20%까지 급감했고, 2007년 현재 40% 수준에 머무르고 있다. 일본에서도 '지역의 개인화'가 진행되면서 지역 사회 자체의 응집력이 떨어지고 있다는 증거로 보인다. 이는 일본사회에서 매우 강했던 시민간의 신뢰도가 낮아지는 것을 반영하는 것이기도 하며, 1990년 이후 일본의 시민운동 역시 운동의 기반이 되는 시민간의 연대의식과 연대의식의 기반이 되는 지역사회가 힘을 잃고 있다는 것으로 해석된다.

2. 일본의 탈 원전 운동의 변화

일본에서의 탈 원전 운동의 변천을 살펴보면, 종전 이후 탈원전 운동은 평화운동, 원폭금지 운동, 핵무기 사용 반대 등 정치, 군사적 테마를 중심으로 전개되었으나 1973년 오일 쇼크를 계기로 원전 건설이 급증하자 원전 건설 예정지의 농민과 어민 중심으로 입지 반대 운동 양상으로 전개되었다. 이후 80년대 말 체르노빌 원전사고를 계기로 원전의 안전성과 방사능 오염문제, 안전한 먹거리 운동 등으로 그 성격이 바뀌었으나 80년대 이후 일본 사회의 원자력 에너지 의존도가 30%를 넘어서면서 그 운동의 강도는 점차 약화되었다.

3. 다시 활력을 찾는 일본 시민운동

서울대 사회발전 연구소 김지영 연구원의 논문에 따르면, 이같이 약화되던 일본 시민운동 영역에서 후쿠시마 원전 사고 이후 두 가지 양상이 나타나고 있다.

첫째는 새로운 시민단체의 결성이 늘어나고 있는 것이고,

둘째는 원전, 에너지, 식품 안전성, 지역 환경, 아동 교육 등 서로 다른 영역과 과제를 지닌 시민단체들이 연계되면서 시민운동의 새로운 흐름이 만들어지고 있다는 것이다.

김 연구원이 2011년 3월부터 2012년 3월까지 일본의 아사히 신문과 마이니치 신문의 검색어를 대상으로 추적한 779개 시민단체 등 총 904개 시민단체를 분석한 결과, 이 가운데 22.4%인 180여개가 후쿠시마 사태 이후 새롭게 결성된 단체였다. 특히 이 신생 시민단체의 대다수는 인터넷 등 SNS를 이용하는 현상이 두드러져, 원전 사고 이전의 단체들이 일상생활에서 만나는 사람들과 대면적 접촉을 통해 단체를 결성한 것과 다른 양상을 보였다. 즉 새로운 시민단체들은 일본사회 전반에 대한 의구심과 방사능 문제에 대한 불안을 인터넷 게시판이나 블로그, SNS 등에 올리고 다른 사람들의 글을 읽으면서 생각을 공유하는 경로를 만들었다고 김연구원은 분석했다.

바로 이 지점이 일본사회의 변화를 점칠 수 있는 대목이 아닐까 한다. 처음에는 후쿠시마 재앙으로 원전의 위험성에 대한 각성으로 시작한 시

민운동이 점차, 관료와 정치가 원전건설업자와 도쿄 전력 등 강고한 원전 카르텔 (우리나라에서는 이른바 '원전 마피아'라고 칭하고 있으나 일본에서는 '원전 마을' 이라고 한다)에 대한 비판과 해체 운동으로 이어질 가능성이 있고, 이는 다시 아베총리의 원전재가동 정책에 대한 강력한 저항운동으로 이어질 수 있다. 또 자민당 정권의 우경화 행보 전반과도 원전정책이 맞닿아 있음을 각성하는 순간, 시민운동은 일정 부분 실용적 대안제시형에서 보다 근본적인 정치운동, 사회운동으로 변모할 수 있지 않을까 한다.

아베 정권의 정치적, 경제적 지향이 메이지 유신 이후 줄곧 일본이 추구해온 이른바'부국강병'의 틀을 벗어나지 않고, 이를 위해 정치 군사적으로는 강한 군대, 강력한 위로부터의 정치적 리더쉽을 요구하고, 경제적으로는 성장 제일주의 전략을 추구하는 것이고, 결국 원전건설과 안전 신화 역시 이런 맥락에서 도출된 에너지 전략이기 때문이다.

김지영 연구원은 후쿠시마 원전사고 이후 결성된 단체들이 지역에서 발생한 방사능 오염문제와 방사능 폐기물 문제를 계기로 일본의 사회, 정치. 기업통치에 대한 강한 반감을 갖게 되었다고 분석한다. 김연구원은 후쿠시마 원전사고가 1990년대 이후 일본사회의 인구구조적 변화, 그리고 사회적 연대의 기반이 약화되면서 활력을 잃은 시민사회가 다시 한 번 활력을 되찾게 하는 계기가 되었다고 분석했다. 그러나 아베 정권의 원전 재가동 의지가 매우 강력해 과연 다시 활기를 띠기 시작한 시민운동이 향후 어떤 양상으로 전개되고, 아베정부의 원전 정책에 어떤 영향을 줄 것인지는 좀 더 지켜볼 필요가 있다고 말한다.

실제로 후쿠시마 원전 사고이후 나타나는 아베 총리의 장기 집권과 거침없는 우경화 행보를 들어 시민운동의 효과나 영향력이 미미하거나, 혹은 더욱 약화되면서 파시즘적 징후가 나타날 것이라는 비관적인 예측도 있다.

　재일 지식인 서경식 교수는 "후쿠시마 이후의 삶" 이라는 책에서 3.11 이후 일본 사회 여기저기서 이윤추구나 대량소비를 선으로 여기는 문명의 존재 방식을 근본적으로 재고하지 않으면 안된다는 목소리가 나왔다고 진단했다. 이에 따라 원자력 마피아로 대표되는 정치, 관료, 재계, 학계 그리고 미디어까지 사회 도처에 퍼져 있는 유착, 상호 무책임을 용인하는 구조, 이른바 '일본형 시스템'과 결별해야 하는 구체적 과제가 주어졌으나, 이렇다 할 진척이 없다고 개탄했다. 3.11 비극으로 부터 수년이 흘렀으나 지금 원전 사고의 수습도 지지부진하고, 누구 하나 책임을 지는 사람도 없으며 여전히 경제지향주의 '미래지향'의 장밋빛 선동만이 농후하다고 비판한다. 그의 예측대로 일본정부는 오히려 원전재가동의 불을 당겼고, 3.11 사태 이후 일본 정계에서는 우리가 목도하는 대로 오히려 중의원, 참의원, 지방선거 등에서 자민당 정권이 압승하면서 평화와 민주주의보다는 전후 체제의 탈피를 외치는 극우화가 기승을 부리고 있다. 그는 일본 사회에서 3.11 사태를 계기로 파시즘 세력이 대두할 위험을 여전히 경고하고 있다.

　일본의 양심적 지식인인 다카하시 데쓰야 씨도 일본의 정치가, 관료, 전력회사를 중심으로 한 경제계가 똘똘 뭉친 철의 트라이앵글은 지금까지 일본의 원전정책을 주도해 왔고, 후쿠시마 사태에도 불구하고 앞으로도 계속 주도할 것이라고 전망하기도 한다. 그는 특히 원자력 분야가 매우 전문적이라는 점을 악용, 학자나 전문가들이 침묵 내지 적극적 동조의 카르텔에 가담하고 있으며, 주류 언론 역시 전력회사로부터 막대한 광고비를 챙기면서 반핵이나 탈핵 움직임은 보도하지 않는 반면, 원자력 에너지가 안전하고 경제적이라고 선전하면서 원전 마피아의 구성원이 되었다고 주장한다.

Ⅳ. 깨어있는 시민들의 저항운동은
아베 독주를 막는 강력한 대항세력

"원자력발전소는 '기계'입니다. 기계는 어김없이 고장이 납니다. 운전하는 것은 '인간'입니다. 인간은 반드시 실수를 합니다. 따라서 "사고는 반드시 일어난다"고 항상 상정해야 합니다....

후쿠시마 사고는 모든 전원이 상실되었기 때문에 일어났는데, 전문가들은 발전소의 '전 시설 정전(블랙아웃)'이 가장 위험하다는 사실을 오랜 기간 거듭한 연구를 통해 알고 있었습니다. 그렇다면 왜 사고를 막을 수 없었을까요? "발전소 전 시설 정전은 절대로 일어나지 않는다"고 하면서, 그러한 사고는 상정할 수 없다고 낙인을 찍어버렸기 때문입니다.

... 기계 사고의 경우는 이미 일어나버린 것과 유사한 사고에 대한 대책은 세울 수 있어도, 앞으로 일어날 수 있는 '미지의 사고'에 대해서는 대책을 세울 수가 없습니다."

- 고이데 히로아키, 〈원자력의 거짓말〉 147, 148쪽

지금도 끝나지 않은 대재앙 후쿠시마 원전 유출 사고는 잠잠하던 일본 시민사회에 '탈 원전운동'을 촉발하는 계기가 되었다. 관리의 일본, 매뉴얼의 일본, 안전신화와 판타지에 도취돼 있던 시민들이 더 이상 원자력이 안전한 에너지가 아니라는 사실을 알게 되고, 원자력 발전소의 건설과 운용에 개입하고 있는 일본의 원전마피아, 즉 일본 관료와 기업의 음험한 공생 구조를 들여다보게 된 일본 국민들은 일본 정치 전반에 대한 비판적 성찰을 하기 시작했다. 얼핏 보기에 전혀 상관관계가 없을 것 같던 정치와 경제, 사회와 일상생활이 사실은 매우 불가분의 관계로 얽혀져 있다는 것을 알게 되었고, 집단자위권의 확보, 교과서 개정을 통한 역사 왜곡, 종군위안부 문제 등이 모두 표리 관계이거나 적어도 상호 연관성이 매우 높다는 것을 알게 된 것이다.

　실제로 올 4월 문부성의 검정을 통과한 이쿠호샤(育鵬社) 중학교 공민 교과서에는 아베 총리 사진이 무려 15장이나 실려 있다. 또 평화주의에 대한 언급보다는 자위대에 대한 설명과 아베 총리의 개헌논리를 정당화 하는 논리가 대거 실려 있다. 이에 위기감을 느낀 '어린이와 교과서 전국 네트21' 등 시민단체들은 교과서가 아니라 정권 홍보지, 선전팸플릿이라 고 비판하면서 과거의 전쟁을 미화하는 교과서에 대해 강력한 반대운동 을 펼치고 있다. 이 단체의 다와라 요시후미 사무국장은 2011년에는 43 개 단체가 극우교과서 채택에 반대하는 행동을 함께 했는데 올들어서는 90개 단체로 두배 이상 늘었다고 밝혔다. 후쿠시마 원전 사고를 경험한 이후의 변화가 아닐까? 따라서 필자는 원전 재앙을 계기로 다시 양적 질 적으로 성장하고 있는 일본의 건강한 시민운동이 아베 내각의 우경화 독 주를 막을 수 있을 것으로 생각한다. 일본의 우경화 행보를 막기 위해서 는 정치권과 학계 언론계 등 파워 엘리트 계층의 각성 못지않게 시민단 체간의 연대와 교류 그리고 행동을 통한 견제 역시 매우 중요하다고 생 각한다.

　지난 1995년 무라야마 총리는 담화를 통해 통렬한 과거 반성을 한 바 있다.

　"일본은 국가정책을 그르쳐 식민지배와 침략으로 아시아 여러 나라에 다대한 손해와 고통을 줬다. 이와 같은 역사의 사실을 겸허하게 받아들 이고 여기서 다시한번 통절한 반성의 뜻을 표하며 진심으로 사죄의 마음 을 표명한다."

　이 같은 진정성 있는 반성에 이어 1998년 10월 김대중 대통령과 오부 치 게이조 총리가 '한-일 파트너십 공동 선언'을 발표하면서 양국 관계는 해묵은 과거사 문제를 정리하고 미래지향적, 선린우호적 관계로 전환하 기 시작, 그야말로 정치,경제,사회,문화 각 방면에서 봇물 터지듯 교류가 이어졌다.

필자는 당시 도쿄 특파원으로 주재하고 있었는데 양국의 이런 긍정적인 관계변화의 현장을 취재하느라 무척 바쁘게 뛰어다녔던 기억이 있다. 몸은 고달팠지만 불행했던 과거사를 딛고 두 나라가 글자 그대로 일의대수(一衣帶水)의 관계, 순망치한(脣亡齒寒)의 관계로 나아가는 현장을 전달하는 일은 뿌듯한 일이었다.

오는 8월15일 우리나라로서는 빼앗긴 나라를 찾은 광복 70년, 일본으로서는 광기의 군국주의가 종지부를 찍은 패전 70년을 맞는다. 이번 아베총리의 종전 70년 담화에서는 과연 어떤 내용이 담길지 주목된다. 이번에야말로 아베 내각이 겸허한 자세로 역사를 되돌아보고, 주변국을 배려하는 심모원려(深謀遠慮)의 자세로 통절한 반성과 사죄가 담긴 담화를 해주기 바란다.

다행히 국교 수립 후 최악이라는 양국관계가 갈등과 파열을 딛고 화해와 협력으로 나아가려는 조짐이 나타나고 있다. 지난 6월22일, 한-일 국교 정상화 50주년 기념 리셉션이 서울과 도쿄에서 각각 열렸는데, 박근혜 대통령과 아베 신조 총리가 교차 참석해 과거의 짐을 내려놓고 앞으로 50년의 미래를 내다보면서 양국간 협력을 강화해가자는 긍정적인 메시지를 전달했다. 특히 아베 총리는 "지난 50년간의 우호 발전의 역사를 돌이켜 보고 앞으로 50년을 내다보면서 함께 손을 잡고 새로운 시대를 열어가자"고 강조해, 올해 안에 양국 정상회담의 가능성을 한층 높였다.

과거사를 무시한 채 앞으로 달려가려는 지도자나, 과거사에 매몰돼 한 발짝도 앞으로 나아가지 못하는 지도자 모두 과거와 현재 미래에 대한 균형 잡힌 성찰과 결단이 필요하다.

"기억, 반성 그리고 우호"

일본 군마현 다카사키 시에 있는 '군마의 숲' 공원에 세워진 추도비의 글귀이다.

지난 2004년 세워진 이 묘비는 일제 강점기 강제로 징용돼 희생된 조선인 희생자의 넋을 기리는 추도비이다.

일본이 진정 한국과 중국 등 주변국과의 화해와 교류 그리고 우호적 관계의 회복을 원한다면 이 추도비 글귀의 의미를 깊이 헤아려야 하지 않을까?

끝으로 필자가 2011년 3월 후쿠시마를 덮친 쓰나미 사태를 가슴 아파하면서 썼던 졸시로 희생된 분들의 명복을 빌며, 일본사회에 다시는 이런 끔찍한 비극이 일어나지 않기를 간절히 빌어본다.

쓰나미

2011.03.15. 임병걸

센다이 해변
한 줌 햇살에
부활의 꿈 부풀어 오르던
벗나무

시베리아 채찍 바람에
뒤틀린 몸통
꼿꼿이 세우고
온 신경 꽃망울에 모아
우주 열어젖힐 날만 기다렸는데
하늘까지 뒤덮은 바다
개화의 환희도
낙화의 장엄도 삼켜버렸네

시린 바다에도

그물을 던졌던 어부들
잣눈 뒤덮은 밭에도
푸른 마늘 키웠던 농부들
분홍색 벚꽃으로 내려오는 새 봄
두 팔 벌려 안아보려 했는데

천지는 인자하지 않다지만
하늘 우러러 다소곳했던 사람들
매몰차게 차디찬 대지에 묻는가
대지에 허리 숙여 땀방울 흘리던 사람들
사정없이 검은 바닷물에 팽개치는가

자연은 질서라면서
하늘의 비행기와 바다의 배와
뭍의 자동차를 한데 뒤섞어 놓고
노부부의 푸른 텃밭과
아기의 하얀 침대에
탐욕스런 검은 흙 덧칠하는가
순식간에
바다가 삼킨 지아비를 그리며
목메는 노파의 눈물 보았는가
군인의 품에 안겨
울먹이는 아이 꿈 속
차마 눈 못감고 나타난
부모의 절규 들었는가

올해는 차라리
봄이 오지 말아야 한다.
봄이 와도
꽃들은 피지 말아야 한다.
꽃이 피어나도
벌과 나비 날아들지 말아야 한다.

이 봄은
오직 하늘도 대지도
살아남은 사람들도 숨 멈추고
너무 눈부신 태양
검은 커튼으로 가리고
웃음도 울음도 멈추고
그저 무릎 꿇고
가신 이들의 명복을 빌 일이다.

마음에 촛불 하나씩 켜서
현해탄 너머
죽음보다 깊은 절망,
칠흑보다 짙은 어둠과 맞서는
그들 머리 위 환하게 비춰줄 일이다.

津波

林 炳杰

仙台の海辺
一握りの日差しに
復活への夢　膨れ上がらせていた
櫻

シベリアからの鞭打つ風に
くねくね曲がった胴体を
きりりと立て
全神経をつぼみに集中させ
宇宙を開け放す日のみを待っていたが、
天まで覆っている海
開花の喜びも

落下の莊嚴さも飲み込まれてしまった

しびれるほど冷たい海にも
網を投げていた漁夫
ぼたん雪に覆われている畑にも
青いニンニクを栽培していた百姓
ピンク色の櫻として降ってくる新春を
両手をひろげて抱え込もうとしていたのに

天地は慈愛に満ちていないと言われるが、
天を仰ぎ 素直だった人々を
邪險に冷たい大地に葬るのか
腰を屈め 大地に玉の汗を流していた人々を
容赦なく黒い海中へ放り込むのか

自然は秩序であると言いつつ
空中の飛行機と海上の船と
陸上の車をごちゃ混ぜにし
老夫婦の青い菜園と
幼兒の白いベッドに
貪欲な黒い土を塗り潰すのか
瞬く間に
海に飲み込まれた夫を偲び
咽び泣く老婆の涙を見たのか
軍人の胸に抱かれて
ベソをかいている幼子の夢の中に
どうしても目を閉じることができず現れた
両親の絶叫を聞いたのか

今年はむしろ
春は訪れてほしくない。

春は訪れても
花は咲いてほしくない。
花は咲いても
蜂や蝶々は飛び回ってほしくない。

この春は
ただ天も大地も
生き残った人々も息を止め
まぶし過ぎる太陽を
黒いカーテンで遮り
笑いや泣き出すのも止め
ひたすらひざまずいて
逝った人々の冥福を祈ってほしい。

心の中に一つずつ蠟燭の火をつけ
玄海灘の向うに
死よりも深い絶望、
漆黒より深い暗闇に立ち向かっている
彼らの頭上を明るく照らしてほしい。

제103회 발표, 2015년 6월 24일

제3부:
상호인식과 교류

3

젠더의 시점에서 본 혐한주의와 그 역사적 배경

|

宋連玉(靑山學院大學 명예교수)

Ⅰ. 들어가며

한국에서도 널리 알렸듯이 2010년을 전후해서 일본의 대도시에서 한국을 폄하는 시위가 벌어져서 한국은 물론이며 일본에서도 많은 사람들이 우려하는 바가 되어왔다.

본고는 이런 사회현상의 원인을 어디서 찾아야 하는 것인지 또 이런 문제를 어떻게 풀어야 하는지를 살펴보고자 한다.

Ⅱ. 헤이트 스피치(증오 발언)가 일어난 사회적인 배경

2000년 6월에 남북 정상회담이 열렸을 때에 새 밀레니엄인 만큼 새 시대의 시작을 기대한 사람들은 적지 않았을 것이다. 그러나 10년쯤 지난 즈음에 일본에선 식민지 시기 못지 않게 한국을 대놓고 비하하고 공격하는 시위들이 세상을 떠들썩하게 했다. 소위 헤이트 스피치(이하, HS), 즉 증오 발언으로 불리는 혐한주의의 등장이다.

이런 현상이 나타난 배경을 시계열로 보면 다음과 같다.

시기	사건
2002.5	FIFA월드컵 한국과 일본과의 공동개최
2002.9	日朝首腦會談, 김정일 국방위원장이 일본인 납치를 인정·사과
2006	在日特權を許さない市民の會 (在特會) 會長은 櫻井誠 (사쿠라이 마코토)
2009	在特會, 京都朝鮮初級學校襲擊
2011	후지 TV앞에서 한국드라마 방송을 항의하는 데모
2012	이명박대통령, 독도 상륙/신쥬쿠 근처 新大久保에서 HS격화
2013	HS에 대항하는 시민들이 활약 12월에 2013년 유행어 대상에 HS가 뽑힘

　　한국과 직접적인 관계는 없으나 일본에선 1998년부터 2011년까지 자살자가 계속해서 3만명을 넘었고 또 2011년에 일어난 東日本大震災와 福島原發事故는 일본 사회의 불안감을 한층 더 증대시킨 원인이 되었다.

　　혐한주의라는 사회현상은 이렇듯 2000년 이후에 일어난 현상이지만 더 길게 보면 1990년대의 냉전체제 붕괴와도 관련이 있다.

　　한국과 일본이 1965년에 한일기본조약을 맺은 시기부터 양국의 정치적인 관계를 65년체제라고 부를 수 있다. 이 체제하에서는 미국을 정점으로 縱적인 계열화에 기반한 한미일의 유사삼각동맹체제가 성립되고 이 체제를 유지하기 위해서 역사문제와 영토문제는 억제되고 개발주의를 공유하게 되었다. 삼국의 공통인식은 한국을 유일한 합법 정부로 인정하며 과거사를 억제하더라도 안보와 경제를 살리자는 것이었다.

　　그런데 1990년대에 들어와서 냉전체제가 해체되고 한국도 정치적인 민주화와 동시에 소련, 중국과 수교를 하게 됨으로써 오래 한국 사회에 영향을 미쳐오던 반공법은 그정당성을 잃게 된다.

　　1990년대의 세계정세의 변화는 러시아, 중국, 북한을 포위하던 기존의 한미일 유사동맹체제에 변화를 가져오게 되었다. 이 변화는 기존의 안보체제의 중점을 한국에서 일본에 전환하게 했다[1].

1 권혁태, 「객관성과 보편성을 중심으로」『현대문학의 연구』55집, 2015년 2월 참조.

그리고 65년 체제의 동요는 역사문제의 분출을 가져오게 한다. 1993년의 河野談話, 1995년의 村山談話는 일본 정부가 이런 큰 변화에 대한 대응책이었으나 여기에 불만을 가진 일본 국민이 잠재적으로 많이 존재한 것이다. 일본에서의 학교 교육 현장에선 식민지 지배에 대해서 거의 못 가르치고 있다는 것도 그 원인으로 들 수 있다. 그래서 "집요하게 과거를 문책"하는 한국에 대해서 계속해서 사과를 해야하는 일본을 오히려 피해자로 보는 시각도 생기게 되었다.

III. 헤이트 크라임(증오 범죄)과 그에 대항하는 일본 시민들

HS중에 세상을 가장 놀라게 한 것은 2013년 2월에 여자 중학생이 쓰루하시(鶴橋)에서 한 것이다. 여자 중학생이란 점, 그 발언 내용, 장소, 모두가 세상을 놀라게 하는데 효과적이었던 것이다.

<자료 1>

<자료 1>에서 보이듯이 짧은 치마, 하이삭스, 등에 멘 배낭의 옷차림

은 여느 중학생과 다름이 없는 아주 평범한 인상을 준다. 그런 중학생이 서있는 장소는 가장 오래된 한인 타운이며 요즘은 한류를 찾는 관광객들로 붐비는 곳이기도 하다.

그런 상징적인 장소에서 "조선놈들아! 일본에서 나가지 않으면 남경대학살과 같은 쓰루하시 대학살을 실행해버린다" 고하니 그것은 뉴욕의 흑인들이 모여 사는 동네에 가서 검둥이들아 아프리카에 돌아가지 않으면 대학살한다는 발언과 같은 격인데 그 언어도단인 장면은 동영상으로 세계에 퍼지게 된 것이었다.

그 5년 후의 2018년 2월에 桂田智司(横浜市在住, 56세) 란 우익 활동가가 북한의 핵과 미사일 개발을 비판하여 도쿄에 있는 조총련(재일 조선인 총연합회) 중앙본부를 총격했는데 이 범인이야말로 쓰루하시에서 도발적인 HS로 세상을 경악시킨 중학생의 아버지이며 재특회의 사쿠라이 회장하고도 긴밀한 관계를 맺어온 인물이다.[2] 주소가 요코하마시 라는 것으로 보면 딸인 여자중학생은 HS하기 위해서 멀리 오사카까지 갔다는 것이다.

그러면 이런 혐한주의에 대한 일본정부는 어떤 대응을 하고 있을까?

2017년 10월, UN 인권 이사회는 일본에 대한인권심사 보고서 제출을 요청했는데 이에 대해 일본정부는 2016년 6월에 HS 대책법 시행을 했으니 더 이상 규제를 강화할 필요는 없다고 회답했다. 그러나 이 대책법은 벌칙은 없고 노력의무를 요구할 뿐 노력 결과에 대해서도 묻지 않는 내용이므로 중요한 과제가 남아있다고 할 수 있다.

그리고 HS대책법을 시행한 두달 후에 도쿄도 도지사 선거가 있었는데 재특회 회장인 사쿠라이는 "일본 제1당"을 창당해서 출마했다. 결과는 일반 시민들의 예상과 달리 11만표나 득표했던 것이다.

---

2 https://www.excite.co.jp/News/society_g/20180224/Litera_3822.html 2018년5월26일 아크세스

<자료 2>

물론 이런 부끄러운 사회현상을 일본인들이 좌시만 한 것은 아니었다. 일본이 패전 후에 간직해온 민주주의가 붕괴한다고 한탄하거나 사회적 도덕성을 상실해가는 모습을 우려해서 HS행동 반대에 나선 시민들이 나타났고 그러한 출판물도 연이어 출간되었다(<자료 2>).

IV. 젠더 시점에서 본 혐한주의와 식민지주의

혐한을 외치는 사람들은 매춘부란 말을 다용한다. 그것은 위안부 할머니들의 존재를 부정하고 싶을 때도 한국인 여성을 매도할 때도 쓰이지만 신오쿠보를 찾아가는 한류 팬 일본여성들에게도 던지고 겁 줄 편리한 말이다. 이들은 매춘부란 낙인만 찍으면 자기들의 행동이 설명이 되고 만사가 해결된다고 생각하는 것 같다.

매춘부란 한자어의 원산지는 일본이다. 한국사에서 볼 때, 일본이 1876

년에 한반도에 들어옴으로써 생긴 외래어이다. 이 매춘부란 말이 정치적인 힘을 갖게 된 역사에 들어가기 전에 우선 식민지주의란 말의 정의를 확인해야 한다.

『브리태니카 국제 대백과사전』에는 傀儡政權을 擁立해서 자기나라에 유리한 형태로 독립을 인정하고 경제적인 權益이나 軍事的支配關係는 그대로 남기려는 방법이라고 해설되어있다. 또『世界史の窓』에는 정치적으로 獨立을 인정하면서도 経濟的인 支援이나 軍事同盟등으로 關係를 維持하고 實質的인 지배를 유지하려는 思想이라고 했다[3].

식민지주의는 제국을 文明으로, 식민지를 野蠻으로 표상하고 문명 측에는 백인, 남성이 들어간다. 식민지 조선과 日本人의 관계 속에선 일본이 문명이고 조선은 야만에 속하고 여성성으로 표상이 된다.

그러면 구미 열강과 일본의 관계 속에서는 어떻게 표상되었을까?

미국과 영국은 태평양전쟁 시기에 적대하는 독일과 일본을 다음과 같이 표상했다.

<자료 3>

---

3 http://www.y-history.net/ 2018년 5월 27일 아크세스

<자료 4>

　　<자료 4>의 왼쪽은 독일의 히틀러이며 오른쪽은 도조 히데키(東條英機)다. 일본인의 특징으로 왜소한 몸, 안경, 뻐드렁니가 고정 아이템으로 자주 쓰이게 되었다.

　　그런데 미국은 일본과 제2차 세계대전 후에는 180도 다른 관계를 구축하게 되는데 일본을 적대시하는 국내 여론을 무마시키기 위하여 헐리웃 영화가 적극적으로 활용되었다. <자료 5>의『サヨナラ』란 영화는 6·25에 참전한 미국 병사가 휴가로 일본에 가서 일본여성과 사랑하게 되는 내용인데 일본 여성은 다카라즈카(宝塚) 가극단4의 남자 역할을 하는 배우였다. 도조 히데키 같은 못생긴 남자가 잘생긴 남자로 변신하고 다음 단계에 이르러서는 남자가 여자로 변신한다는 설정에 표상의 폴리틱스가 작동하고 있다.

　　이 영화에서 일본 여성이 매춘부가 아닌 배우란 이유는 일본은 공산

---

4 다카라즈카가극단은 미혼의 여성만으로 구성되며 1914년부터 공연을 해온 인기있
　는 엔터테인먼트 본부는 효고현 다카라즈카시에 있고 한큐전철회사가 운영한다.

주의를 같이 대항할 중요한 파트너이기 때문이다.

그러나 결코 대등한 관계가 아니라 전승국인 미국은 남자, 일본은 여자로 설정되어 전술한 바와 같이 위아래의 서열관계가 은유로서 쓰인 것이다.

일본 내무성은 패전 직후에 연합군 위안부 제도를 시행하였다. 그 명칭은 연합군 상대로는 Recreation and Amusement Association, 즉 "여가와 오락 협회"이며 특수 위안시설 협회라

<자료 5> (1957년 제작)

는 일본어와는 괴리가 있는 것이다. 당시 일본 정부는 연합군을 상대로 위안부 제도를 마련하는 행위를 일본 여성들의 정조를 지킬 방파제라고 변명하였다.

그러나 이 시설은 성병의 만연과 미국 본국에서의 기독교 여성들의 맹렬한 비판으로 폐쇄되었으나 실질적으로는 이를 계기로 음성적인 형태로 성매매가 거리에 확산되었던 것이다.

V. 식민지기 조선에 있어서의 젠더 표상

1. 배외적인 일본 민족주의와 젠더 표상

표상이 지배와 피지배의 관계에서 정치적으로 중요한 역할을 한다면 식민지시기에 조선은 어떻게 표상되었을까?

아래 사진은 일본에서 HS자료로서 여전히 잘 쓰이는 것이다.

<자료 6>

　　<자료 6>의 캡션에는 젖가슴을 들어낸 복장, 근친혼, 씨받이 같은 나
쁜 풍습을 일본 정부가 지도해서 금지시켰다고 쓰여져 있다.

<자료 7>
『朝鮮人ノ衣食住及其ノ他ノ衛生』第8師団軍医部

　　<자료 7>은 1915년에 일본군 군의부가 조사한 내용의 일부이지만 여

기서는 수유기에 있는 엄마들의 모습이 그려지고 있다. 즉 수유기에 있는 여성들이 언제든지 아기들에게 젖을 먹일 수 있는 모습을 사실적으로 기록한 것이다. 이런 모습은 일본 농어촌에서도 흔히 볼 수 있던 광경이지만 식민지주의는 유독 조선에서만 볼 수 있는 야만으로 표상한 것이다.

근대 이전의 일하는 젊은 엄마들의 젖가슴은 생명을 기르는 신체의 일부였으나 근대 서구적인 시선은 젖가슴을 섹슈얼리티로 보게 되고 감추어야 하는 비밀로 변화시킨 것이다. 다시 말하자면 <자료 6>의 캡션은 전근대에서 합리적인 육아법을 식민지 근대의 일그러진 잣대로 야만으로 보는 것이며 역사적인 고증이나 분석 없이 타자를 폄하 하려는 것이다.

이런 HS의 원류는 어디까지 소급할 수 있을까? 원조 HS의 하나는 대륙 낭인으로 불렸던 일본 민족주의자들에게 찾아볼 수가 있다.

<자료 8-1> "한국 조정의 비밀"

<자료 8-2> "합방 전말담"

『大陸日報』는 캐나다 밴쿠버에서 1907년 6월부터 1941년 12월까지 일본인들이 일어로 간행한 신문인 「韓帝の秘密」(1908년 12월 24일)란 기사에는 大院君이 趙大妃와 음모해서 哲宗을 독살한 후에 高宗을 옹립한 것인데 실은 대원군은 조대비하고는 「不倫」관계에 있었고 왕실 후계자로 되어있는 英親王도 嚴妃가 「不倫」해서 낳은 아들이란 내용이 실려있다. 즉 조선왕조에는 정통성이 없다는 주장을 하고 싶은 것이다.

<자료 8-2>에 실린 기사는 우에다 쓰토무(上田務,호는黑潮)가 쓴 것인데 朝鮮, 즉 유녀출신의 후처,日本은 持參金을 준비한 데릴사위로 비유하고 한국병합을 일본이 손해보게 될 결합으로 비유했다. 이와 같이 조선을 노골적으로 비하한 글은 차마 조선이나 일본에서도 내기가 힘들었을 것이며 멀리 캐나다에서니까 쓸 수 있던 것이다.

기사를 쓴 우에다는 후쿠오카현 출신이며 대륙 팽창의 야망을 꿈 꾼 소위 대륙낭인들의 영향을 받아 1901년에 일본 민족주의 단체인 흑룡회(黑龍會)에 가입, 학교 교원 생활을 내던지고 1903년에 부산에 도항, 그 후는 신의주 건너편의 안동현, 중국 대련을 거쳐 밴쿠버, 도쿄까지 전전하면서 일본 신문에서 정치적인 주장을 펼쳐왔다5.

우에다가 『대륙일보』에 원조HS 기사를 쓴 시기는 캐나다에 있어서

일본인들이 배척당하고[6] 조선에서는 의병운동, 즉 한국합병전쟁이 일어
난 때였다.

구미 열강의 비난을 피하려고 1909년 2월에 고무라 쥬타로(小村壽太
郎) 외상은 滿韓移民集中論을 발표하여 일본인들의 구미 도항을 못하게
한다. 러일전쟁 승리로 구미 대륙을 향했던 기고만장한 일본 낭인의 자
존심은 부정당하고 말았다. 그들은 체면이 구겨진 원인을 북미까지 진출
한 동포 매춘부들에게 있다고 생각해서 그녀들을 이전보다 더 증오하게
된다.

일본은 구미 열강과의 불평등조약에서 관세자주권을 빼앗기며 개정하
는데 40년이나 걸렸는데[7] 그사이에 생긴 손해는 조선과의 불평등조약에
서 회수하려고 하였다. 일본 가부장들이 구미열강에서 당하는 자존심의
상처를 타자 증오로 회복하려고 하였으니 그 대상이 바로 일본인 매춘부
이며 조선인이었다.

인도를 식민지 지배한 영국과 달리 일본이 조선을 식민지로 한 것은
말하자면 영국이 프랑스를 지배한 격이니 지배와 피지배의 관계를 순조
롭게 할 통치론과 식민지주의가 다른 서구 제국보다 필요했다.

우에다가 조선을 여성, 그것도 소위 서양 근대가족 규범에서는 하자가
있는 유녀나 후처를 기호로 쓴 것도 그런 데서 연유한 것이며 배후에 서
구에 대한 강한 열등감이 깔려있다.

---

5 1920년에『朝鮮統治論』(安東印刷所)을 낸다.
6 미국과 캐나다에선 저임금으로 노동하는 아시아인 노동자와 아시아 매춘부에 대
   한 반발로 배척운동이 일어나기 시작했다.
7 청일전쟁 시기에 개정됨.

2. 조선 여성 표상의 시대적인 변화

서구 사람들이 조선을 방문하여 남긴 여행기는 오리엔탈리즘과 밀접한 관련성이 있으나 그럼에도 불구하고 그런 선입견과 아시아인에 대한 편견을 배반하는 기록도 곳곳에서 발견할 수가 있다.

> "朝鮮の女は貞節で道德である。(中略)遺憾ながら私はこれら東洋のペーネロペー(여성)の容姿についても衣服についても皆目知識を持ち合わせない。(中略)私が見かけたのは庶民の既婚女性だけであるが、ありあわせの衣服を纏って、嚴しい勞働のために一切の女性的魅力を喪失していた。だが、男性の容姿ならびに高身長から判斷して、恐らくは朝鮮の女性も魅力に事欠く譯はなかろう"

위문장은 제정 러시아 아물주 총독관방 소속인 다데슈카리언Князьдадешкелиани의「조선의 현황」(1885년)[8]에서 조선 여성에 관해서 기술된 부분이다.

> "貴族階級の風習では、夫がその妻女を毆る事は禁じられている。朝鮮の人妻は母親になると、その地位が改善される[9]."

> "文明の進んでいる朝鮮で、世界のどこか野蛮な國でのように、女性に低い地位を與えているようである。それにも拘らず朝鮮女性は生まれながらの陰謀家であるのに加えて、特に母親として、姑として、またその子供の結婚の手はずを整えるのに、ある種の直接的な影響力を行使している事には疑いを入れる余地が無い。(中略)法律よりもむしろ慣習によって、女性は子供の監督、損害事

8 G·D·TAGA, 『朝鮮旅行記』平凡社、東洋文庫所收、1992)
9 Isabella·L,Bird, "Korea and Her Neighbours", 본고에서는『朝鮮奧地紀行1,2』(平凡社,東洋文庫所收、1993)를 자료로 삼았다.

件の補償のように、ある種の公認されている權利を持っている."

영국여성인 이사벨라 버드가 청일전쟁 시기에 쓴 "조선과 그 이웃나라들"에서도 마찬가지로 오리엔탈리즘은 부정할 수 없으나 거기에 해당되지 않는 기술도 엿보인다.

같은 시기에 일본인 스즈키신진(鈴木信仁)이 쓴『朝鮮紀聞』에서도 조선 여성에 대한 편견이 짙지 않은 것을 볼 수 있다.

"女子は北方の者容貌美しく中人以上の女はみだりに戶外に出ず常に縫針の業を專とす. 兩班の婦人は云うに及ばず中等の人にても我妻を酒宴の席に出す事なく, 唯だ妾は親友の席に出すことあり. 國中に公然の娼妓なし"

스즈키는 노동에 대해서도 남녀가 협동하는 모습을 묘사하고 있다.

"中人以下の女は總て勞働を專らにし農耕は男女ともに之を爲せども肥糞を扱うは女の手に限り男子は与らず其夫と農耕に從事するときは, 婦は餉を田に送り又市に諸品を持ち出し賣買して夫の勞を省くことを勤む産婦は難産の者少なし(中略) 下賤の者たりとも改嫁すること稀なり若し改嫁するときは世人甚だしく之を擯斥す(中略)貧家にても墮胎又は棄子等の事を爲すことなしという"

『朝鮮紀聞』이 간행된 것은 1894년이지만 원고는 청일전쟁 이전에 쓰인 것으로 미루어 색안경 없이 나안으로 조선을 본 形跡을 찾아볼 수가 있다.

그런데 러일전쟁 후에 쓰인 아라카와 고로(荒川五郞)의『最近朝鮮事情』(1906년)을 보면 거기서 나타난 조선관은 두드러지게 달라진다.

"男子は(中略)實に遊惰安逸も甚しいものだ.

女の生活はまことに陰氣で、狹い部屋にばかり引っ込んで、此處を己れの世
界として、 日々洗濯と裁縫。 女子再婚の禁令まで布かれてあるとか、(中略)
國法を以って强いるというに至っては、權能の蹂躪も甚しい。裏面に入て見れ
ば案外の事があって、甚だ風俗のよろしくないことがある、(中略)濟州島で、
面をかくすことも無く、平氣で甲斐々々しく立働き、又往來をして居る"

이렇듯 남자는 게으르고 여자는 빨래와 바느질만 하는 모습이 스테레
오 타입화되는데 이런 고정적인 이미지가 확립되는 것은 러일전쟁 이후
라고 볼 수 있다. 그리고 이런 표상은 야만성을 증명하는 근거로 식민지
시기를 일관해서 활용된 것이다.

<자료 9-1> 『写真帖 朝鮮』(1921년)　　　　<자료 9-2> 『半島の近影』(1937년)

"婦人の人格は今日迄極めて低い程度にしか認められておらないような有樣
にて、 殆ど社會と隔離し陰鬱なる内房裡に蟄居して、 人生の榮枯浮沈の一
切を擧げて男子に任じ、 夫れの附隨者として醉生夢死に甘んぜざるをえな
い境遇に置かれておる(中略)何れも朝鮮婦人が無識であり、 固陋であり、無
自覺であり、所謂時代の動きに對して目覺める程度の著しく低い"

우가키 가즈나리(宇垣一成)가 1935년 12월, 경성 부민관에서 한 강연

「朝鮮婦人の覺醒を促す」에서 보이는 표상은 바로 여성에 대한 식민정
책의 부재, 실책을 나타내는 것인데 그런 자각 없이 조선 총독은 조선 부
인 스스로의 책임으로 돌리고 있다.

물론 개인에 따라 조선을 보는 시선은 다르지만 앞에서 말했듯이 대
체로 러일전쟁 후, 을사조약 시기에 오면 식민지 지배를 합리화하는 담
론과 표상은 짙은 정치적인 색채를 띠게 된다. 즉 조선여성은 젖가슴을
들어내 야만성10과 빨래만 하는 무능함, 안방에 들어박혀 참고 사는 음울
함으로 그려지게 된다. 지방과 계층에 의한 다양한 모습을 없애고 제국
이 보고 싶은 것만 기록하고 스테레오 타이프화 한 것은 가족법 제정에
그대로 투영된다.

일본은 가족법의 근대화를 표방해서 1912년에 조선민사령을 제정하는
데 핵심은 일본의 명치민법을 의용했다. 1898년에 제정된 명치민법은 원
칙적으로는 여성의 남성가장에 대한 종속적인 지위를 규정한 것인데 예
를 들어 여자는 혼인에 의해 무능력자가 된다거나 정조는 여자에게만 의
무가 있다거나 혼인하면 남편의 성씨(姓氏)를 따라야 한다는 내용들이다.

---

10 고토 레이코(後藤玲子)변호사에 의하면 일본 농어촌에서도 일하거나 수유기에 있
   는 여성들이 젖가슴을 내고 생활하는 모습은 흔히 볼 수 있었다고 증언 했다
   (2018년2월27일, 일본 고베 학생청년센터에서)

<자료 10-1>　　　　　　　<자료 10-2> 김홍도(1875~?)
작: 남녀가 협동하는 모습을 그린 민화

　친족과 상속에 관해서는 조선의 관습을 따른다고 1908년부터 조사작업을 했으나 상류층 남성에게 인터뷰한 결과를 채용했다. 이로 인하여 성별과 지방과 계층에 의한 다양한 차이는 고려되지 않고 조선 가부장과의 이해관계를 같이 하는 공범적인 내용이 된 것이다.

　조선 여성들이 한글이란 고유의 문자로 그 이전까지 축적해온 지적 재산도 일본의 지배하에서 부정되게 된다. 즉 공용어와 문자가 일본어가 됨으로써 한글 識字者는 일본어 非識字者가 되었다.

　조선 여성의 취학률은 1929년에 6.1%, 1942년에 30%의 낮은 수준에 있었다. 따라서 일본어 보급률도 1941년에 8%에도 미치지 않았다. 낮은 교육률의 원인은 첫째 조선총독부가 조선여성에 대한 교육을 소홀히 했다는 점, 식민지 지배에 의한 차별과 빈곤으로 조선인 가부장들도 여성에게 교육할 여유가 없었던 점, 그리고 조선 家父長들의 異民族支配 밑에서 진행되는 近代敎育에 대한 경계도 복잡하게 작용하였던 것이다.

　참고로 일본 여성의 취학률은 1905년에 93%이며 조선에서 거주한 소위 在朝日本人은 1920년에 99%에 미쳤다.

<자료 10> 『半島の近影』 朝鮮鉄道局, (1937년)

<자료 10>은 표상의 정치성을 잘 드러내는 것이기도 하다. 근대 교육을 받는 아이들이 남자가 아니라 여자라는 데서 그만큼 조선총독부의 교육정책이 조선 가부장들이 차별해온 여성들에게도 혜택을 준 것이라고 주장하는 것이다.

3. 제국 남성의 욕망 - 기생

팜플렛은 2015년 콜롬비아대학의 동창회 주최 일본 투어를 모집하는 것이라는데 여기서 보이는 일본여성의 복장은 일본기생인 게이샤를 연상시킨다. 이 Blog를 쓰는 일본인은 "이것도 오리엔탈리즘?"이란 제목을 붙였는데 미국에선 일본 표상에 여전히 게이샤가 등장하는 것을 불쾌하게 여기는 분위기다.

에드워드 사이드는 서양이 동양을 볼 때 오리엔탈리즘, 즉 식민지지배

11 https://nykanwa.blogspot.com/2015/09/blog-post_16.htm 『紐育閑話』 2015年9月11日(2018 年6月3日アクセス)

를 정당화하기 위해 서구의 입장
에서 일방적으로 차별적인 편견을
강요해왔고 동양의 여성을 성적으
로 착취 가능한 존재로 표상해왔
다고 하듯이 서구제국은 백인, 남
성을 문명으로 흑인·아시아인, 여
성을 비문명 혹은 야만으로 표상
해왔다. 그리고 그 오리엔탈리즘
을 내면화한 일본남성은 우에다
쓰토무처럼 차별적인 수위를 한층
높혀서 조선을 매춘부로 표상하려
고 했다.

<자료 11>11

이런 제국의 남성의 욕망을 충족
시키는 존재가 바로 기생이다. 기생
이 식민지 시기에 가장 많이 표상의
모델이 된 것도 그 아름다운 자태에서 일본남성들의 자존심에 맞게 성적
욕구와 지배욕까지 채워주는 대상으로 생각했기 때문이다.

노골적으로 매춘부라고 하면 제국 남성들의 "품격"에 어울리지 않으
니 일본식 오리엔탈리즘으로는 아름다운 기생이어야 했다. 기생이 구비
한 미는 그것을 받아들이는 일본 남성에 속하는 것이며 기생 자신이나
조선의 가치를 돋보이는 것은 아니었다. 그러나 어디까지나 기생의 몸은
섹슈얼리티를 띠고 있어야 하므로 제국 남성과 식민지 조선 관계를 잘
표상하는 대상으로 많은 일본화가들도 회화의 모델로 삼아온 것이다.

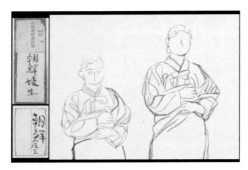

<자료 12> 前田靑邨画伯이 그린 기생 데생

조선 철도청국이 조선에 관광객을 유치할 때도 기생을 찍은 사진이 상용되었다.

그러나 일본인이 일본 여성을 그릴 때나 조선인이 조선 여성을 그릴 때엔 현모양처를 상징하는 모습(<자료 14>), 혹은 근대문명을 상징하는 여학생, 혹은 신여성들이 선호되었다.

<자료 13-1> 『半島の近影』
朝鮮鉄道局, (1937년)

<자료 13-2> 『朝鮮の印象』
朝鮮鉄道局, (1937년)

<자료 14> 신문 지상에 실린 화장품 광고

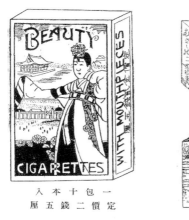

<자료 15-1>

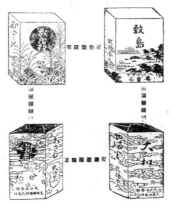

<자료 15-2>

<자료 15-1>과 <15-2>은 담배 상자의 그림인데 조선은 기생인데 반해 일본은 아름다운 풍경과 그것과 맞는 일본의 미칭(美稱)이 담배 이름으로 쓰여져 있다.

일본에서 일본식 오리엔탈리즘이 보급되기 전에는 조선 여성에 대한 관찰도 그렇거니와 기생에 대한 시선도 후기에 비하면 그다지 차별적이지는 않았다.

> "芸妓は日本の芸者と違い我國にて言えば士族とも言う資格ある者ならでは芸妓たることを得ず蓋し王宮へも伺候することある故ならん。然ども其數は京城中僅かに一六七名のみ何れも世襲のものにて"(小倉直藏『朝鮮京城奇談』1885)

> "官妓は朝鮮に盛んなる宴會あれば婦人の席上に周旋し舞樂を奏して興を助くる者を言う(中略)其狀日本の舞樂の如く(中略)此の官妓は京城に四十余人あり每年欠員ある每に每に城內若しくは地方に求めて之を補う"(鈴木信仁『朝鮮紀聞』1894)

여기서 오리엔탈리즘이 있다 하더라도 기생을 성적 대상으로 보기보다 전통예술의 전승자로 보고 일본 게이샤보다 높은 격식을 갖췄다고 평가하고 있다.

그러나 소위 "국가공무원"으로써의 위치에 있던 기생들도 1894년의 갑오개혁 때에 왕실의 관할에서 경무청의 관리하에 놓이게 되고 기생 문화를 육성해온 지방 경제가 쇠퇴함으로써 기생도 전통 예능만으로 살아남기 힘들게 된다. 예를 들어서 진주, 해주, 의주, 전주 같이 州자가 들어가는 지방은 정치, 경제, 문화의 중심지였으나 식민지 지배 속에서 힘을 잃게 되니까 기생 문화도 보호를 못 받게 된다.

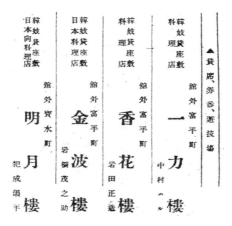

<자료 16> 香月源太郎 『韓国案内』(1902년)

　　<자료 16>은 부산에　있던 일본인 경영의 요리점 광고인데 한기, 즉
조선 여성을 고용하는 대자부(유곽)로도 되어있다. 이 즈음에는 구미열
강의 시선을 의식한 일본이 거류일본인 상대로 성매매를 하는 장소를 요
리점이라 사칭하였는데 이 광고는 요리점이 아니란 것을 드러내고 있다.
그리고 이미 러일전쟁 이전에 일본인들이 조선여성을 유곽에 고용한 것
도 알려준다.

　　이렇듯 요리점으로 위장하는 일로 기생과 창기에 대한 오해와 혼란이
생겼으므로 1908년에 대한제국 경시청은 창기 단속령, 기생 단속령을 제
정하게 된다. 즉 창기와 기생이 준수하는 규칙을 따로 제정하여 기생은
매춘을 못하게 했으나 기생을 매춘할 예비군으로 보고 성병검사도 할 수
있는 여지를 남긴 것이다.

　　기생들이 3·1독립운동에 참여한 일은 널리 알려진 사실이지만 그런
기생들을 경기도 경찰부장을 지낸 치바 료(千葉 了)는 "사상기생"이라고
불렀다[12]. 제국 남성들의 욕망을 거부하는 기생을 보고 충격을 받은 치바

12 『朝鮮獨立運動秘話』帝國地方行政學會、1925년.

는 기생들의 독립운동 참여의 이유를 민족주의로 해석한 것이다. 그러나
참여의 동기는 사상이라기보다 기생들이 1894년 이래로 몸소 겪어온 굴
욕감에서 식민지주의에 항의한 절실한 행동이라고 봐야 할 것이다.

<자료 17-1> 한남권번의 기생들(1929년)

<자료 17-2> 조선박람회에서 三味線 연주하는 기생(1929년)

그러나 <자료 17>의 시기가 되면 기생은 섹슈얼리티와 식민지주의를
보여주는 존재로 홍보된다. <자료 17-1>의 팬티 바람으로 춤을 추는 기

생들의 모습은 섹슈얼리티를 그대로 보여주고 <자료 17-2>는 "사상기생"의 의심을 불식해주는 모습을 보여주고 있다.

年度	日本人 ②				カフェ-女給	朝鮮人 ④				カフェ-女給
	組枝	芸枝	酌婦	計		組枝	芸枝	酌婦	計	
1916	100	100	100	100		100	100	100	100	
17	92	100	90	94		90	116	165	124	
18	94	109	82	95		128	159	262	166	
19	94	117	69	100		170	205	248	198	
20	110	120	63	100		181	209	249	204	
21	125	148	70	116		163	229	252	204	
22	123	127	72	111		151	198	266	195	
23	117	130	70	108		146	136	273	168	
24	108	111	65	98		141	131	255	181	
25	98	127	57	95		132	141	276	184	
26	102	147	59	102		134	252	441	210	
27	90	157	50	97		132	298	522	221	
28	89	178	47	10?		137	358	330	246	
29	86	197	44	104		163	386	350	278	
30	88	194	39	103		177	388	357	286	
31	88	185	43	101		184	418	390	297	
32	86	175	38	87		104	432	325	262	
33	75	179	34	91	100	130	450	303	275	100
34	79	178	39	94	117	144	527	312	310	148
35	86	192	37	100	120	172	671	371	384	187
36	92	205	34	106	134	214	804	392	453	279
37	94	199	36	106	131	213	845	382	464	338
38	93	195	38	105	128	229	890	384	483	345
39	89	201	31	103	118	241	1,045	415	552	390
40	86	205	19	99	120	279	1,028	402	561	428
41	87	171	26	93	96	260	824	376	477	399
42	88	152	21	88	83	268	766	393	485	445

<자료 18> 『朝鮮総督府 統計年報』에서 작성

식민지 지배가 조선에 무엇을 가져왔을까? 물론 근대 교육의 혜택을 받고 자기실현을 이룬 신여성도 출현하였으나 그것은 여성 인구의 비율로 보면 소수에 지나지 않는다. 보다 많은 서민층 여성들은 근대 교육의 혜택도 못 받고 삶에 허덕였다.

자료 18은 조선에서 소위 접객업에 종사하는 일본 여성과 조선 여성의 지수를 통계가 나온 1916년을 100으로 해서 나타낸 것이다. 1916년에서 1942년 사이에 일본 여성은 상대적으로 감소되지만 조선 여성은 크게 증가한 것을 확인할 수 있다.

제국 남성의 조선을 바라보는 욕망은 매춘부가 뒷면에 감추어진 기생이었다. 어디까지나 욕망을 제국 남성답게 우아하게 세련되게 표현해야 했지만 식민지 사회 현실은 기생과 매춘부의 거리를 축소시켜만 갔다. <자료 18>은 또 하나의 엄연한 식민지주의의 결산보고라고 할 수 있다.

VI. 마치며

앞에서 서구 오리엔탈리즘을 내면화한 일본식 오리엔탈리즘이 조선 여성을 어떻게 표상해왔는가를 살펴보았다.

제국 일본이 조선을 바라보는 시각은 스스로의 내셔널 아이덴티티를 창출하기 위한 것이었는데 일본이 문명도가 비슷한 조선을 식민지 지배하기 위해서는 서구의 오리엔탈리즘과 다른 일본식 오리엔탈리즘이 요청되었다.

그러나 일본의 초기의 오리엔탈리즘엔 호기심과 멸시감이 엇갈린 감정이 엿보였으나 러일전쟁 후에도 서구 열강에게 대등한 대우를 못 받은 굴욕감에서 조선을 바라보는 시선은 급속도로 악화한다. 우에다 쓰토무 같은 사람은 그 시기의 내셔널리즘을 솔직하게 내뱉은 셈이다.

거기서 타깃이 된 것이 조선 여성이며 그 가운데서도 기생이었다. 기생 뒷면에는 섹슈얼리티의 은유가 감추어져 있었으나 제국 남성은 체면상 뒷면을 노골적으로 언급하는 일은 드물었다.

물론 식민지 시기라도 <자료 19>처럼 조선의 아름다운 풍경을 계속 그린 예외적인 화가도 존재하였으나 아쉽게도 그런 화가는 일본에서는 잊힌 지가 오래고 한국에서도 그다지 알려지지도 않는다. 그리고 여기서도 오리엔탈리즘이 전혀 없다고 단언하기가 어려울지도 모른다.

식민지 시기에는 지배를 하기 위해 식민지주의의 명분(建前)과 본심(本音)의 조절이 필요했으나 새 밀레니엄 이후의 일본에서는 본심을 그대로 드러내는 혐한 주의자들이 일본 대도시 복판에서 나타난 것이다.

그들의 행동과 사상의 배경은 물론 식민지 시기에만 찾을 수는 없으나 해방 후에도 연속된 식민지주의의 맥락은 놓쳐서는 안 될 것이다. 세계경제포럼이 발표한 2017년의 젠더 갭을 보면 144국 중에 일본은 114위, 한국은 118위다[13]. 경제참여, 교육, 건강, 정치 참여의 4항목으로 순

---

13 「共同參畫」2018年1月号、內閣府男女共同參畫局.

<자료 19> 堅山坦 「水汲む農家の女たち」(1937)

위를 매기는데 일본은 건강 항목에선 갭이 없는 1위를 차지했으나 다른 항목에선 선진국으로선 남녀 차별이 크다는 결과가 나왔다. 한국은 정치를 빼면 일본보다 남녀 차별이 크다는 것이다.

일본은 한국과 달리 부부별성은 법적으로 인정되지 않으며 결혼한 남녀의 98%가 남자측의 성을 선택한다. 부부동성은 서구 기독교 세계의 관습을 따른 것인데 명치민법(1898년)에서 규정된 이래로 신민법 제정 때도 바뀌지 않고 오늘까지 왔다.

그리고 명치민법에서 규정된 여자의 재혼 금지기간 6개월도 2016년 6월에 100일로 변경되었으나 여전히 재혼 금지기간은 남아있다. 참고로 한국은 DNA감정으로 재혼 금지기간을 폐지했다.

일본 여성들의 주관은 어떻든 간에 객관적으로 볼 때 여성의 사회적인 지위는 결코 높지 않고 마찬가지로 한국도 별차이는 없다.

서구가 오리엔탈리즘이란 왜곡된 눈으로 동양을 바라보지만 그런 서구에 대한 열등감에 휩싸인 일본은 오리엔탈리즘을 내면화한 채 더 농축된 오리엔탈리즘으로 조선과 대만을 바라보았다. 타겟이 된 여자들은 남녀유별에서 남녀차별로 편입되어 여성혐오주의의 희생양이 되었는데 그런 일본의 여성혐오주의에 있어서 매춘부란 말은 만능의 언어가 되었다.

혐한 주의자들이 한국여성들에게 그리고 일본여성들에게 매춘부란 말로 매도해도 일본 사회에서 그것을 비판하는 목소리는 들려오지 않는다.

다른 선진국은 물론이며 아시아 신흥국과 비교해도 한일 여성의 사회적인 지위는 낮고 그 원인은 2중, 3중의 오리엔탈리즘이 내면화한 역사 속에서 찾을 수가 있다. 어찌 보면 3중의 오리엔탈리즘보다 2중의 오리엔탈리즘 속에 있던 일본 여성이 더 식민지주의와 여성혐오주의를 자각 못할 정도로 오염되어있을지도 모른다.

혐한주의자가 일본 상륙을 결사코 막으려고 한 한류붐은 지금은 제3의 국면을 맞이하고 중학생부터 초등학생까지 그 영향이 미치고 있다.

HS때문에 발이 끊긴 거리에 아주 젊은 고객들이 부모와 같이 찾아와서 매주 북새통을 이룬다.

<자료 20>
니시무라 리타 11살 / 니시무라 리마 7살

<자료 21>

일본에서의 한류붐은 이것으로 끝나지 않는다. 초등학교 저학년 아이들 사이에 또 다른 붐이 일어나고 있다. 그것은 한국에서 출판되는 과학만화 시리즈인데 학교 도서실에서 그 책을 구입하면 아이들 사이에서 먼저 대출하려고 야단이라고 한다.

한국 발신의 문화를 선호하는 팬들의 연령은 중년 여성부터 남녀 어린이들로 훨씬 내려와 있다는 현실을 직시할 때 미래의 인재들을 상호 인식의 토대로 하기 위해서도 지금은 일시적인 붐으로 끝내지 않을 정부 차원의 방책을 진지하게 모색할 절호의 기회가 아닌가 싶다.

한일양국 어른들의 책임은 중차대하다.

참고문헌

中根隆行, 2004, 『＜朝鮮＞表象の文化誌』新曜社
久留島典子編, 2015, 『ジェンダーから見た日本史』大月書店

서지영, 2004,「식민지 근대 유흥 풍속과 여성 섹슈얼리티」『사회와 역사』65호,
　　　 2009,「표상,젠더,식민주의 ;제국남성의 본조선 기생」『아세아여성연구』
　　　 48v2
박재영, 2007,「역사적 스테레오타입 사례연구」『서양사론』제93호
김희영, 2008,「제국주의 여성 비숍의 여행기에 나타난 조선 여성의 표상」『동학
　　　 연구』제2집
강정구, 2016,「개항기 서양인들의 주요 한국체험기에 나타난 제국주의 담론의
　　　 자체 모순과 혼란」『韓國思想과 文化』제82집
권혁태, 2015,「객관성과 보편성을 중심으로」『현대 문학의 연구』55집

제115회 발표, 2018년 5월 25일

조선전기 한일관계
— 본격적인 한일 경제 교류의 시작 —

아라키 가즈노리(荒木和憲, 일본 국립역사민속박물관 교수)

Ⅰ. 머리말

조선전기의 한일관계는 1392년 조선 건국부터 1592년 임진왜란까지 200년에 걸쳐서 대체적으로 평화롭게 전개되었다. 본 발표에서는 다음 세 가지 대표적인 무역품에 주목하려고 한다.

첫 번째는 15세기 전반부터 동남아시아에서 일본을 통해 조선에 수입된 소목(蘇木)이다. 두 번째는 조선에서 면화(綿花)재배가 발달한 것을 배경으로 15세기 중반부터 일본에 대량 수출된 면포(綿布)이다. 세 번째는 일본의 광산 개발과 그 발달을 배경으로 조선에 대량 수입된 금(金)·은(銀)·동(銅)이다.

Ⅱ. 소목의 유통로

1. 소목이란 무엇인가?

"소목(蘇木)"은 동남아시아에 위치한 말레이시아의 특산물이다. 소목은 "단목(丹木)"이라고도 하는데 한자의 "단(丹)"이라는 글자에는 빨간 색이라는 의미가 있다. 실제로 나무 껍질을 벗기면 붉은 빛을 띠고 있다.

소목의 용도는 몇 가지 있지만 그 중에서도 적색 염료의 원재료로서 가장 많이 사용되었다. 적색 염료는 소목편(蘇木片)을 물에 담그고 명반 (明礬)을 넣어서 가열하여 추출한다. 조선 왕조는 의례에 사용하기 위한 빨간 천이 필요했기 때문에 동남아시아산 소목을 수입하고 있었다.

그런데 소목은 동남아시아에서 조선으로 직접 수입되지 않았다. 일본 을 통해 조선으로 수입되었는데, 특히 15세기 전반에 대량으로 수입되었 다. 소목은 명반과 같이 수입된 경우도 있었는데 이것은 17세기 이후의 조일 무역에서도 같은 상황이었다. 이를 통해 조선시대는 소목이 염료의 원재료로서 일정한 수요가 있었다는 것을 알 수 있다.

2. 왜 일본을 통해서 왔을까?

그럼 왜 소목이 일본을 통해서 조선에 수입되었을까? 그 이유에 대해 서는 시대를 거슬러 올라가서 생각해보고자 한다. 13세기부터 14세기에 걸쳐서 중국은 원(元)나라의 시대였는데 그 원나라 상인들이 동남아시아 를 왕래하고 있었다. 그리고 동남아시아에서 구입한 상품을 일본이나 고 려에 수출하고 있었다.

그런데 1368년에 원나라가 멸망하고 명(明)나라가 건립되면서, 초대 황제인 태조(太祖)는 자국민의 해외도항을 제한했다. 이것을 "해금(海禁) 정책"이라고 하는데 1374년에 더욱 철저히 시행되었다. 이에 따라 명나 라 상인들은 해외에 나가서 무역을 할 수 없게 되었다.

이러한 변화에 따라 해양국가로 등장한 것이 유구(琉球)이다. 현재는 일본의 오키나와현(沖縄縣)이지만 당시에는 독립된 왕국이었다. 유구는 명나라로부터 큰 외양선을 받고 동남아시아 무역을 시작했다. 그리고 동남아시아에서 구입한 상품을 명나라 황제에게 올리는 헌상품으로 수출했다. 이것을 "조공(朝貢)"이라고 한다. 유구는 명나라 이외에도 일본이나 고려와의 무역을 시작했는데 거리상 가까운 일본과의 무역이 더욱 활발했다.

한편 고려는 1369년부터 1372년까지 해로(海路)를 통해 명나라에 조공하고 있었다. 그러나 해난사고가 발생하였기 때문에 1373년에 명나라는 산동(山東)반도-소주(蘇州)간의 해로 사용을 금지했다. 고려는 산동반도까지는 해로를 이용할 수 있었지만 육로(陸路)를 이용하였으며, 이것은 이후 조선시대의 조공로(朝貢路)로 계승된다.

이에 따라 무역품의 대량 장거리 운송이 어려워졌기 때문에 고려는 무역 대상으로 일본을 주목했다. 그런데 당시 고려와 일본 사이에는 해결하지 않으면 안 되는 문제가 있었다. 바로 왜구(倭寇) 문제이다.

왜구는 일본의 북부 규슈(九州)를 거점으로 활동하면서 고려의 전역에 피해를 주고 있었다. 그 때문에 고려는 1366년에 일본의 중앙정권인 무로마치막부(室町幕府)에 외교사절을 파견하여 왜구 단속을 요청했다. 그러나 무로마치막부는 지방을 통제할 수 있는 능력을 갖추지 못했기 때문에 고려는 기대했던 효과를 얻지 못했다.

그래서 고려가 주목한 것은 규슈 전역을 통괄한 이마가와씨(今川氏)와 규슈에 인접한 야마구치(山口)지방을 지배하고 있었던 오우치씨(大內氏)였다. 고려는 이마가와씨와 오우치씨에게 왜구 단속을 요청하면서 그 대가로 무역을 허가했다. 이는 왜구 단속과 해외상품 수입을 동시에 실현하기 위한, 이른바 "일석이조"의 정책이라고 평가할 수 있다.

1392년 고려왕조가 멸망하고 이성계에 의해 조선왕조가 건국되었다. 이성계는 고려의 대일정책을 발전적으로 계승했다. 조선은 북부 규슈의 유력한 영주(領主)들과의 외교와 무역을 추진했다. 또한 왜구를 평화적인 무역자로 변화시키기도 했다.

　왜구에 대한 단속 뿐만 아니라 관대한 조치를 강구함으로써 왜구문제
는 해결되는 방향으로 전개하였다. 한편 북부 규슈의 영주들과 왜구는
국제무역 도시인 하카타(博多)에 집적된 상품을 조선에 수출했다. 조선
은 자국민의 해외도항을 금지했기 때문에 해외 상품의 입수를 일본에 의
존하는 구조가 되었다. 이와 같은 역사적 과정을 거쳐 동남아시아의 특
산물이 유구와 일본을 통해서 조선에 전해지는 국제 유통망이 형성되었
던 것이다. 그 가운데 대표적인 상품이 소목이었다.

　　따라서 조일관계의 성립은 조선과 일본의 양국 간의 왜구문제 뿐만
이 아니라 동아시아 및 동남아시아의 정치·경제와 관련시켜 생각할 필
요가 있다. 14세기 말부터 15세기 전반에 걸쳐서는 다원적인 외교와 무
역이 활발하게 전개된 시대였고, 점차 왜구문제가 해소됨에 따라 경제
교류의 비중이 커져 갔다.

3. 소목은 얼마나 왔을까?

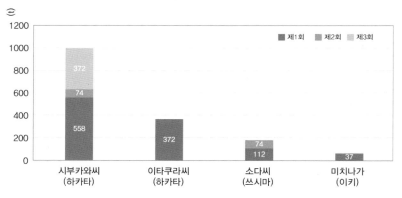

<표 1> 기록에 나타난 1422년의 수출량

　위의 <표 1>은 1422년에 일본으로부터 조선에 수출된 소목의 양을 보
여주고 있는데, 합계가 약 1,600톤에 이른다. 이는 어디까지나 기록에 남

아 있는 숫자이기 때문에 실제로는 그 이상 수출되었다고 생각한다.

특히 주목되는 것은 하카타를 거점으로 하는 시부카와씨(澁川氏)와 그 신하인 이타쿠라씨(板倉氏)의 소목 수출량이 많았다는 사실이다. 이는 하카타에서 소목이 대량 집적되고 있었는데, 실제로는 하카타상인(博多商人)이 시부카와씨 등의 이름을 빌려서 조선과 무역을 한 것을 시사한다.

1420년대는 동남아시아 특산물 무역이 피크였으며, 조일 양국간의 경제교류가 본격화되기 시작한 시기였다고 할 수 있다.

III. 면포의 무역

1. 왜 면포가 무역품이 되었을까?

조선의 무역 방식은 공무역(公貿易)과 사무역(私貿易)으로 구분할 수 있다. 공무역은 국가적인 무역이고, 사무역은 특권상인(特權商人)이 국가의 허가를 받아서 행했던 무역이다.

조선의 해외무역은 주로 일본으로부터의 수입에 의존하고 있었기 때문에 그 수입품에 대한 대가를 지불해야 할 필요가 있었다. 조선의 화폐로 사용된 마포·면포·견포가 대일무역의 대가로 사용되었는데, 그 중에서 면포가 가장 많이 사용되었다. 한반도에서의 면포 생산의 역사는 고려시대로 거슬러 올라간다.

14세기 중반에 문익점(文益漸)이라는 인물이 중국 원(元)나라에서 면화(綿花) 씨를 가지고 와서 경상도에서 재배를 시작했다. 현재 경상남도에는 문익점의 공적을 기리는 내용의 석비가 남아 있다. 고려시대에 시작된 면화 재배는 조선시대에 본격화되면서 면포가 대량 생산되었다.

한편 당시 일본에서는 의류의 원재료로 비단과 삼베만이 생산되고 있었다. 비단은 고급품이라서 지배층의 수요가 있었다. 비단은 착용감이 좋지만 통풍이 잘 안되기 때문에 여름에는 덥다는 단점이 있었다. 삼베는 서민적인 제품으로 통풍이 잘 되었지만, 착용감이 낮고 겨울에 춥다는 단점이 있었다. 그에 비해 면포는 비단과 삼베의 중간 품질로, 사용하기 편리한 천이었다. 따라서 일본에서는 조선의 면포가 보다 넓은 계층을 아우르면서 양적으로 그 수요가 증가하고 있었다. 조선의 면포는 일본 사회의 생활에 큰 변혁을 가져왔고 그것이 현대에도 이어지고 있다.

면포의 크기는 다양하지만 표준적으로는 5승(升)으로 규정되었다. "승"이라는 것은 천의 폭을 가리키는 단위이며 숫자가 클수록 폭이 넓어진다. 5승이 어느 정도였는지는 정확하게 알 수는 없지만, 30cm 내지 35cm정도로 추정된다. 또한 길이는 약 16m였다. 이런 면포를 감은 것을 한 필(匹)로 세었다.

2. 면포 무역은 조일관계에 어떤 영향을 주었을까?

15세기 중반에는 조선의 면포 생산과 일본의 면포 수요가 증가하면서 양국 간의 무역이 확대되었다. 또한 왜구 문제가 거의 해소되면서 양국 간의 정치적인 현안은 축소되고 본격적인 경제교류의 시대가 도래했다고 볼 수 있다.

그러나 조일관계의 정치적인 요소의 축소화와 경제교류의 활발화는 새로운 문제를 초래하였다. 무로마치막부(室町幕府)나 북부 규슈(九州)의 영주(領主)들이 조선과 직접 교섭하지 않고, 무역권(貿易權)을 제삼자에게 빌려주거나 양도하게 된다. 이러한 상황 속에서 대마도(對馬島)는 무역권을 적극적으로 수집하거나 가공 인물의 무역권을 입수하는 방법으로 무역량 확대를 도모했다. 이것이 가짜 사절, 즉 "위사(僞使)"의 문제이다. 이렇게 해서 다원적인 외교는 유명무실해졌고 15세기 후반에서

16세기에 걸쳐 조일간의 관계는 거의 조선과 대마도와의 관계가 되었다고 해도 과언이 아니다.

IV. 금·은·동 무역

1. 왜 일본은 활발하게 대조선무역을 했을까?

일본과 조선의 금(金)·은(銀)·동(銅) 무역을 생각하기 전에 일본과 중국명(明)나라와의 무역에 대해 살펴보겠다. <표 2>는 10년 간 무역횟수 및 무역선의 수를 나타낸다. 이 표를 통해서 1400년대에 피크를 이루었으며,1410년대 이후에는 10년에 1회 정도로 무역이 행해졌음을 알 수 있다.

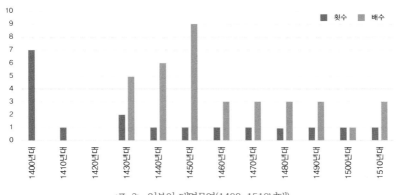

<표 2> 일본의 대명무역(1400~1510년대)

또한 1회 무역의 규모(배수)는 1450년대에 피크를 이루었으나 1460년대 이후에는 하락했다. 따라서 일본의 해외무역은 15세기 중반 이후 조선과의 무역에 큰 비중을 두었다고 볼 수 있다. 15세기 후반 이후 일본의 조선 무역과 명 무역의 횟수를 비교하면, 1480년대부터 1500년대에

걸쳐서 조선무역은 1년에 약 150회, 즉 10년에 약 1,500회의 빈도로 진행되었는데, 명 무역은 10년에 1회의 빈도에 지나지 않았다. 일본의 역사교과서에서는 명 무역의 중요성만 강조되고 있지만, 조선 무역의 중요성도 간과해서는 안된다.

2. 대마도는 어떻게 금·동무역을 했을까 ?

그럼 대마도에서 조선에 수출한 금에 대해 살펴보겠다. <표 3>의 막대그래프는 대마도의 금 수출량을 가리킨 것이며 단위는 kg이다. 꺾은선그래프는 조선의 면포(綿布) 지출량을 나타낸 것이며 단위는 필(匹)이다.

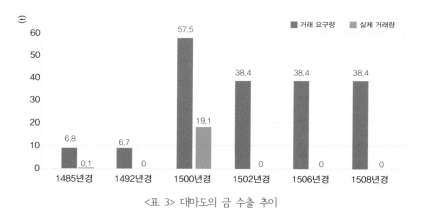

<표 3> 대마도의 금 수출 추이

이것을 보면 1485년부터 1492년에 걸쳐서 금 수출이 증대하였고, 조선의 면포 지출의 증가 즉, 국고지출의 증가로 연결되는 것을 알 수 있다. 이에 조선은 1488년에 금과 면포의 교환비율 및 면포의 품질을 낮추고, 1489년에는 면포 뿐만 아니라 건포와 마포를 섞어서 지불했다. 그리고 1494년에 조선은 금의 공무역(公貿易)을 정지했다.

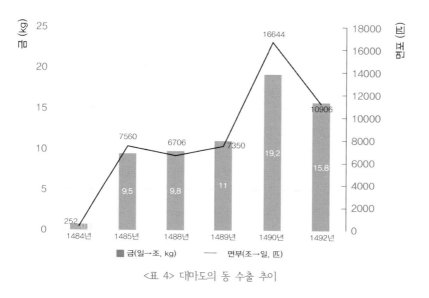

<표 4> 대마도의 동 수출 추이

대마도는 금 무역이 정지되자, 1498년 이후 동 무역을 시도했다. <표 4>의 그래프 왼쪽은 대마도가 요구한 무역량이며, 오른쪽은 조선이 허가한 무역량이다. 1500년에 대마도는 약 60톤의 동무역을 요구했지만, 조선은 그 33%만을 허가했다. 이에 1502년부터 1508년에 걸쳐, 대마도는 남은 67%의 거래를 계속 요구했지만, 조선은 일체 허가하지 않았다. 이러한 무역마찰과 교섭의 결렬은 1510년에 대마도의 무력행사로 전개된다. 이것이 "삼포왜변(三浦倭變)"이라는 큰 사건이다.

3. 삼포왜변은 어떤 결과를 초래했을까?

삼포는 일본 사람이 거류하였던 항만도시로, 경상도의 제포(薺浦)·부산포(釜山浦)·염포(鹽浦)의 총칭이다. 15세기 후반에는 2,000명 이상의 일본인 거류민이 살고 있었는데, 그 중에서도 제포에 일본인 거류민이 가장 많이 있었다. "해동제국기(海東諸國紀)"에는 이러한 삼포의 지도가

수록되어 있는데, 제포의 지도를 보면 일본인을 응접하기 위한 "왜관(倭館)"이나 일본인의 주거인 "왜호(倭戶)" 등을 확인할 수 있다. 현재 제포는 매립공사로 경관이 변화해 버렸지만, 약 15년 전에는 옛날 경관이 그대로 남아 있었다. 이 해안에는 2,000명 이상의 일본인이 밀집해 살고 있었다.

이에 삼포왜변 때에는 제포가 주요한 무대가 되었다. 삼포왜변으로 단절된 조일관계는 1512년에 회복되었는데, 조선은 종래와는 다른 엄격한 조건을 일본측에 제시했다.

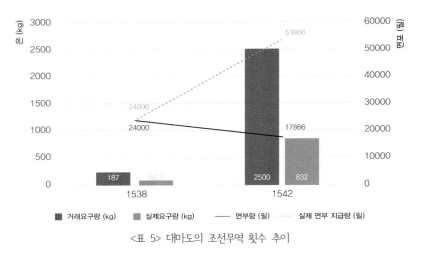

<표 5> 대마도의 조선무역 횟수 추이

첫 번째는 삼포에서의 거류를 전면적으로 금지한 것으로, 이에 따라 인구 3,000명의 항만도시가 소멸하였다. 두 번째는 일본인의 입항지 제한으로, 기본적으로 부산포만 개항되었다. 이것은 조선후기의 부산왜관(釜山倭館)으로 계승된다. 세 번째는 일본인의 무역횟수 대폭 감축으로, 조일간에 횡행했던 위사(僞使)가 급격히 감소했다. 이는 조선과의 무역을 주도하고 있었던 대마도에 큰 타격을 주었다.

<표 5>는 16세기 대마도의 대조선 무역 횟수의 추이를 나타낸 것이다.

삼포왜변까지는 1년에 140회가 넘는 빈도로 무역을 하고 있었던 것으로 추정되지만, 왜변 후에는 거의 25회의 빈도로 무역을 하고 있어 그 수가 격감한 것을 알 수 있다. 그 후 서서히 횟수가 증가했지만, 1544년의 사량왜변(蛇梁倭變)의 결과로 다시 감소하였다. 16세기 중반 이후 대마도와 조선과의 관계가 개선되고 무역횟수도 늘어나게 되었는데, 그것은 위사의 증가에 따른 것이었다.

4. 대마도는 어떻게 은무역을 했을까?

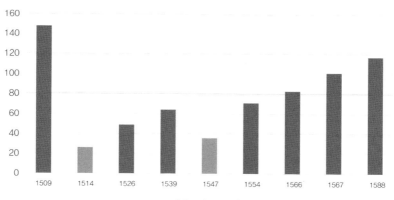

<표 6> 대마도의 은 수출 추이

대마도는 무역 횟수가 제한된 상황 속에서 상품 가치가 높은 은 수출을 시도했다. 막대그래프의 왼쪽은 대마도의 은무역 요구량, 오른쪽은 조선의 허가량, 선 그래프는 조선의 면포(綿布) 지출량을 나타내는 것이다. 1542년에 대마도는 "일본국왕(日本國王)"의 명의를 이용하여 위사(僞使)를 파견해서 은 2,500kg의 무역을 요구했지만, 조선은 그 33%만을 허가했다. 게다가 은과 면포와의 교환비율을 83%나 낮추고, 면포 지출의 삭감을 도모했다.

그러나 조선은 "일본국왕"을 배려하여 무역 대가와는 별도로 면포 35,000필을 특별히 증여했다. 이에 결과적으로는 총액 54,000필의 면포가 유출되었다.

5. 대량의 은은 어디서 산출되었을까?

은의 대량 수출에는 대마도의 이해관계가 개입되어 있었는데, 그렇다면 은은 어디에서 산출되어 조선으로 유입되었을까? 16세기 일본에서 은이 대량 산출된 배경에는 "이와미은산(石見銀山)" 즉, 현재의 시마네현(島根縣)에 소재한 은산이 있다. 이와미은산에서는 세계의 3분의 1에 해당하는 은이 산출되었으며, 현재 유네스코 세계문화유산으로 등재되어 있다. 이 은산은 1520년대에 하카타상인(博多商人)에 의해 발견되어 개발이 진행된 것이다.

이렇게 해서 이와미은산에서 산출된 은이 하카타와 대마도를 통해서 조선으로 수출되었다. 은의 생산은 채광(採鑛)·선광(選鑛)·정련(精鍊) 등의 과정을 거친다. 특히 은의 순도(純度)를 올리는 데 있어서 중요한 과정이 정련이다. 종래 일본에서는 정련기술이 미숙했지만, 16세기에 조선에서 전파된 "하이후키법(灰吹法)"이라는 새로운 기술이 도입되면서 순도가 높은 은이 대량 생산되었다.

일본의 은 산출에 재빠르게 반응한 것이 중국 명나라의 상인이었다. 당시 명나라에서는 은의 수요가 높아지고 있었기 때문에 상인들은 어떻게 해서든 은을 입수하고자 하였다. 명나라에서는 건국 이후 약 150년 이상 해금정책(海禁政策)으로 상인들이 해외무역을 하지 못했는데, 16세기에는 해금정책이 느슨해지면서 일본에 직접 도항해서 은을 입수하게 되었던 것이다.

이에 일본 은은 무역을 제한한 조선보다 명에 더 많은 양이 수출되었

다. 명나라 상인이 동아시아와 동남아시아의 바다에 다시 등장하게 됨에
따라 종래 번창했던 유구(琉球)는 쇠퇴해갔다.

그리고 명나라 상인이 동남아시아를 왕래하여 그 특산물을 동아시아
로 가지고 오게 되었다. 명나라 상인은 조선에도 도항을 시도했지만, 조
선은 그 입항을 허가하지 않았기 때문에 동남아시아의 특산물은 예전처
럼 일본을 통해서 유입되었다.

이렇게 해서 16세기 후반에는 소목(蘇木) 등 동남아시아의 특산물이
명나라 상인과 일본을 경유해서 조선에 유입되었다. 또한 일본의 은은
주로명나라나 유럽에 수출되었기 때문에 조선에는 동을 다시 수출하게
되었다. 이러한 구조는 17세기 이후의 조일무역으로 계승된다.

V. 맺음말

14세기 말부터 15세기 전반에는 일본의 무로마치막부(室町幕府)나 규
슈(九州)의 영주(領主)들이 각자 조선과의 직접 교섭을 하는 다원적(多
元的)인 외교(外交)의 시대였다. 15세기 중반에서 16세기 말에 걸쳐서는
그러한 다원적인 외교가 유명무실해지고, 대마도(對馬島)가 독점적으로
조선과의 외교와 무역을 추진했다. 그리고 본 발표에서는 다루지 않았지
만, 17세기부터 19세기까지는 대마도의 실무적인 외교와 무역을 바탕으
로 조선통신사(朝鮮通信使)로 상징되는 에도막부(江戶幕府)와 조선과의
선린외교(善隣外交)가 성립되었다.

15세기 중반부터 16세기 말까지의 시기는 대마도가 조선과의 외교와
무역을 독점하면서 경제교류가 상당히 발전하게 된다. 그것을 뒷받침한
것이 본 발표에서 구체적으로 살펴보았던 동남아시아 상품의 국제유통,
일본의 광산 개발의 발달, 그리고 조선의 목화재배 발달이라는 경제적인

상황이었다. 한편으로 대마도에 의한 무역의 독점은 위사(僞使)나 왜변 (倭變)을 초래하는 원인이 되었다. 17세기가 되면 전(前) 시대에 발전한 경제교류는 보다 합리적인 시스템으로 발전했다. 또한 대마도가 에도막 부의 엄격한 통제 하에 놓이게 되면서 위사가 소멸하고 왜변도 발생하지 않았다.

이와 같이 조일관계의 역사적인 전개를 보면, 17세기에서 19세기까지 는 성숙기(成熟期), 15세기 중반에서 16세기말까지는 성장기(成長期), 그 리고 14세기말부터 15세기 전반까지는 태동기(胎動期)였다고 볼 수 있 다.따라서 성장의 원동력이 된 것은 동남아시아 상품의 국제유통, 일본 의 광산 개발의 발달, 조선의 목화재배 발달이며, 그 과정에서 생긴 모순 이 위사나 왜변이었다고 할 수 있다.

제113회 발표, 2017년 11월 20일

오타쿠문화를 통해 본 한일문화교류

|

김효진(서울대학교 일본문화연구소 교수)

Ⅰ. 들어가며

1990년대 이후 일본을 대표하는 이미지는 후지산, 게이샤, 사무라이, 닌자 등의 전통적인 이미지에서 커다란 눈을 한 애니메이션의 미소녀, 네온사인이 난무하는 도쿄의 빌딩숲, 포켓몬으로 바뀌어 왔다. 저널리스트 McGray가 이런 일본의 문화적 매력을 국민총매력(Gross National Cool, 2002)로 표현하였던 바, 일본의 대중문화, 그 중에서도 만화, 애니메이션, 게임 등의 소위 '오타쿠문화'가 세계적으로 인기를 얻게 된지 어느새 30년에 가까운 시간이 흘렀다. 버블경제 붕괴 이후 주춤하고 있는 경제와는 달리, 일본의 오타쿠문화는 전세계에 걸쳐 이에 열광하는 매니아들을 가리키는 팬덤(fandom)을 만들어 냈으며 이는 최근 일본 정부가 적극적으로 추진하고 있는 COOL JAPAN 정책의 정당성을 뒷받침하는 것이기도 하다.

그러나 일본정부 및 관련 단체가 기대했던 것처럼 오타쿠문화의 전세계적인 인기는 반드시 해당 국가의 '일본화(japanization)' 및 대중의 일본 친화적인 인식을 초래하는 것은 아니었다. 이와부치 고이치(岩淵功一 2001)가 분석하고 있듯이, 이는 특히 역사인식을 둘러싸고 첨예한 갈등이 되풀이되고 있는 동아시아권에서 뚜렷하게 드러나는 현상이다.

한국의 일본 오타쿠문화 수용 및 관련 팬덤의 사례는 이런 관점에서 볼 때 흥미롭다. 그 이유로는 1) 한국의 일본대중문화 해금이 1998년이라는 비교적 늦은 시기에 시행되어 문화산업의 영향에서 상대적으로 자유로왔다는 점, 2) 해금 이전, 문화자본의 공백 속에서 발생한 한국 내 팬덤은 자발적이고 적극적으로 오타쿠문화를 수용하는 문화실천으로 볼 수 있다는 점, 3) 해금 이후 이런 상황은 급격히 변화하여 오타쿠문화의 일상화와 함께 팬덤 내부적으로 이에 대한 차별화(distinction)가 일어나고 있다는 점을 들 수 있다.

이 글에서는 1998년 한국의 일본대중문화 해금을 기점으로 한국의 오타쿠문화 수용에서 드러나는 특징과 현황을 살피고 최근의 변화가 무엇을 의미하는지 고찰한다. 특히 이 중에서도 2000년대 중반에 탄생하여 최근에는 대중적으로 사용되고 있는 한국판 오타쿠인 '오덕후'가 일본의 오타쿠와 어떻게 다른지, 그리고 2010년대 이후 두드러지게 나타나는 현상인 한본어의 사용, 우익콘텐츠논란 등이 어떤 의미를 갖는지에 대해 다룬다.

특히 이 중에서도 2000년대 중반 이후 잦아진 '우익콘텐츠논란'의 현황과 그 의미를 집중적으로 살펴보고자 한다. 연구자의 가설은 이와 같은 '우익논란'은 일본 대중문화 해금 이전의 '왜색문화' 담론을 대체하는 것으로 과거와 같은 마니아적인 소수에 의한 일본 대중문화 수용에서 벗어나 오타쿠문화에 대한 라이트(light)한 팬층이 늘어나고 있는 현상, 즉 일본 대중문화에 대한 전반적인 반감의 약화를 배경으로 하고 있다는 것이다. 일견 모순적으로 보이는 이 두 가지의 현상이 어떻게 연결되어 있는가를 분석한다.

II. 한국의 오타쿠문화 수용:
일본 대중문화 해금에 따른 팬덤의 변화를 중심으로

1. 1998년 일본대중문화 해금 이전

일본의 오타쿠문화는 1970년대 이후 SF서클을 중심으로 탄생하여 1975년 제 1회 코믹 마켓의 개최 이후, 만화, 애니메이션, 게임 산업의 비약적인 발전 등의 경로를 거쳐 2010년대인 지금 전세계적으로 탄탄한 팬덤을 구축하고 있다. 과거 식민지 경험으로 인해 일본의 대중문화에 대한 사회적인 거부감이 강력했던 전후의 한국사회였지만 식민지를 직접 경험한 세대는 일본 대중문화에 대한 기억을 지니고 있었고, 이는 영화, 드라마, 음악 등에서 직간접적인 일본의 영향으로 드러나게 되었다. 이를 가장 잘 보여주는 것이 바로 '왜색문화'에 대한 경계심이었다. 공식적으로 일본 대중문화의 수입은 금지되어 있었지만 문화산업적인 측면에서 한국보다 발전해 있었던 일본의 대중문화는 직간접적으로 한국에 많은 영향을 주었으며, 이에 반비례하여 한국사회의 모든 영역에서 '왜색'을 찾아내어 이를 제거하고자 하는 대중의 욕망은 매우 강렬했다.

이지원에 따르면 이 시기 '왜색'이란 '일본의 것', '일본적인 특성', '일본에서 유래한 것'으로 이 용어를 정부, 언론, 대중적 차원에서 직접화법/공식적으로 사용하고 있고 과거의 잔재 뿐만이 아니라 현재적인 영향까지 모두 포함하여 배제의 대상으로 취급한다는 것이 특징이다. (이지원 2015) 매스미디어에서 이런 왜색문화론이 가장 강력하게 제기되었던 시기는 1965년 한일국교정상화부터 1990년대 이전까지로, 일본과의 교류가 재개되면서 이런 상황에 맞서 일본의 문화적 영향을 최소화하고자 하는 흐름으로 볼 수 있다.

흥미로운 것은 이렇게 일본 대중문화의 수입이 금지되어 있던 상황에서도 일본의 애니메이션만은 '일본색(=왜색)'을 제거한 후 공중파 티비를 통해 한국에서 방영되었다는 점이다. 어린이용 프로그램이 부족했던 한국에서, <캔디캔디> <마징가 제트> 등의 애니메이션들은 한국의 어린이들에게 많은 사랑을 받았으며 이들은 향후 한국에서 일본의 오타쿠문화를 수용하는 첫세대로 자라나게 된다. 만화 또한 일본의 만화를 한국인 작가가 대필하는 방식으로 그려낸 불법 복제만화, 혹은 한국이나 서양 작가로 명의만 바꾼 일본의 만화가 출판되어 만화방을 중심으로 많은 인기를 끌었으며 1980년대 초반부터 활발하게 활동하기 시작한 만화동호회 및 동인작가들은 바로 이런 일본 오타쿠문화의 영향을 직접적으로 받은 사례이기도 하다.

1980년대에는 비디오대여점을 중심으로 일본의 애니메이션이 유통되었으며, 다양한 루트를 통해 일본의 만화, 애니메이션이 유입되었다. 이런 루트의 하나로 일본방송의 시청이 가능했던 부산에서 일본의 방송 프로그램을 녹화하여 어학원의 학습용, 또는 개인적인 루트로 유통되고 있었던 것 또한 특기할 만 하다. 또 이 시기는 일본의 경제력이 전세계적으로 두각을 나타내는 시기로, 한국 내에서도 일본어 학습 열풍과 함께 대학에 관련학과가 대거 개설되는 등, 식민지 시기 당시 일본어를 배운 세대 뿐만 아니라 젊은 세대에서 일본어를 학습한 경우가 늘어나게 되었다. 1960년대, 70년대에 출생하여 80년대에 청소년기, 청년기를 보낸 이들은 이런 루트를 통해 오타쿠문화의 직접적인 영향을 받으면서 성장하였으며 이후 한국의 만화, 애니메이션 산업에서 활동을 하는 경우도 많았다.

특히 1990년대 초반 한국에서 서비스를 시작한 피씨통신(하이텔, 천리안 등)은 여전히 소수에 머물러 있었던 1980년대의 한국내 오타쿠 팬덤을 극적으로 확장시키는 효과를 가져왔다. 피씨통신의 관련 커뮤니티를 통해 흩어져 있었던 팬들이 모여 적극적으로 정보를 교환할 수 있었고, 비슷한 시기에 시행된 해외여행 자유화, 그리고 국제화의 흐름을 배경으로 많은 팬들이 직접 일본에 건너가 현지에서 관련 물품 및 정보를 입수할 수 있게 되었다.

이 당시 한국의 오타쿠문화 팬덤은 스스로를 '오타쿠'라고 칭했으며, 이때 오타쿠란 사회적 트라우마를 연상시키는 일본의 맥락과는 달리 유창한 일본어 능력과 관련 물품을 살 수 있는 경제적 능력을 겸비하고 있다는 일종의 사회적 지위를 의미하는 것이기도 했다. 이는 서구에서 OTAKU의 의미가 여전히 긍정적인 뉘앙스를 지니고 있다는 점에서도 확인할 수 있다. 이들 한국인 '오타쿠'는 자신들이 향유하는 콘텐츠의 대부분이 공식적으로는 금지된 '불법'[1]이었음에도 불구하고 자신들의 취향에 따라 스스로 그를 선택하고 척박한 환경 속에서 이를 추구했다는 점에서 매우 적극적이고 능동적인 팬이었다. 이는 콘텐츠 뿐만 아니라 그 콘텐츠가 탄생한 일본사회 전반에 대한 관심으로 연결되는 긍정적인 효과를 가지고 있기도 했다. 물론 주류사회에는 일본 대중문화에 대해 '불법'콘텐츠이며 음란과 폭력으로 점철되어 한국에 나쁜 영향을 끼친다는 '왜색문화' 담론이 여전히 팽배한 상태였지만, 전세계적으로 인기를 얻기 시작했던 일본 대중문화의 영향력을 한국에서는 이들 1세대 오타쿠들이 가장 먼저 선취한 것이다.

2. 일본대중문화 해금 이후: 변화하는 인식

이런 상황이 극적으로 변화하게 된 계기는 김현미(2003)가 지적하듯이 1998년 이후 단계적으로 시행된 한국 정부의 일본 대중문화 해금이었다. 2002년까지 단계적으로 시행된 후 현재 공중파 티비에서 일본어 드라마, 버라이어티, 노래 등은 여전히 방영이 금지된 상태로 머물러 있지만, 이

---

1 1990년대 초반에는 만화나 애니메이션 중 일부는 정부의 허가 하에 공식적으로 번역되어 인기를 끌었지만, 일본 대중문화 자체는 분명히 수입이 금지되어 있었다.

해금 조치를 기점으로 일본 대중문화는 '불법'이라는 이미지가 일소되는 계기가 되었다.

그리고 김대중 정권 하에서 문화산업의 육성이라는 목표 하에 적극적으로 추진된 한국 콘텐츠 산업의 해외 진출은 실제로 일본을 포함한 아시아권을 중심으로 많은 팬덤을 만들어냈고, 이는 한류로 불리는 커다란 대중문화적 흐름으로 이어졌다. 영화, 드라마, K-POP 등, 한국 콘텐츠산업의 비약적인 발전과 대중문화의 세계화에 힘입어 발생한 한류는 한국 내부뿐만이 아니라 전세계적으로 팬덤을 만들어 냈으며 이런 문화산업의 융성과 함께 한국에도 다양한 외국의 대중문화가 수용되는 계기가 되었다.

영드, 미드 등으로 불리우는 서구권의 대중문화 콘텐츠가 인터넷과 케이블 티비를 통해 한국에 대거 수용되면서, 일본의 오타쿠문화는 과거 음란, 폭력적인 왜색문화의 상징에서 합법적으로 즐길 수 있는 다양한 해외 콘텐츠 중 하나로서 성격이 바뀌게 되었다. 특히 이미 팬덤이 1980년대부터 본격적으로 형성되기 시작한 만화, 애니메, 게임 등의 분야는 출판과 인터넷, 케이블 티비를 통해 대중적으로 향유되기 시작하였다. 그리고 1990년대의 팬덤과는 달리 자신의 취향에 따라 일본산을 비롯한 다양한 해외산 콘텐츠를 넘나들면서 즐기는 팬이 주류를 이루게 되었다.

즉 1990년대의 매니아적인 팬덤이 점차 사라지는 대신, 특정한 연예인이나 콘텐츠에 대한 팬덤으로 변화하기 시작한 것이다. 실제로 이로 인해 오타쿠문화에 대한 정보는 인터넷이나 실제 여행을 통해 쉽게 접하게 되었지만 이전 세대처럼 오타쿠문화 전반, 그리고 나아가 오타쿠문화를 탄생시킨 일본사회 전반에 대한 폭넓은 관심을 지닌 팬들은 비율이 줄어들게 되었다. 이전 세대들처럼 "일본 문화에 대해 총체적인 이미지와 아이디어를 갖고 일본 문화를 평가하거나 좋아하기 보다는 일본대중문화의 특정장르나 스타가 좋기 때문에 '소비'하는"(김현미 같은 글 173) 젊은 세대의 등장은 더 이상 일본대중문화가 금기이기 때문에 특별하게 취급했던 시대로 돌아갈 수 없다는 사실을 상징한다.

그러나 젊은 세대들에서 일본에 대한 반감이 사라진 것은 아니다. 일본어 인터넷을 중심으로 가시화된 일본의 인터넷우익, 그리고 일본 보수 정치인의 우익적인 발언에 대해서 한국의 젊은 세대들 또한 강력한 비판 의사를 표시한다. 물론 이것은 과거와 같이 심각한 태도라기보다는 유희로서의 면이 강한 것으로서 기존의 민족주의로는 설명할 수 없는 소위 대중민족주의(popular nationalism)의 성격을 띨 때가 많다. 이들에게 있어 일본산 대중문화에 대한 기호와 일본에 대한 정치적인 입장은 완전히 분리된 영역으로, 이전 세대의 팬들과는 달리 그러한 태도를 합리화할 필요성을 느끼지 못한다는 점이 특징이다.

여기서 고속인터넷이라는 미디어환경이 가져온 변화에 대해서도 지적할 필요가 있다. 한국에서는 1990년대 후반부터, 일본에서는 그보다 늦은 2000년대 초반부터 본격적으로 보급되기 시작한 고속인터넷을 통해 일본 오타쿠문화 콘텐츠가 불법 다운로드라는 형태를 통해 다량으로 한국어 인터넷에서 공유되었고, 자동기계번역시스템이 활용되면서 한일 양국의 인터넷 유저간의 접촉이 급증하게 되었다. 물론 이는 항상 바람직한 결과만을 가져온 것은 아닌데, 한국의 경우 90년대의 오타쿠와는 다른 형태의 '한국형 오타쿠', 즉 오덕후의 탄생과 그를 통한 차별화에서 그 일단을 엿볼 수 있다.

III. 한국형 오타쿠인 '오덕후'의 탄생: 2000년대 중반

나카모리 아키오(中森秋夫)가 1980년대 초반 <코믹마켓> 등 만화, 애니메, 게임 관련 이벤트에 모여 자신들만의 커뮤니케이션을 향유하는 젊은이들을 가리켜 '오타쿠'라고 명명한 이래, 일본에서 오타쿠는 만화, 애니메이션, 게임 등에 열광하는 젊은이를 가리키는 말로 굳어졌다. 현실보다 2차원을 애호한다는 점에서 사회성을 결여하고 있다는 선입견의 대상이었던 이들은 1989년 미야자키 쓰토무의 유아연속살인사건으로 인해 더욱 이미지가 나빠지게 되었다. 그러나 90년대 중반 <신세기 에반겔리온>의 대히트를 비롯한 일본 대중문화의 세계적인 인기는 이런 오타쿠들의 이미지를 점점 개선시켜 왔지만 일본사회에서 여전히 과거의 부정적인 이미지가 남아있는 것이 현실이다. (김태용 2009)

그러나 해외, 특히 서구의 OTAKU는 일본의 맥락과는 전혀 다른 의미를 지니고 있다. 해외에서 일본 오타쿠문화의 팬인 OTAKU를 자임하기 위해서는 일본어 능력과 관련 물품 및 정보를 모을 수 있는 경제력, 그리고 다른 팬들과 교류하기 위한 적극성이 필요했다. 여기에는 일본에서의 선입견과는 달리 해외 문화에 대한 적극적인 수용이라는 긍정적인 뉘앙스가 내포되어 있다. 앞에서 살펴본 바와 같이, 1990년대의 한국에서도 이런 뉘앙스는 유지되었으며 이들은 오타쿠문화를 계기로 일본사회문화에 대한 전반적인 이해를 추구하는 경향이 뚜렷했다.

이러한 상황은 일본대중문화의 개방조치가 시행되고 고속 인터넷이 보급되었으며 워킹할리데이 제도 도입 등 한국인의 일본 경험이 증가하는 2000년대 이후 급격하게 변화하게 된다. 그 사례로 한국형 오타쿠를 의미하는 '오덕후' (줄여서 '오덕'이라고 부르기도 함)라는 용어가 등장하여 오타쿠를 빠르게 대체하는 과정을 살펴보자. 김현미는 일본대중문화 개방의 영향으로 매니아(mania)와 라이트한 팬층이 분화되기 시작했다고 분석하고 있는데 이는 '오타쿠'가 '오덕후'로 변화하는 과정과 연관성이 있다.

2005년경 인터넷에 등장했다고 추정되는 오덕후(五德厚)는 일본어인 '오타쿠' 발음을 일부러 변형시켜 보다 한국어같은 부드러운 발음으로 바꾸고 적당한 한자를 붙인 용어이다. 의미는 '5개의 덕을 두텁게 가진 인물'로 5개의 덕은 '인, 의, 예, 지와 피규어'라고 한다. 1990년대의 오타쿠와 2000년대의 오덕후는 그 의미와 사용되는 맥락이 다르다. 후자는 일본대중문화의 팬만이 아니라 전반적인 팬덤을 가리키는 용어로서 사용되고 있는데, 구체적으로 오타쿠는 어디까지나 일본 오타쿠 문화의 팬을 가리키는 말이지만 한국어화된 오덕후는 매니아와 유사하게 사용되고 있다. 물론 어원을 반영하여 오덕후의 다수가 일본 오타쿠문화의 열광적인 팬이지만 '소덕(소녀시대의 팬)' '밀덕(밀리터리 마니아)'의 용어 등에서 나타나는 활용례에서도 알 수 있듯이 일본이라는 정체성이 약해지고 있다. 남은 것은 오타쿠의 특징으로 알려져 있는 대상에 대한 지나치게 강한 애정과 집착이라는 태도뿐이다.

그 대신 오덕후와 함께 한국어 인터넷에서 사용되기 시작한 용어가 바로 '일빠(일본빠돌이, 일본 빠순이)'이다. '일빠'란 '일본의 문화가 수준이 높다고 여기며, 일본 문화에 도를 지나친 환상을 품고 있다. 일본의 문화를 맹목적으로 선호하고 자국의 문화를 부끄럽게 여기기까지' 하는 사람을 가리키는 용어로 '오덕후와 혼동하기 쉽지만 오덕후는 오타쿠문화에 열광하는 한편, 일빠는 일본 자체에 눈이 먼 상태'를 가리킨다. 오덕후가 일본 오타쿠문화의 팬 뿐만 아니라 일반적인 매니아를 지칭하게된 현재, 오덕후의 일부가 일빠로 간주된다. 한국인의 일상에서 일본 오타쿠문화를 선호하는 것(=오덕후)은 더 이상 그 자체로 문제가 되지 않는다. 다만 '무분별하게' 일본을 추종하는 태도(=일빠)는 문제가 된다. 이런 오덕후와 일빠의 차별화는 무엇을 의미하는 것일까? 이를 일견 상반되는 한본어의 인기와 우익콘텐츠논란의 공존을 통해 살펴보도록 하자.

IV. 2010년대 이후의 변화: 한본어의 인기와 빈발하는 우익콘텐츠논란

1. 자막테러와 한본어의 등장

자막테러와 한본어의 인기는 2010년대에 들어와 일본에 대한 거부감이 젊은 세대에서 약화되고 있다는 사실을 가장 잘 보여주는 사례이다. 2000년대 이후, 고속 인터망을 통해 외국의 콘텐츠 시청이 보다 쉬워지면서 관련 콘텐츠의 팬들이 자발적으로 자막(fansub)을 만들어 배포하는 경우가 늘어났다. 일본의 애니메이션을 포함하여 미드(미국드라마)나 영드(영국드라마) 등도 인기를 끌면서 자막의 종류도 다양해졌다. 자막은 팬들이 자발적으로 제작하는 것이므로 동일한 작품에 대해서 다양한 자막이 존재할 수 있으며, 이 과정에서 자막 제작자의 개성을 드러내고자 일부러 오역이나 언어유희적인 요소를 집어넣는 사례가 급증하였다. '자막테러'가 증가하게 된 것도 이런 흐름을 배경으로 한다. 자막테러란 자막 제작자들이 실수로, 혹은 의도적으로 자막에 오류를 내는 행위를 의미하는데, 최근에는 시청자들의 웃음을 유발하기 위한 의도적인 오류가 증가하고 있다.

이중에는 다양한 유형이 있지만 이 글에서 주목하는 것은 소위 '한본어', 즉 한국어와 일본어를 합성한 언어가 자막테러에서 다양하게 사용되고 있으며 이것이 젊은 세대, 특히 인터넷에서 인기를 끌고 있다는 사실이다. 가장 대표적인 것이 애니메이션 <건담 시드 GUNDAM SEED>의 남자 주인공이 한 대사인 "やめろ！もうやめるんだ、こんな戰いは！"를 "야메로! 이런 싸움은 모 야메룽다!"로 번역한 자막이다. 이 자막을 포함한 애니메이션의 장면은 인터넷에서 많은 화제를 불러일으키며 처음 등장한 2004년부터 현재에 이르기까지 웹툰, 온라인 게임 등에서 사용되고 있다.

이는 과거 소위 '오타쿠체' '오덕체'라고 불리우는 일본어 번역투가 한국어를 훼손한다는 이유로 비난을 받았던 상황을 생각한다면 놀라운 변화이다. 일본어를 발음 그대로 한글로 써서 한국어 속에 섞어 쓰면서 그 어감을 유머로 느끼고 즐길 수 있는 세대가 등장한 것이다. 과거 왜색문화론에서 한국어에 섞여 있는 일본어는 한글을 파괴하는 주범으로 규탄되었는데 반해, 젊은 세대에게 일본어는 만화, 애니메, 게임을 연상시키는 친근한 언어이자 영어와는 달리 쉽게 배울 수 있는 언어로서 인식되고 있다. 이러한 젊은 세대의 개방적인 태도를 통해 우리는 일본에 대한 태도가 역사적 맥락에만 머물러 있지 않고 변화하고 있음을 체감할 수 있다.

2. 우익콘텐츠논란과 오덕후 커뮤니티 내부의 차별화

오덕후와 일빠의 구분이 보여주듯이, 일본산 콘텐츠를 일본이라는 맥락에서 분리하여 즐기는 오덕후들이 탄생했다는 사실이 젊은 세대들에게 있어 일본에 대한 반감이 줄어들었다는 사실을 의미하는 것은 아니다. 이와부치에 따르면 "문화제국주의 언설이 그 설득력을 잃고, 전후 50년의 세월이 흘러 과거의 식민지인 한국과 대만이 일본의 대중문화 수입에 관용적이 되고 규제를 완화했다고 해도, 일본의 과거 침략행위가 잊혀졌다거나 역사적으로 만들어진 문화적 권력 관계가 이제 더는 문제시되지 않음을 의미하지는 않는다." (2001:61) 그리고 우익콘텐츠논란은 바로 이런 젊은 세대의 오타쿠문화 수용이 드러내는 이중적인 태도를 가장 잘 보여주는 사례이기도 하다.

2000년대 이후 소위 '라이트'한 오타쿠문화 팬들이 증가하면서 자주 발생하기 시작한 것이 '우익콘텐츠논란'이다. 이때 우익콘텐츠논란이란,

특정 작가나 콘텐츠가 우익적인 성향을 띠고 있다는 점을 문제로 삼는 것으로 최근 가장 큰 이슈였던 사례는 일본의 만화, 애니메이션인 「진격의 거인(進擊の巨人)」과 「원피스(ワンピース)」를 둘러싼 논란이 있다. 전자의 경우 작가인 이사야마 하지메(諫山創)가 일본의 군인인 아키야마 요시후루(秋山好古)를 존경한다는 발언을 했다는 점, 그리고 SNS에서 작가 본인의 계정으로 추정되는 비공식 계정에서 넷우익과 유사한 발언을 남겼다는 점이 한국의 인터넷에서 논란을 일으켰다. 후자의 경우, 지난 2014년 여름 기획되었던 전시회가 해적이 주인공인 작품의 특성상 풍어를 기원하는 욱일기(旭日旗) 문양이 종종 사용된다는 점이 문제가 되어 일방적으로 취소가 된 사건으로 인해 우익논란이 벌어졌다. 그러나 전자와 후자의 경우 결과가 다르게 나타났는데, 전자의 경우 한국사회에서 사회적 주목도 및 인지도로 인해 한국인 팬들이 다수 이탈하는 현상이 나타났고, 후자는 전시회를 기획한 한국회사의 소송을 통해 법원이 우익논란에 근거가 없으므로 취소가 무효라는 판결을 내림으로써 우익논란도 잠잠해지는 결과를 거두었다.

이 두 가지 사례는 최근 한국의 오타쿠문화 팬덤에서 가장 큰 파장을 일으킨 사건으로 2010년대의 '우익논란'을 대표할만한 사례지만, 그 이외에도 우익논란은 <반딧불의 묘>를 시작으로 2000년대 이후 다양한 작가, 다양한 콘텐츠에 대해 일어났다. 이때 2000년대는 2002년 한일월드컵 개최 이후 한류 등 한국과 일본의 문화 교류가 비약적으로 증가하게 된 시기인 동시에 교류의 증가로 인한 접촉기회의 증가, 그리고 그로 인한 반목도 늘어났으며, 독도문제 및 역사인식, 위안부 문제 등의 이슈마다 갈등이 일어나는 등 한국과 일본의 문화 교류가 확대된 동시에 정치적으로는 대립이 격화되었던 모순적인 시기이기도 하다. 1990년대 한국의 '오타쿠'가 지녔던 중산층적인 이미지는 2000년대 중반의 '오덕후'들에게서는 사라진 상황이었으며 이는 그 당시 독도 분쟁 등 격화되는 정치적 갈등으로 인해 더욱 더 강화되었다.

이런 상황에서 오덕후들은 일반인들보다 더 민감하게 오타쿠문화 콘텐츠와 작가에 대한 우익논란에 반응하는 특성을 보여 왔다. 「진격의 거인」과 「원피스」는 일본을 넘어 세계적으로 인기를 끌고 있는 만화 및 애니메이션으로 두 작품 모두 한국에서도 인지도가 높다. 흥미로운 것은 이렇게 인지도가 높은 두 만화에 대해 각각 우익논란이 일어났다는 점이다. 압도적인 거인에 대항하는 인류의 싸움을 테마로 삼고 있는 「진격의 거인」은 초기에는 작가의 블로그 등을 통해 한국인 팬덤과 직접적인 교류가 일어나는 등, 문제의 소지가 전혀 없었던 작품이었다. 그러나 작가인 이사야마 하지메(諫山創)가 자신의 블로그에서 존경하는 인물로 일본 제국주의 시대의 군인인 아키하마 요시후루(秋山好古)를 거명한 이후 한국 팬덤 내부에서 작가의 역사의식을 문제삼아 우익이라는 비판이 속출했다. 그러나 작가 개인의 사상에 대한 시시비비는 있을 수 있지만 작품 자체가 명시적으로 우익적인 사상을 깔고 있다고 보기는 어렵다.

이는 「원피스」를 둘러싼 우익논쟁에서 더욱 극명한 형태로 드러난다. 해적이 주인공인 「원피스」 관련 대형 전시회가 2014년에 용산 전쟁박물관에서 개최될 예정이었는데, 작품 속에서 일본의 '욱일승천기'가 등장하므로 이 작품은 우익적인 세계관을 가지고 있다는 민원이 제기되어 전시회가 일방적으로 취소된 사건이었다. 이 사건이 보도되면서 한국의 매스미디어와 인터넷에서는 욱일승천기가 사용된다는 점 자체가 문제가 있고 굳이 용산 전쟁박물관에서 개최될 이유가 없다는 점을 들어 취소처분을 당연시 여기는 목소리가 높았다. 그러나 주관사가 제기한 소송에서 법원은 작품이 일본제국주의를 찬양하지 않으며 원작에서 사용된 욱일기가 일본제국주의를 상징한다고 볼 수 없다는 판결을 내려 우익콘텐츠 논쟁에 종지부를 찍었다.

여기서 알 수 있는 것은 우익콘텐츠 논쟁에서 문제가 되는 내용이 작품 전체에 대한 문제제기라기 보다는 특정한 부분 -작가의 발언이나 작품에 등장하는 일부 상징-에 치우쳐 있다는 것이다. 「진격의 거인」의 경우도 작품 자체에 대한 논란이라기 보다는 그 진위가 명확하게 밝혀지지 않은 작가의 비공식 트위터 계정에서의 발언이 문제가 되었으며, 「원피스」전시의 경우도 법원의 판결이 밝히고 있는 바 우익적 사상과는 동떨어진 작품으로 오히려 진보적인 가치를 내세우고 있다는 점이 인정되는 작품이다.

즉, 작품 전체에 대한 비평적 시각 대신 작품의 일부분이나 작가 개인의 성향을 문제삼아 비판하는 사례가 점차 증가하고 있다. 「원피스」와 관련하여 욱일승천기 논란 또한 일본과는 관계 없는 맥락에서도 욱일승천기와 유사한, 태양의 빛을 표현하는 문양에 대해 문제를 제기하는 방식으로 전개될 때가 많다. 이는 일본에 대한 관심이 옅어지면서 전체적인 맥락을 파악하려는 노력 대신, 특정 상징에 반사적으로 반감을 표하는 경우가 증가하고 있다고 해석할 수 있다.

이는 앞에서도 살펴본 바, 오타쿠들의 일본에 대한 태도변화와 밀접한 연관이 있다. 일본문화개방 이전의 오타쿠들이 '일본산' 대중문화를 이해하기 위해 일본에 대한 지식을 쌓으려는 경향이 강했던 반면, 일본대중문화 개방 이후의 오덕후 세대에게 일본산 '대중문화'는 다양한 콘텐츠 중에서 선택 가능한 대상이며, 작품의 맥락이나 사회적 배경에 대한 이해는 점차 희박해지고 있다. 그렇기 때문에 과거와는 달리 일본의 대중문화를 소비하는 것은 아무런 문제가 되지 않는다.

이런 젊은 세대의 문화 소비에 대한 인식과는 달리, 한국과 일본간의 사회적 현안이 대두할 때마다-최근에는 일본군위안부 문제 및 독도 문제 등- 일본의 콘텐츠를 소비하는 행위는 재차 비판의 대상이 될 때가 많다. 과거와 차이점이 있다면 예전에는 '일본의' 콘텐츠라는 이유로 비난을 받았지만, 이제는 개별 콘텐츠나 상징에 대한 우익논란이 부각되고 있다.

일본산 콘텐츠가 주된 대상이긴 하지만 미국 등 해외의 콘텐츠에 대해 전방위적으로 욱일승천기 논란이 일어나고 있는 것 또한 이런 맥락에서 이해할 필요가 있다.

그리고 이때 우익콘텐츠논란이 실제로 겨냥하는 것은 일본작가나 일본팬, 콘텐츠 자체가 아니라 한국의 팬덤, 즉 한국의 오덕후들이다. 논란의 대부분이 '사실은 특정 작가/ 특정 콘텐츠가 우익적이다'라는 내용으로 구성된다는 점은 그것을 알지 못하고 좋아하는 사람들, 즉 한국내 팬덤에 대한 우회적인 경고이자 비판이며 오덕후와 일빠를 구분짓고 차별화하고자 하는 욕망의 또 다른 표현이다. 좋아하는 콘텐츠가 일본에서 만들어진 이상, 오덕후와 일빠의 구분선은 언제나 유동적이며 불안정하고 인위적일 수 밖에 없다. 지속적으로 발생하는 우익콘텐츠논란은 점차 폭넓어지는 일본 오타쿠문화의 소비에 대해 오덕후와 일빠의 차별화를 시도하고자 하는 무의식적인 욕망의 소산일 것이다.

V. 나가며

지금까지 1990년대 이후 한국의 일본 오타쿠문화 수용에 대해 전반적으로 살펴보았다. 정리하자면 첫째, 오덕후의 등장에서 알 수 있듯이 일본 오타쿠문화를 포함한 대중문화가 라이트한 팬층을 포함하여 전반적으로 확산되고 토착화되고 있고, 둘째, 이들은 90년대 이전의 한국 '오타쿠'들과는 달리 콘텐츠와 일본을 분리하여 즐기는 태도가 일반적이며, 셋째, 일본에 대한 전반적인 관심이 저하된 결과 '우익콘텐츠논란'으로 대표되는 특정한 상징에 대한 과민한 반응이 증가하고 있다는 점으로 요약된다.

2010년대 이후, 일상생활이나 인터넷, SNS에서는 일본의 콘텐츠를 일상적인 유머의 대상으로 소비할 수 있는 단계까지 반감이 줄어들었는데 이는 점차 확대되고 있는 외국 콘텐츠 수입 및 한류 콘텐츠의 해외 진출 및 인기에서도 영향을 받은 것으로 추측된다. 한류의 인기를 통해 일본 대중문화에 대한 관심이나 일본의 한류팬과 교류가 증가하는 경우도 증가하고 있고, 세계화라는 흐름 속에서 일본의 콘텐츠 자체에 대한 배타적인 거부감은 젊은 세대 내부에서 약화된 상황이다.

본문에서는 다루지 않았으나 이런 반감의 감소를 뒷받침하는 중요한 요소 중 하나는 바로 콘텐츠 산업과 인터넷, SNS에서 일어나는 인적 교류이다. 이는 인터넷 상에서 일어나는 친교와 친목, 팬덤 혹은 관련 커뮤니티의 교류 뿐만 아니라 일본 콘텐츠 산업에 종사하는 한국인의 증가 및 한일양국의 관련 콘텐츠 산업이 전개하는 적극적인 세계화 전략 등을 통해 자본과 인력의 교류가 실질적으로도 전개되고 있다.

비록 '우익콘텐츠논란'이 종종 발생하여 한일 양국의 매스미디어와 인터넷을 중심으로 문제가 되기도 하지만, 이는 일본 대중문화, 오타쿠문화를 '왜색문화'로 전체적으로 비난했던 과거의 상황과 비교하면 극히 일부에 지나지 않음을 알 수 있다. 결론적으로 '오덕후'의 발생과 우익콘텐츠논란이라는 현상은 한국사회 전반에 걸쳐 일본과 일본 대중문화가 일상화, 환경화된 결과이며 과거에 비해 뚜렷하게 일본 대중문화에 대한 반감이 줄어드는 징후라고 해석한다.

이렇게 봤을 때 일본과 한국의 거리는 지금까지의 어느 시대보다 가까워져 있다. 그렇기 때문에 이에 대한 균형을 잡기 위한 시도이자 그 반동으로서 어떤 특정한 정치적, 역사적 사안에 연루된 것으로 판단되는 콘텐츠에 대한 한일간의 의견 차이가 부각되고 이에 대해 극단적인 반응(우익콘텐츠 논란 등)이 나타나는 것이다.

참고문헌

김태용(2009),「주류가 된 오타쿠, 쇠퇴하는 오타쿠문화」,『문화/과학』통권59호,
　　　문화과학사.
김현미(2003),「일본대중문화의 소비와 '팬덤(fandom)'의 형성」,『한국문화인류학』
　　　36집 1호, 한국문화인류학회.
김효진(2015),「대중문화를 통해 본 한일교류-오타쿠문화의 사례를 중심으로」
　　　『한일관계사 III 사회·문화』역사공간, 2015.
이와부치 고이치(2001),『아시아를 잇는 대중문화』, 또하나의 문화.
이지원(2015),「한일 문화교류와 '반일' 논리의 변화: '왜색문화' 비판 언설의
　　　쇠퇴」『한일관계사 III 사회·문화』 역사공간.

제105회 발표, 2015년 12월 3일

한일 언어 행동 문화비교론
: 한일의 차이를 넘어선 아름다운 동행

|

겐코히로아키(檢校裕郎, 극동대학교 일본어학과 교수)

Ⅰ. 들어가며

1965년 6월 22일은 대한민국과 일본이 한일기본조약에 서명해 국교정상화가 시작된 날이다. 2015년 6월에 KBS와 NHK가 국제공동제작으로 [한일국교정상화 50주년기념 KBS/NHK 라디오<아름다운 동행 - 한일 차이를 넘어서>]라는 프로그램을 제작했다. 이 프로그램은 한일 국교정상화 50주년이라는 기념할 만한 한 해를 맞이했음에도 불구하고, 양국의 관계가 결코 양호하다고는 할 수 없는 상황이 이어지고 있었던 상황에서, 이러한 관계를 개선하는데 조금이나마 보탬이 되고자, KBS와 NHK가 최초로 공동 제작하는 라디오 프로그램이었다. 필자는 이 프로그램에 초청 출연자 중 한 명으로 출연했으며, 출연에 앞서 자료 제공을 하고 각국 대표 PD들과 몇 차례 회의를 하였다.

한국과 일본은 가장 가까운 나라, 이웃사촌이다. 2014년도에만 한국 드라마와 음악, 그리고 음식을 사랑하는 일본인들이 약230만명이나 한국을 다녀갔고 일본의 자연과 쇼핑, 그리고 음식을 즐기기 위해 한국인 280만명이 일본을 방문했다. 그러나 양국 관계는 항상 가깝고 좋은 것만은 아니다. 역사와 정치를 둘러싼 갈등이 있을 때마다 양국 국민들의 마음은 급격히 얼어붙기도 하고 인터넷 공간에서는 극단적인 얘기를 주고 받기도 한다.

그러나, 한국과 일본이라는 서로 다른 역사 문화적 배경 속에서 자랐음에도 서로에 대한 호기심으로 만나 사랑의 결실을 이루어 부부의 연을 맺고 행복하게 살고 있는 사람들이 있다. 그들이 바로 한일 국제결혼 커플들이다.

국제결혼은 서로에 대한 호기심을 가지고 새로운 문화를 즐길 수 있다는 장점이 있기도 하지만, 한편으로는 서로 다른 문화와 생활습관은 갈등의 원인이 되기도 한다. 본 프로그램은 결혼 생활 속의 이야기와 함께 양국의 문화적 차이에 따른 오해와 갈등, 그리고 갈등 극복의 지혜를 들어보려고 한다는 의도로 기획되었다.

방송 기획자는 한국과 일본이 구축하는 최소 단위의 파트너 관계인, 한일 국제결혼 부부에 주목했다. 부부의 연을 맺고 한 지붕 아래에서 생활하다 보면 이런 저런 일들이 생기기 마련인데, 개중에는 타국의 문화나 생활습관의 차이 때문에 발생하는 문제도 있다. 그러나 방송에 출연한 가정은 끈기 있게 대화를 나누며 문제 극복을 위해 노력하여 지금까지도 행복한 부부 관계를 유지해오고 있다. 방송을 통해 이웃나라의 국민들이 어떻게 생각하고 느끼며, 또 어떤 생활문화의 차이를 갖고 있는지, 더 나아가 양국의 관계 개선에 조금이나마 보탬이 되었으면 하는 바람에서 서로 어떤 차이를 가지고 있으며, 또 문제가 있었을 땐 어떻게 극복했는지를 소개했다.

KBS는 6월 19일(금) KBS1 라디오에서 본 프로그램을 방송하였고, NHK는 NHK World RADIO JAPAN을 통해, 6월 21일(일)부터 제1회「운명적인 만남」, 제2회「당신 그랬었어?」, 제3회「아이들, 그리고 미래로」로 3회 편성으로 3주에 걸쳐 방송했다. NHK World RADIO JAPAN은 한국은 물론 전 세계에 방송되었다.

이 글은 그 방송에서 1주년이 된 2016년 6월에 재단법인 한일문화교류기금에서 "상호이해를 높여 협력의 기초를-한일문화교류의 참뜻-"이라는 이사장님 말씀¹에 감명 받고 본인이 출연한 방송 내용과 연관 시켜서 한일 언어 행동 문화를 비교하고, 그리고 앞날에 대한 시사를 주는 것에 목적이 있다.

II. 1998년 한일 파트너십 공동선언 이후의 한일교류

1998년 한일 파트너십 공동 선언⟨한국, 일본의 대중문화개방⟩
2002년 한일 국민 교류의 해 ⟨한일 축구 월드컵⟩
2005년 한일 우정의 해
2008년 한일 관광 교류의 해
2010년 한일국민교류 500만명 시대 도래
2011년 동일본 대지진
2015년 한일국교정상화 50주년

---

1 다른 민족 간의 상호이해를 높여나가는 일은 쉬운 일이 아닙니다. 文化가 다르면 사물을 인식하는 안목도 다릅니다. 서로 다른 관심과 서로 다른 시각에서 상대를 인식하려하면 오해가 생기고 오해가 쌓이면 불신이 깊어지는 악순환이 일어납니다. 국가 간의 갈등은 이렇게 해서 생깁니다. 반대로 서로가 상대의 문화를 깊이 이해하고 상대방의 세상 보는 눈을 알게 되면 다른 견해를 가졌다 하더라도 諒解하게 되고 상대방을 포용할 수 있게 됩니다. 그리고 상호신뢰가 쌓여 갑니다. 이러한 긍정적인 순환을 이끌어 가는 것이 바로 文化交流 사업입니다.
文化交流는 사람의 마음속에서 일어나는 생각의 변화를 목표로 하는 일이어서 겉으로 그 결과가 보이지 않습니다. 오직 오랫동안 노력하면 그 결과가 간접적으로 나타날 뿐입니다. 文化交流 사업은 꾸준히 성의를 가지고 지속적으로 펴나가야 비로서 결실을 얻어낼 수 있는 사업입니다. 그래서 저희 基金에서도 눈앞의 가시적 성과보다는 눈에 보이지 않는 깊은 성과를 목표로 사업을 추진해 나가고 있습니다.

　1998년 당시 김대중 대통령과　오부치 게이조 총리가 한일 파트너십 공동선언을 발표하고 한국에서의 일본 대중문화 개방이 시작되었다. 그로부터 약3년마다 한국과 일본 사이에서는 교류사업이 진행되어 왔다. 이제부터 山崎宏樹(2016)를 참고로 설명한다.

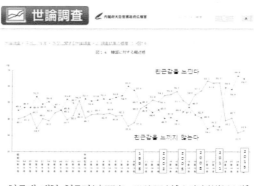

한국에 대한 친근감(内閣府　世論調査)[山崎宏樹(2016)]

　내각부가 실시한 다음의 조사를 보면 일본 사람들이 한국에 대해 느끼는 친근감의 정도에는 주기적인 오르내림이 있음을 알 수 있다.

　약3년마다 있는 한일간의 교류사업을 바탕으로 분석하면 이 오르내림의 원인을 이해할 수 있다.

　이 그래프를 보고 알 수 있는 것처럼 한일간의 좋은 관계는 결국은 3년에서 5년 주기로 다시 회복되고 있다. 2013년 이후 그 편차 폭이 커지고 있는 것이 신경이 쓰이지만 한일 국교 정상화 50주년인 2015년에는 친근감이 향상된 것을 알 수 있다.

　한편으로 한일 관계가 나쁘다고 해도 한일 교류는 확대되고 있다.

　CLAIR(일본 자치체 국제화 협회) 서울 사무소의 자료를 보면, 자매도시 수는 꾸준히 증가하고 있는 것을 알 수 있고, 2015년 2월 현재 157 개 도시가 제휴를 맺고 있다.

한일의 자매도시 제휴

2015년 2월 28일 현재 157

한일간의 문화교류가 활발한 것의 일면을 보여주는 지표로 일본 서적의 번역수를 소개할 수 있다. 유럽에서의 일본문학의 번역 수 1위가 프랑스이고, 30년간에 약700권이 번역되었다. 반면 한국에서의 일본문학 번역 수는 2014년에는 연간 883권으로 이것은 한국 내 번역서의 34%를 차지한다.

그리고 또 다른 지표로 한국에서 공개 된 일본 영화 수를 보면 2014 년에 한국에서 개봉된 일본영화는 217편(전 영화 개봉수 1,117편 중 19.4%) 인데, 이것은 한국영화 232편, 미국영화 302편과 비교해도 많다는 것을 알 수 있다.

1. 한국의 일본어교육

현대의 한국의 일본어교육은 1965년의 한일국교정상화를 계기로 한다는 것이 일반적 견해이다. 그 후 대학에 전공학과를 설치하고 70년대 이후 대학원을 설치했다. 교육과정에도 일본어를 도입하고(1973년), 제반 분야의 일본연구자에 의한 학회창립이 이루어졌다.

국제교류기금의 조사에 따르면 2012년도 국내 일본어 학습자 수는 약 84만 명이며, 중등학교(중학교와 고등학교)에서 제2외국어로서 일본어를 학습하는 학생 수가 약 69만 명 임을 알 수 있다2.

(1) 일본어학습자수 세계 3위 : 840,187명 (2012년)
　　[1위 : 중국, 2위 : 인도네시아]
(2) 중등교육학습자수 694,036명(전체의 82.6%)
　　※중등교육의 제2외국어 일본어학습자가 많다.
(3) 인구비례 : 58명에 1명 (세계1위)
(4) 기관수 : 3,914곳 (세계1위)
(5) 교사 수 : 17,817명 (세계1위)

2009년에 비하면 학생 수가 감소 했지만 첫 번째로 저출산에 따른 학생 수의 감소3, 그리고 두 번째로 제2외국어 과목을 필수과목에서 선택과목으로 변경한 교육과정개정(2009년 고시 2011년 시행)이 큰 원인이라고 山崎宏樹(2016)는 분석하고 있다.

2012년에 한국교육개발원의 [교육통계연보]에 따르면 전문계 고등학교가 아닌 일반 고등학교에서의 전체 제2외국어 이수자 중 일본어는 33.2만명(60.1%)로 제2외국어 중 제일 많다. 두 번째로 많은 중국어가 18만명

---

2 http://www.jpf.go.jp/j/project/japanese/survey/area/country/2014/korea.html
3 2009년에 비하면 2015년에 고등학교에서는 10%정도, 중학교에서는 20%정도 학생 수가 감소하고 있다.

(32.6%)인 것을 볼 때, 전에 비하면 일본어학습자 수가 감소하고 있지만 여전히 학습자 수가 많은 언어라고 할 수 있다.

국교정상화가 이루어진 1965년에 한일간을 왕래한 사람은 1년동안에 1만명 정도였지만 50년이 지난 현재 500만명이 왕래하고 있고, 50년동안에 500배가 되었다. 2015년에 일본을 찾은 외국인이 2000만명 가운데 중국인 500만명, 한국인은 400만명, 미국인은 100만명이었고, 인구 비례로 따졌을 때 한국인 방문객이 가장 많다는 것은 희망을 주는 현상이다.

III. 한일 언어 행동 문화 비교

현재 한국의 중학교/고등학교에서 사용하는 교과서는 2009개정 교육과정에 의한 것이다. 일본어교과의 교육과정 각론은 2007개정 교육과정과 거의 변하지 않고 실질적으로는 2007개정 교육과정과 거의 같다고 할 수 있다.[4]

2007개정 교육과정해설에 의하면 2007개정 교육과정의 중점은 다음 4가지이다.

1. 기초적인 의사소통능력의 신장
2. 문화교육의 중시
3. 학습자중심 교수·학습의 강조
4. 내용선택의 유연성과 자율성 강조

특히 내용 체계를 언어적 내용과 문화 내용에 크게 제시함으로써 외국어교육에서 문화이해교육의 중요성을 강조했다. 제7차 교육과정 이후

---

4 필자가 대한민국 최초 검정교과서 외국인 대표저자로서 집필한 교과서가 2010년에 검정에 통과했다.

한국의 중등교육 교육과정의 특징은 문화를 강조하고 있는 점이다. 외국어교육에서 문화교육은 학습자의 효율적인 언어지도의 수단으로 필요하며, 넓게는 외국문화에 대한 이해와 깊은 통찰력을 기르고, 자국의 문화에 대해 더 객관적이고 폭넓게 이해하는 데에도 필요하다. 동아시아 지역의 다양한 문제를 원만하게 해결하고 문화의 이질성에서 오는 제반 오해를 해소하고, 동아시아 지역의 평화와 번영에 기여하기 위해 이문화간의 상호이해와 원활한 커뮤니케이션 능력이 요구된다. 2007개정 교육과정에서 "언어 행동 문화"항목이 추가되었다.

2009개정 교육과정(생활 일본어)의 문화적 목표와 내용은 다음과 같다.

1. 문화적 목표

(1) 외국어학습을 통해 해당 국가의 사람들의 일상생활문화와 언어문화를 이해한다.
(2) 해당 언어권의 주요한 사회, 역사, 예술 등에 대한 관심을 가진다.
(3) 해당 언어권에 대한 문화 이해를 통해 의사소통 능력을 향상시킨다.
(4) 외국문화와 한국문화의 비교를 통해 문화의 보편성과 특수성을 인식한다.

2. 문화적 내용

(1) 의사소통기본표현과 관련된 일본인의 언어행동문화5를 의사소통의

---

5 홍민표(2007)는 언어행동문화에 대해, 감사와 사과표현·인사행동·칭찬의식·거절행동·불만표현·경어의식·맞장구·첫 대면의 언어행동을 들어, "언어행동(language behavior)이란, 인간이 언어를 통해 할 생각, 표현, 전달의 행동과 그 행동에 대해 상대가 그것을 해석하고 이해하는 행동 전체를 의미하며, 이러한 언어행동에 대해 그 실태를 발견하고 그 내부의 모습을 파악하려는 언어연구의 한 분야를 언어

상황에 적용하여 이해하고 표현한다.
(2) 일본인의 일상생활문화를 의사소통의 상황에 적용하고 이해하고
  표현한다.
(3) 일본인과 일본사회를 반영하는 전통문화와 대중문화를 의사소통의
  상황에 적용하여 이해하고 표현한다.
(4) 문화적 내용 구성상의 유의점을 이해하고 표현한다.

(1) 의사소통·기본표현과 관련된 일본인의 언어행동문화
  ① 언어행동에 관한 내용 (표현적 특성, 맞장구 등)
  ② 비언어행동[6]에 관한 내용 (몸짓, 손짓 등)

오늘 강연에서는 언어행동, 비언어행동, 그리고 의식, 매너, 습관 등
문화적인 요소도 언급하고자 한다.

언어행동

<말하는 스타일 차이 : 한국어는 '직설적', 일본어는 '완곡적'>
한국에서는 내 뜻을 상대방에게 정확하게 전달하는 것을 중요하게 여
기기 때문에 둘러말하는 것보다 상대방이 알아듣기 쉽게 확실히 표현하
는 편이다. 일본에서는 친한 관계에서도 상대의 마음을 배려해서 직접적
인 표현을 피하고 말하는 경우가 많다. 부정적인 내용의 경우 특히 그런
경향이 있다. 일본인은 남의 얘기를 잘 들어주는 편이고, 반면 한국 사람

행동이라고 한다."고 하고 있다.
6 동(2007)은 비언어행동문화에 대해, 영역의식·대인거리·접촉행동·시선·자세·손
  가락에 의한 제스처를 들어,"비언어행동은 화자가 의사소통에 필요한 다양한 정
  보를 표정이나 몸짓, 태도, 시선, 자세, 목소리의 질이라는 같은 언어 이외의 수
  단을 통해 청자에게 전달하는 행위라고 정의 지을 수 있다."고 하고 있다.

들은 자신의 얘기를 주로 많이 하고 직설적으로 말하는 경향이 있다.

    한국 : 직설적 - 정확한 전달

          (한편 상대방의 마음을 상하게 하는 경우도 있다.)

    일본 : 돌려 말하기 - 배려하는 마음

          (한편 애매모호하게 느껴지는 경우도 있다.)

양국의 어법은 각기 장단점이 있다.

한국 신혼 아내의 경우 "일본에 시집왔지만, 시어머니가 무슨 생각을 하는지 잘 모르겠다. 마음에 들지 않는 곳이라든지 있으면, 분명히 말해 준다면 좋을 텐데. 시어머니의 생각을 파악하는데 좀 힘이 든다. 집에 오셔서도 "이거 사용해도 될까요?" "이거 먹어도 돼?"라고 마치 남의 집에 온 것 같이 행동한다. 뭔가 서먹서먹하다."라고 하는 것을 흔히 들을 수 있다.

    <영역 의식의 차이>

도서관에서 지우개 사용 허가 요구에 대해 시행한 조사에 따르면 아주 친한 친구와 도서관에서 공부를 하고 있을 때, 지우개가 없어서 친구의 지우개를 사용하고 싶은 경우, 한국인은 친하니까 아무 말 없이 쓰면 된다고 74.1%가 응답했다. 일본인은 81.4%가 "사용해도 좋은가?"를 상대에게 물어 상대방의 양해를 얻어서 사용한다고 답했다.

친구의 집의 화장실 사용에도 같은 경향이 있다. 일본인은 아무리 친한 관계에서도 남의 영역에서는 상대방의 양해를 얻은 후 행동하는 것이 예의라고 생각한다. 한국인은 친한 사이에서는 자신의 영역과 다른 영역을 구분하지 않는다.

한국에서는 친한 친구나 가족과 함께 밥을 먹을 때는 하나의 찌개도 각자의 숟가락을 사용하여 모두 함께 먹는다. 일본에서는 개인 접시에 나누어 먹는 것이 일반적이다.

<절대 경어와 상대 경어>

한국은 절대 경어적인 성격이 강하기 때문에 한국인은 나이를 기준으로 상하 예절을 중시하는 경향이 있는 반면, 일본은 상대 경어적인 성격이 강하기 때문에 나이에 의한 상하관계보다는 사회역할 안과 밖(ウチとソト)의 관계, 친소관계 등을 경어행동의 기준으로 한다는 차이가 있다. 따라서 한국에서는 부모에게 경어를 사용하는 것은 당연하지만 일본에서는 자신의 부모에게 경어를 사용하는 것은 남과 같고 부자연스러운 행동이다.

일본 회사에서는 상대를 공경해서 자신 쪽 사람은 겸손해야 하기 때문에 전화를 받을 때 부하는 "사장은 없습니다.(社長はおりません。)"라고 표현하는 것이 일반적이다. (한국에서 한국어를 사용하여 이러한 표현을 하면 상식이 없다고 질책 받는다.) 그러나 일본에서 "사장님은 안 계십니다.(社長様はいらっしゃいません。)"라고 하면 일본인은 위화감을 느끼게 된다. (한국 드라마를 보고 놀라는 일본인들의 반응.)

<맞장구> <공유 이야기(共話)와 대화>

한 조사에서는 맞장구 사용이 1분간 평균 일본은 17회, 중국은 11회, 한국은 5회 정도라는 결과가 나왔다.

미즈타니 노부코(1993)의 「『함께 이야기(共話)』에서『대화』에」(「일본어학12-4」메이지서원)에서 일본인의 맞장구 표현을 일본어의 구조와 관련하여 다음과 같이 논하고 있다.

일본어는 "…입니다""…했습니다"로 끝나는 완결형 문장 형식이 적고, "…지만""…해서""…기 때문에""…하지만""…하지만요"와 같은 어구가 "그래서""그렇군요""그래" 같은 상대의 맞장구를 받고 이어진다. 이것이 여러 번 반복한 후 완결형 문말이 오는 것이 보통이다. 즉 일본형 대화는 하나의 문장을 혼자 완결시키는 것이 아니라, 후반은 듣는

사람에 맡기고 화자와 청자가 공동으로 문장을 완성해 나가는 것이 기본
인 것 같다. 이에 대해 한국이나 구미형 대화는 두 사람의 화자가 각각
자신의 발화를 완결시켜 상대의 이야기를 듣고 이른바 교대 형식으로 대
화를 전개해 나가기 때문에 청자는 화자의 발화가 완결하는 것을 묵묵히
기다리는 것이 기본이다. 즉, 한국과 구미형의 대화에서 "이제 시간이 늦
어졌기 때문에, 나는 집으로 돌아가야 합니다."와 같이 말하는 사람이 마
지막까지 이야기를 하니까 청자가 보충할 여지가 없다.

이러한 의미에서 미즈타니는 전자의 일본형 대화기법을 "공동 얘기
(共話)"라고 부르며, 후자의 한국이나 구미형 대화기법을 "대화(對話)"라
고 구분하여 부르고 있다.

<"테니스 형"과 "배구 형">

水谷修(1979)는 스포츠에 비유해서 한국어, 영어 등 많은 언어는 단독
으로 완결한 문장을 돌려주는 [테니스 형]인 것에 대해 일본어는 협조적
배려의식이 있는 [배구 형]이라고 분석했다.

이처럼 한국과 일본의 언어적 표현의 차이로 인해 한국 사람들의 직
설적인 표현에 상처를 받는 일본 사람들이 있는가 하면 일본 사람들의
모호한 표현에 오히려 상처를 받는 한국 사람들도 있다. 부탁을 했을 때
즉답이 없으면 상대의 생각이나 감정을 확실히 파악하지가 어렵기 때문
에 오해가 생길 수도 있는 것이다. 하지만 일본 사람들과 오래 접하다 보
면 그런 반응은 발언 하나하나에도 신중함을 기하는 일본의 문화이라는
것을 알게 된다.

<대화 속에서 무엇을 미덕으로 삼는가>

일본에서는 상대방의 말에 담긴 속뜻을 알아내는 능력이 있는지 없는
지가 중요하다. 굳이 말로 하지 않아도 아는 것이 중요하며, 대화 분위기

나 말의 행간을 읽어낼 수 있어야 비로소 '성인'으로 인정받는다. 예를 들면 "덥네요." 라는 말에 "네, 덥네요."라고 대답하지 않고 에어컨을 틀어주는 행동 등을 볼 수 있다.

비언어행동

<빌려준 돈에 대한 인식 차이>

부모가 자식에게 빌려준 돈에 대한 인식 차이가 있다. 한국에서는 부모가 자식에게 빌려준 돈은 준돈으로 인식한다. 주신 돈으로 가족 모두가 행복하게 사는 것, 또는 부모 부양이나 효도로 갚으면 된다고 생각한다. 그러나 일본에서는 빌려준 돈은 부모 자식 간이라도 기본적으로 갚아야 되는 돈이다. 성인이 된 자식은 경제적으로도 독립하는 것을 아주 중요하게 생각하기 때문이다.

(한국 남편 : 8년 전 회사 차릴 때 경제사정 어려워 장인어른께 개업자금으로 100만 엔 빌림. 한국에서는 부모가 지식이 어려울 때 도와주는 것을 자연스럽게 생각하기 때문에 장인이 주신 돈으로 생각. 가족 모두가 행복하게 살 수 있게 사업 성공하면 빚 갚은 것으로 생각.

일본 아내 : 갚아야 되는 돈으로 생각. 남편에게 독촉. 장인어른은 맨손으로 14세 때 수습 시작 자수성가. 남편이 자기 힘으로 경제 독립 이루기를 희망.

한국 남편 : 일본 부인과 살다 보니 사고방식이 조금은 변하는 부분이 있음. 이제는 장인어른의 기분을 이해할 수 있고 보통 한국인보다는 부모에게 의지하지 않게 됨.)

<사람과 사람 사이의 거리감>

이 연령대 한국인들은 타인과 만났을 때 「가족화」하는 경우가 많다.

한국 사회에서는 상대방과의 거리를 「우리」라는 경계 안에 있는지, 아니면 바깥에 있는지 여부로 구별한다. 우리 안에 속하는 사람, 곧 가족은 물리적 거리가 없기 때문에 상대방의 것은 곧 자신의 것이 된다. 위 예로는 장인어른께 돈을 갚으라는 말을 듣고, 자신이 장인어른 둘레 속에 포함되어 있지 않다고 여겨 충격받았을 것이다.

<사회가 요구하는 이상적인 인물상>

한국에서는 가족을 소중히 여기는 사람이 평가를 받지만, 일본에서는 자립한 사람이 인정받는 편이다. 이를 반영하듯, 한국에서는 가족은 친절하게, 타인은 엄격하게 대하는 경향이 짙다. 반대로 일본에서는 가족에게는 엄격하고 독립적으로, 타인은 친절하게 대하라는 가르침을 받으며 자란다. 「人に優しく、己れに嚴しく。」

학술적인 분석에 따르면 일본에서는 '親しき仲にも礼儀あり[7]' 즉, 친한 사이 일지라도 예의는 지켜야 한다는 생각이 있고 그에 따라 감사한 일이 있으면 꼭 그것을 감사의 말로 표현해야 한다는 의식이 있다. 한국 문화를 이에 비유해서 말하면 '親しき仲に迷惑あり'라고 표현할 수 있다. 이것은 폐를 끼치더라도 그것을 받아 줄 수 있는 것이 친한 사이라는 한국 사람들의 인식을 나타낸다. 따라서 한국에서의 진정한 가족이나 친구란 상대방이 폐를 끼치더라도 그것을 받아 줄 수 있는 도량을 가지는 것이 전제가 되기 때문에 구태여 감사의 마음을 말로 전하지 않고 또 감사하기를 요구하지 않는 문화가 자리 잡고 있다고 할 수 있다.

한국에서 뭔가를 받았을 때 지나치게 "고맙다. 죄송하다"고 이야기하면 비굴해 보일 수가 있다고 한다.

---

7 친한 사이에도 예의가 필요하다. <일본 속담>
　너무 친해서 상대에 대한 배려가 없어지면 불화의 근원이 되기 때문에, 친한 사이에서도 예의를 중시한다는 것. 친한 사이에 담을 하라.

심지어 일본에서는 그 자리에서 신세를 졌을 때 감사의 말을 전하는 것은 당연한 일이고 그 이후에 다시 만났을 때 "지난번에는 대단히 감사했습니다."라는 말을 하는 것이 바람직하게 여겨진다. 그래서 반대로 다음에 만났을 때 지난번에 감사했다는 말이 나오지 않으면 상대방이 오히려 자신이 지난번에 무언가 실례를 범했는지 걱정을 할 수도 있을 정도이다.

오랫동안 한국에 사는 동안 한국의 언어와 문화를 깊이 이해하게 되었고 한국 분들의 마음을 보다 잘 이해할 수 있게 되었다. 자신의 많은 부분이 「한국식」으로 변했다는 사실을 자각하고 있다. 지금은 내 안에 한국식과 일본식이라는 두 가지 채널이 있다는 느낌이 든다. 한국어로 대화 할 때는 한국식으로 일본어로 대화 할 때는 일본식으로 스위치가 켜지듯 화법이 다르게 되었다. 답답함을 해소하기 위해서 한국식 모드로 전환해 한국어로 말할 수 있도록 노력했다. 한국식으로 말해도 상대방에게 상처를 주지 않는다는 사실을 깨닫기 때문이다. 「직접적으로」말하거나 또「직접적인」이야기를 들었다고 해도, 그 마음속에 「완전한 거절」이 담겨 있는 것이 아니라는 사실을 알게 되었다. 그렇기 때문에 안심하고 「직설적」으로 말할 수 있게 되었다.

<식사 매너>

식사를 할 때 젓가락으로 음식을 집어서 상대방의 젓가락으로 건네주는 것을 일본 문화에서는 달가워하지 않는다. 일본에서는 사람이 돌아가셨을 때 화장을 한 후 그분의 뼈를 통에 넣을 때 젓가락과 젓가락으로 이어받으며 통 안에 넣는 의식이 있다. 그것이 연상되기 때문에 식사할 때는 젓가락으로 건네서는 안 된다. (箸に始まり、箸に終わる。)

<한일 국제결혼가정의 장점과 유의점>8

다른 문화권의 배우자를 만나게 되면 상대방 국가의 문화와 언어를 더 깊이 있게 이해할 수 있다. 실제로 가족·친척들과 지내는 과정을 통해서 한국 사람의 심정을 더 이해하고 문화도 더 배울 수 있었던 것 같다.

보통 일반 사람들은 동양 사람들끼리는 생김새도 비슷해서 자칫 같은 문화를 가진 사람이라 생각하여 자신의 문화를 강요하게 될 수도 있다. 그런데 그러면 오해가 생긴다. 그렇게 하지 않고 다름의 차이를 인정하는 것이 중요하다. 그다음에 한국과 일본 같은 동양권이라 유사점을 찾는데 더 노력할 필요가 있다. 절대로 피해야 할 것은 모국의 문화, 제도 등이 우월하다는 생각이다. 예민한 문제는 피하는 것이 좋다. 시간을 두고 천천히 생각하자. 특히 아이들 앞에서 부모의 나라나 가족을 폄하하는 발언은 절대 금물이다. 바로 이런 자세가 서로 다른 문화적 차이를 넘어서 오랫동안 결혼생활을 화목하게 이루어 온 비결이 아닐까 생각한다.

IV. 아이들, 그리고 미래로

필자의 집 안에서는 국가라는 개념이 없다. 일본은 아빠의 나라, 한국은 엄마의 나라이기 때문에 가정 내에서의 대원칙은 집안에서 한국과 일본 '선'을 긋지 않는다는 것이다. 아버지는 일본 출신, 어머니는 한국 출신으로 단지 출생 국가가 다를 뿐이고 아이들의 입장에서는 양 국가가 같은 국가라고 생각하는 것 같다. 그래서 그런 '선'을 긋지 않고 넓은 마

---

8 어느 한국남편의 말: "국제결혼을 하기 전에는 한국을 벗어나지 않고 세상의 중심이 한국이었고 자신이었던 것 같은데 국제결혼을 통해서 세상에는 이렇게 다른 사람들이 있다는 것을 깨닫고 문화적인 다양성을 훨씬 더 이해하게 되었다. 이렇게 오픈 마인드가 되는 것과 그런 것 들을 자녀들에게 전달할 수 있다는 것이 장점인 것 같다."

음으로 받아들여야 한다는 교육을 하고 있다.

필자의 아이들을 보면 두 국가를 바라볼 때의 고정관념이 없는 것 같다. 차이를 보았을 때 그저 다를 뿐이라는 생각을 가질 수 있고 한국 사람과 일본 사람의 마음을 자라면서 자연스럽게 배워왔기 때문에 보다 이해가 깊다고 생각한다. 그리고 어렸을 때부터 스스로 아프리카 어린이를 위해 모금하기도 하고 다양한 국가에 대한 이해심도 넓어서, 넓은 마음을 가질 수 있다는 것이 좋은 것 같다.

2개의 언어, 문화를 체험할 수 있다. 인생을 2배로 즐길 수 있다. 타문화에 대한 포용력이 생긴다.

필자가 민간외교관으로서 어떤 역할을 하고 있느냐 하면 저는 대학에서 강의를 할 때 일본어를 배우는 제자들에게 일본어를 공부해서 한국과 일본 사이에서 일을 함으로써 제자들 역시 민간외교관으로서의 자부심을 가지고 활동하라는 것을 강조하고 있다. 본인은 그런 역할을 하고 싶고, 일본에 갔을 때는 일본인들에게 한국의 멋진 점과 좋은 점을 전하고 있다. 필자의 자녀들은 이중 언어 이중 문화를 배경으로 하여 포용력이 있고, 우리들보다 더 큰 아이덴티티를 가지고 있다는 것이 부럽다. 본인들도 장래에 한일관계나 국제관계에 관한 일을 하고 싶다는 이야기를 하고 있다.

한국과 일본 사람이 결혼했다는 모습 자체가 갈등을 빚고 있는 두 나라 사람들에게는 주목을 받을 수 있는 입장이지만, 그것에 너무 신경을 쓰지 않고, 우리 부부가 행복하게 잘 살고 있는 모습과 자녀들이 한국과 일본을 어떻게 대하는지를 보여주고, 그 집의 아이들은 다르구나 혹은 그 집 부모는 다르구나 하는 것을 보여주면 한국과 일본이 저렇게 연결될 수 있구나 하는 것을 보여줄 수 있다. 저희가 좋게 사는 모습을 보여준다면, 행복도 전염된다는 말도 있듯이, 작은 우리 가정에서 시작해서 그게 점점 퍼져서 이런 가정이 점점 늘어난다면 많은 영향을 미칠 수 있을 것이라 생각한다.

국제 커플만이 이런 사명을 가지고 있는 것이 아니라, 일반 개개인이라도 할 수 있는 것이 있다. [고정관념을 버리고 넓은 마음으로 이해를 추구]하는 것이 좋고, [젊었을 때부터 많은 교류를 하는 것이 편견 없이 미래를 개척하는 것에 도움이 된다]고 생각한다. 주변에 보면 "한일 축제 한마당"과 같은 [한일 관련 행사들도 많이 있는데 이런 것에 참여하면서 서로에 대하여 한 걸음씩 알아가는 것이 미래를 만들 것]이라 생각한다.

일본에서는 한국어와 한국 문화를, 한국에서는 일본어와 일본 문화를 더 공부함으로써 더 좋은 관계를 만들어 갈 수 있을 것이라 생각한다.

V. 마치며

한국과 일본은 바로 옆에 있는 이웃 나라이기 때문에 역사적으로 사이가 좋을 때도 있고 나쁠 때도 있었다. 그러나 지금까지의 역사상, 관계가 안 좋았던 시기보다 좋았던 시기가 훨씬 길다. 그리고 이사를 한다거나 하여 서로에게서 멀리 갈 수도 없는 운명적인 존재이다. 현재 일본과 한국은 1년에 몇 백만 명, 하루에도 1만 수천 명이 왕래를 하고 있고 이제는 두 나라가 떼려야 뗄 수 없는 관계가 되었다. 앞으로는 일본인이나 한국인 모두 국가 의식을 넘어서 세계시민의식을 가지고 서로를 대해야 한다고 생각한다. 서로의 언어나 문화를 많이 교류해서 접하게 되면 미래에는 더욱 밝고 긴밀한 관계가 될 것이라고 확신하고 있다.

필자는 항상 수업을 듣는 학생들에게 사회에 일본 전문가로서 나갔을 때 어떤 형태든지 일본어로 직업을 가지게 되면, '나는 한일간의 민간외교관이다.'라는 자부심을 품고 가교 역할을 할 수 있는 사람이 되라고 지도한다. 오늘 강연을 들은 분들도 그러한 마음을 가지고 노력하고 계시는 분이 많다고 생각하고 앞으로 더 많아지기를 바란다.

이제 한국과 일본은 경제 공동체이고 운명공동체이니 동등한 협력자로써 서로를 존중하며 사회, 문화, 경제 등 다양한 분야에서의 교류를 통해 상호 신뢰 관계 속에서 (좋은 가정처럼) 새로운 파트너십을 구축하는 것이 필요하다. 한일국교정상화 50주년 플러스 1년을 맞아 오늘 나누었던 이야기들이 조금이나마 양국의 문화에 대한 상호이해에 보탬이 됐으면 한다.

〈자료〉

<방송 동영상(유튜브)>
한.일 국교정상화 50주년 기념 '아름다운 동행, 한일 차이를 넘어서'
https://www.youtube.com/watch?v=Vo-son44lKw

<4장. 아이들, 그리고 미래로 방송 내용>
한일커플에게 가장 힘든 건 바로 자녀교육과 양육, 그리고 자녀들의 정체성 혼란이 아닐까 한다. 더군다나 한국과 일본은 역사적 정치적으로 갈등하는 일이 종종 있는데 그럴 때마다 아이들한테 그걸 어떻게 교육할지도 고민이고 또 그런 일로 아이들이 학교에서나 친구들 사이에서 어려움을 겪을까봐 노심초사하기도 한다.

(아내) 막내딸이 학교에서 한일전 축구 응원을 했는데 같은 반 친구가 '너는 아버지가 일본 사람이니 일본을 응원해라, 우리는 한국을 응원하겠다.'라고 이야기를 했다. 그때 마음의 상처를 받았는지 눈물을 흘렸다는 이야기를 담임 선생님으로부터 전해 들었다. 마음이 아팠고 남편이 일본 사람이라는 것을 쉽게 말했던 것에 대해 후회하여 그 이후부터는 말할 일이 없으면 일부러 남편이 일본 사람임을 밝히지 않게 되었다.

(b) 한국과 일본 사이에 미묘한 문제가 있거나 서로의 입장이 다를 때 아이들에게 어떻게 대처하고 교육하고 있는가?

(아내) 그런 미묘한 역사적인 문제나 정치적 갈등이 한국과 일본 사람들에게는 크게 받아들여질지도 모르는데 우리 아이들은 똑같은 문제를 받아들였을 때 아버지가 일본 사람이고 어머니가 한국 사람이지만 일반 사람들이 생각하는 것만큼 심각하게 생각하지 않는다. 정치적인 문제는 아이들이 성장하면서 알게 될 거라고 생각한다. 제 의견보다는 다양한 전문가들이 말하는 여러 의견 중 타당하다고 생각되는 것들이 있을 때

그것을 들려주려고 한다. 아이들이 더 객관적이고 합리적인 사고를 할 수 있도록 유도하는 편이다.

(겐코) 그 때는 본인도 마음이 아파서 최대한 상냥하게 이야기를 해 줬다. 본인의 집 안에서는 국가라는 개념이 없다. 일본은 아빠의 나라, 한국은 엄마의 나라이기 때문에 가정 내에서의 대원칙은 집안에서 한국과 일본 '선'을 긋지 않는다는 것. 아버지는 일본 출신, 어머니는 한국 출신으로 단지 출생국가가 다를 뿐이고 아이들의 입장에서는 양 국가가 같은 국가라고 생각하는 것 같다. 그래서 그런 '선'을 긋지 않고 넓은 마음으로 받아들여야 한다는 교육을 하고 있다.

(b) 그런 교육을 받으면 아이들은 한국과 일본 양쪽을 이해할 수 있는 좀 더 폭넓은 생각을 가지게 될 수 있을 것 같은데 실제로 세계를 보는 세계관이 또래 아이들에 비해서 넓은 편인가?

(겐코) 그렇다. 저희 아이들을 보면 두 국가를 바라볼 때의 고정관념이 없는 것 같다. 차이를 보았을 때 그저 다를 뿐이라는 생각을 가질 수 있고 한국 사람과 일본 사람의 마음을 자라면서 자연스럽게 배워왔기 때문에 보다 이해가 깊다고 생각한다. 그리고 어렸을 때부터 스스로 아프리카 어린이를 위해 모금 하기도 하고 다양한 국가에 대한 이해심도 넓어서, 넓은 마음을 가질 수 있다는 것이 좋은 것 같다.

(c) 지구촌 시대에 좋은 자질이 개발되는 것 같다.

(d) 일어났던 사건들은 사실 그대로 알려줘야 한다고 생각한다. 취사선택은 본인의 것이다. 아이들에게 일본 문화를 접하게 하여 어렸을 때부터 자연스럽게 가르쳐서 차이를 접했을 때 큰 충격은 없을 것이라 예상된다.

(b) 아이들과 이런 방식으로 대화를 나누다보면 한국과 일본 양쪽을 이해하는 폭이 굉장히 커지지 않을까 싶다.

(b) 그런데 부모님이 한일커플이면 자녀교육측면에서도 좋은 점도 많

을 것 같은데 어떤 것들이 있는가?

(e) 2개의 언어, 2개의 문화를 체험할 수 있다. 교육적인 면에서 한국의 스포츠 쇼트트랙 감독을 통해 일본보다 더 강한 헝그리 정신을 가르칠 수 있었다.

(겐코) 2개의 언어, 문화를 체험할 수 있다. 인생을 2배로 즐길 수 있다. 타 문화에 대한 포용력이 생긴다.

(c) 국제결혼 커플은 어떤 면에서 민간 외교관이라는 생각이 든다. 세 부부가 민간외교관으로서 어떤 역할을 하고 있다고 생각하는지, 또 한국과 일본의 이중국적을 보유한 자녀들이 어떻게 성장하길 바라는지, 한일 양국의 미래에 어떤 역할을 했으면 하는 꿈과 희망을 갖고 있는지 궁금하다.

(d) 우리 아이들은 축복 받았다고 생각한다. 나는 우물 안 개구리 같은 사고방식을 가지고 자라다가 나중에야 문화의 다양성이라는 것에 접하게 되었는데 아이들은 국제 관계 사이에서 태어났기 때문에 상대방에 대한 다름을 자연스럽게 느끼면서 자랄 수 있기 때문에 성인이 되었을 때 글로벌한 사회에서 한일관계 뿐만 아니라 다양한 문화권 사이에서 서로의 이해를 돕는 일을 해주지 않을까 생각한다.

(겐코) 우선 우리 부부가 민간외교관으로서 어떤 역할을 하고 있느냐 하면 저는 대학에서 강의를 할 때 저의 일본어를 배우는 제자들에게 일본어를 공부해서 한국과 일본 사이에서 일을 함으로써 제자들 역시 민간 외교관으로서의 자부심을 가지고 활동해라는 것을 강조하고 있다. 저는 그런 역할을 하고 싶고 일본에 갔을 때는 일본 친구들에게 한국의 멋진 점과 좋은 점을 전하고 있다. 우리 자녀들은 이중 언어 이중 문화를 배경으로 하여 포용력이 있고 우리들보다 더 큰 아이덴티티를 가지고 있다는 것이 부럽다. 본인들도 장래에 한일관계에 관한 일을 하고 싶다는 이야기를 하고 있다.

(아내) 한국과 일본 사람이 결혼 했다는 모습 자체가 갈등을 빚고 있는 두 나라 사람들에게는 주목을 받을 수 있는 입장이지만 그것에 너무 신경을 쓰지 않고 우리 부부가 행복하게 잘 살고 있는 모습과 자녀들이 한국과 일본을 어떻게 대하는지를 보여주는, 그 집의 아이들은 다르구나 혹은 그 집 부모는 다르구나 그런 것을 보여주면 한국과 일본이 저렇게 연결될 수 있구나 하는 것을 보여주게 된다면, 저희가 잘 사는 모습을 보여준다면 행복도 전염된다는 말도 있듯이, 그게 점점 퍼져서 작은 우리 가정에서 시작해서 이런 가정이 점점 늘어난다면 많은 영향을 미칠 수 있을 것이라 생각한다.

(겐코) 지금 여기에는 한일 국제결혼 커플만 있다만 이 방송을 보고 계신 분들께 전하고 싶은 것은 우리와 같은 국제 커플만 이런 사명을 가지고 있는 것이 아니라, 일반 개개인이라도 할 수 있는 것이 있다는 것이다. 고정관념을 버리고 넓은 마음으로 이해를 추구하는 것이 좋고, 젊었을 때부터 많은 교류를 하는 것이 편견 없이 미래를 개척하는 것에 도움이 된다고 생각한다. 주변에 보면 "한일 축제 한마당"과 같은 한일 관련 행사도 많이 있는데 이런 것에 참여하면서 서로에 대하여 한 걸음씩 알아가는 것이 미래를 만들 것이라 생각한다.

(d) 본인이 느끼는 한일은 가장 큰 차이가 있는 두 나라이다. 그런데 겉으로는 비슷해 보이는 면이 있어서 왜 상대국가의 사람이 자신을 이해하지 못하는지에 대한 오해가 더 쌓이는 것 같은데 다름을 인정하는 과정을 통해 더 밝은 미래로 향할 수 있을 것이라 생각한다.

(e) 한명의 어머니로서 자녀들이 한일 사이에서 자리를 찾아가는 것을 보면 그것이 한일 관계 발전에 도움이 되지 않을까 생각하게 된다.

(a) 한일 관계도 결국 개인과 개인과의 관계에서 출발한 것이다. 거기에서 서로의 다름을 인식하는 것이 우선 중요하다고 생각한다. 다름을 익숙하게 접하다보면 그곳에서 애정이 발생하기도 한다. 그런 애정이 장래의

한일 관계 개선의 발판이 되지 않을까 생각한다. 또 여러분의 자녀분들과 마찬가지로 어렸을 때부터 이런 다름에 접해온 아이들이 인간관계 사이에서 영향력을 발휘하여 한일관계 개선에 도움이 될 것이라 생각한다.

(겐코) 일본에서는 한국어와 한국 문화를, 한국에서는 일본어와 일본 문화를 더 공부함으로써 더 좋은 관계를 만들어 갈 수 있을 것이라 생각한다.

가장 가깝고도 먼 나라인 일본. 그리고 가장 가까운 것 같으면서도 때때로 남남처럼 느껴지는 부부. 그 간격을 좁히는 건 바로 서로에 대한 끝없는 관심과 배려와 소통이라는 생각이 든다.

(c) 관계의 가장 작은 단위로서의 부부가 서로에 대한 애정과 이해와 노력으로, 이렇게 행복하게 동행하는 삶을 살아가고 있다는 것을 오늘 확인했다. 손에 잡히지 않을 것 같은 국가 간의 관계도 결국 이런 작은 단위가 모여서 이뤄진 것 아니겠는가? 한일관계도 노력하기에 따라 얼마든지 좋은 관계를 만들어 갈 수 있지 않을까 생각한다.

(b) 그리고 오늘 또 하나의 미래를 확인할 수 있었다. 한일커플의 자녀들. 이 아이들이야 말로 지금까지의 50년을 넘어 앞으로의 미래를 약속하는 존재가 아닐까? 한일 양국을 아우르는 문화 속에서 건강하고 밝게 커나가는 한일 커플의 아이들을 보니, 앞으로 양국 미래에 훌륭한 가교 역할을 해 줄 거란 확신이 든다.

전 세계가 하나의 세상으로 묶이는 글로벌 시대에, 한일커플 자녀들은 양국의 문화를 이해하고 장점을 보고 배우며, 최소 두 개 언어를 구사하므로 장래에 훌륭한 글로벌 시민으로서의 자질을 더 풍부하게 갖추고 국제사회에 나가서 한일 양국뿐만 아니라 세계시민으로서 국제사회에서 더 큰 역할을 해 나갈 수 있을 것으로 기대한다.

「방송 KBS·NHK, 첫 라디오 공동제작..한일 국제부부 다룬다」

[OSEN=정유진 기자] 한일 국교정상화 50주년을 맞아 KBS와 일본 NHK가 라디오 프로그램을 처음으로 공동제작한다.

KBS와 NHK가 공동제작하는 한일 국교정상화 50주년 기념 KBS-NHK 라디오 국제공동제작 '아름다운 동행 한일 차이를 넘어서'는 한일 국제결혼 부부들의 사례를 통해 국제결혼의 장점과 어려움에 대해 이야기 해보고, 한일간 문화차이와 정치적 역사적 갈등이 결혼생활과 자녀교육에 미치는 영향과 이를 극복하는 지혜를 나누면서 민간외교관으로서의 가교 역할을 조명하는 특집 프로그램이다. (연출: KBS 1라디오 하종란 팀장, 이정윤 PD, NHK 국제방송국 한국어반 Tanaka Shin / 진행: KBS 박주아 아나운서, NHK 신의수 아나운서)

한류의 영향으로 한국에 대한 관심과 호감이 증가하면서 국제결혼 부부가 꾸준히 증가하고 있는 가운데 한일간 국제결혼 사례도 증가하고 있는 추세다. 국제결혼 부부가 느끼는 문화 차이는 서로에게 흥미와 관심을 불러일으키는 장점이 되기도 하지만 한편으로는 오해와 갈등의 원인이 되기도 한다.

특히, 한일 부부의 경우 양국의 역사적 갈등 때문에 본인뿐만 아니라 2세들의 교육에 더 큰 어려움을 겪기도 하고 정체성에도 큰 영향을 미친다. 15년~20년을 함께 살아 온 한일 국제결혼 부부 세 쌍과 자녀들, 한일 문화 전문가, 서울대 아시아문명학부 학생들이 출연자와 방청객으로 참여하는 이 특집 프로그램에서는 국제결혼을 바라보는 시각의 변화, 한일 간의 문화적 차이와 역사적 갈등이 부부관계와 자녀교육에 미치는 영향, 한일 국제결혼 부부들과 자녀들의 민간 외교관으로서의 역할과 기대 등에 대해 진솔한 얘기를 나눌 예정이다.

<사진 1> KBS

　　출연자 부부 가운데 교육방송에서 오랫동안 방송을 진행했고, 현재 극동대학교에서 일본어를 가르치는 겐코 히로아키 교수는 한일국교 정상화가 이뤄진 1965년에 출생했으며, 양국이 한일기본조약에 서명한 날인 6월 22일 둘째 딸의 생일이라는 인연을 갖고 있어 더욱 의미있는 출연이다.

　　프로그램에 참여하는 일본 호세이대학 경제학 연구과 박종현 교수는 '한국인을 좋아합니까?', 'KARA, 소녀시대에서 보는 한국의 강점' 등을 출간한 한일 문화전문가이다.

　　한일 국제결혼 부부 3쌍, 한일문화전문가, 서울대 아시아문명학부 학생, NHK 한국어서비스 청취자등이 출연자와 방청객으로 참여하는 이번 국제공동제작 프로그램은 오는 6월 13일(토) 오후 1시 30분에 KBS 본관 5층 스튜디오 16에서 제작되며, 오는 6월 19일 오후 10시 10분에 KBS 1라디오를 통해 방송된다. (NHK World Radio는 6월 21일, 28일, 7월 5

일 3회에 걸쳐 20분씩 방송)

한편 KBS와 NHK는 1968년부터 방송교류협력을 시작해 47년 동안 긴밀하고 실질적인 협력관계를 유지하고 발전시켜 왔다. 현재 양사의 방송센터에는 상대 방송사의 해외지국이 상주하며 48시간 이내의 뉴스를 상호 무료로 제공하는 등 긴밀한 협력을 하고 있다. KBS아나운서실에서는 1994년부터 매년 NHK 국제방송국 한국어반 제작진을 대상으로 한국어 아나운싱 교육도 실시해 오고 있다.

이번 국제공동제작에 참여하는 NHK 국제방송은 올해 6월 1일에 방송개시 80주년을 맞았다. NHK 국제방송한국어 서비스는 한국어에 관심 있는 일본인과 일본에 관심 있는 한국인을 대상으로 방송을 하고 있다. 이번 공동제작에는 한국에 거주하는 청취자 10명을 방청객으로 초대했다.

eujenej@osen.co.kr

참고문헌

교육인적자원부(2007), 『중학교 재량활동의 선택과목 교육과정-한문, 정보, 환
　　경, 생활 외국어-』교육인적자원부 한국교육학술정보원
장미선(2011), 「중학교『생활일본어』교과서에 나타난 문화내용 고찰-2007년 개
　　정 8종교과서를 중심으로」건국대학교 교육대학원 석사논문
檢校裕朗(2001), 「고등학교에서의 일본사정 교육내용에 관한 고찰」『日本文化
　　研究 第5輯』韓國日本學協會
정혜경(1999), 『언어행동과 비언어행동』박이정
이경수·홍민표·오쓰카 가오루(2010), 『일본의 언어와 생활』한국방송통신대학
　　교출판부
水谷修(1979), 『日本語の生態-內の文化を支える話し言葉』創拓社
水谷信子(1993), 「『共話』から『對話』へ」『日本語學』12-4明治書院
國立國語研究所(2006), 『言語行動における「配慮」の諸相』くろしお出版
洪珉杓(2007), 『日韓の言語文化の理解』風間書房
朴倧玄(2008), 『韓國人を愛せますか?』講談社＋α新書
山崎宏樹(2016), 「韓國における國際交流基金の日本語事業」『韓國日本言
　　語文化學會2016年春季國際學術大會發表論文』韓國日本言語文化
　　學會
KBS-NHK, 「한일국교정상화 50주년 기념 KBS-NHK 라디오 <아름다운 동행
　　- 한일 차이를 넘어서>」KBS-NHK

제107회 발표, 2016년 6월 16일

한일 양국의 언어문화에서 보는 일본어 교육

나가하라 나리카츠(長原成功, 강원대학교 일본학과 교수)

Ⅰ. 머리말

국제교류기금의 조사에 의하면 2012년도 국내 일본어 학습자 수는 약 84만 명이며 2012년도 "교육통계연보"(한국교육개발원)에 의하면 고등학교 제2외국어로서 일본어를 학습하는 학생 수가 약 33만 명임을 알 수 있다[1]. 이 수치는 전체 제2외국어 중 60.1%로 제2외국어 중 제일 많은 학습자 수이다. 두 번째로 많은 중국어가 18만 명(32.6%)이라고 볼 때 해마다 일본어학습자 수가 감소하고 있긴 하나 여전히 학습자 수가 많은 언어이기도 하다.

국제교류기금의 2010년도 조사에 의하면 한국인 일본어학습 목적으로 제일 많았던 것은 '커뮤니케이션'이었으며 전체의 약 40% 정도를 차지하고 있다. 교육부가 낸 '제2외국어과 교육과정'(교육과학기술부 고시 제2011-361호)에서는 '일본어Ⅰ, Ⅱ'에 대한 교육 목표를 제시해 놓았는데 그것을 보면 첫째 듣기, 말하기, 읽기, 쓰기의 '언어기능'과 둘째 일본인의 기본적인 일상생활문화, 언어행동문화, 전통문화와 대중문화의 이해

---

1 http://www.jpf.go.jp/j/project/japanese/survey/area/country/2014/korea.html,
   http://kess.kedi.re.kr/index 참조

처럼 각종 '문화'에 대한 이해와 셋째 한일 양국의 문화에 대한 공통점과 차이점에 대한 이해, 넷째 상호이해와 일본문화에 대한 이해의 중요성을 알고 스스로 학습하는 태도의 네 가지로 나눠서 언급하고 있다.

현장에서 일본어교육에 임하고 있는 입장에서 위에서 언급한 학습자들의 목적이기도 하는 '커뮤니케이션'의 향상을 위해서는 듣기, 말하기, 읽기, 쓰기의 네 가지 기능은 너무나 기본적이고 당연히 습득해야 할 내용이라고 할 수 있지만 일본 현지에 가서 일본어를 학습하지 않고 국내에서 일본어를 학습할 경우에 생기기 쉬운 문제들이 있다. 그것이 바로 언어문화²에 대한 문제이다. 한국인학습자 입장에서 보면 일본어라는 언어가 어순도 같고 비슷한 단어들이 많아서 접하기 쉬운 언어라는 이미지를 가지고 처음에 배우기 시작한다. 학습자가 일본어를 배울 때 의지하게 되는 것이 사전인데 사전에 적혀 있는 단어를 그대로 쓰면 통한다고 생각하는 경향이 있지만 그 생각에는 함정이 있을 수 있다. 예를 들어 '학생'이라는 단어를 한일사전에서 찾으면 당연히 「學生(がくせい)」이라고 나온다. 필자가 부산에서 살았을 때 모 주민센터에서 일본어를 가르치게 되었는데 필자가 수업을 처음 하는 날에 거기서 일본어를 학습하는 분들이 한 명씩 자기소개를 하였다. 그 때 「私は日本語を勉強している學生です。」라고 하였는데 무언가 듣기에 어색한 느낌을 받은 적이 있었다. 『동아 새국어사전 제4판』에서 '학생'을 찾아보면 1. 학교에서 공부하는 사람. 2. 학예를 배우는 사람. 3. 생전에 벼슬하지 못하고 죽은 사람을 높여 일컫는 말. 이라고 적혀 있는 방면 『日本國語大辭典 第二版』에서 「學生(がくせい)」를 찾아보면 1. 學問をしている人。現在は普通、高校生以上、特に大學に通って學ぶ者をいう。2. 旧陸海軍諸學校の准士官以上の生徒。라고 적혀 있다. 즉 현재 일본 사회에서는 일반적으로 고등

---

2 언어문화란 일상 언어생활, 또는 언어로 표현되는 문학, 매스커뮤니케이션 등 언어에 의해서 성립되는 생활문화 전체를 일컫는 말이다.

학생이나 대학교에 다니고 있는 자를 「學生」라고 한다는 것을 알 수 있다. 결국 주민센터에서 일본어를 배운다 하더라도 주민센터는 공식 학교가 아니기 때문에 자기 자신을 「學生(がくせい)」라고 하면 듣는 일본인 입장에서는 어색하다고 느낄 수밖에 없는 것이다. 이처럼 간단한 단어 하나라도 각 나라에서는 쓰여져 있는 의미나 쓰임이 상이하다.

이 글에서 필자는 한국어와 일본어의 언어문화 차이가 있는 항목을 ①시간적인 개념 차이에서 본 두 언어 비교 ②단어 뜻과 쓰임의 차이에서 본 두 언어 비교 ③공간과 언어생활 습관 차이에서 본 두 언어 비교 세 가지로 나눠서 고찰하도록 하겠다.

II. 시간적인 개념 차이에서 본 두 언어 비교

1. 하루의 시간을 나타내는 말

1) '아침'과 「朝」

(1) 朝學校にいくつもりです。
(2) 아침에 학교에 갈 생각입니다.
(3) 朝學校に行ってきました。
(4) 아침에 학교에 갔다 왔습니다.
(5) 朝必ずトイレに行きます。
(6) 아침에 반드시 화장실에 갑니다.

시간어를 연구하는 학자마다 시간어에 대한 분류법과 설정 기준에 차이가 있으나 위의 예문을 보고 알 수 있듯이 '아침'과 「朝」는 뒤에 이어지는 동사 술어의 시제와 상관없이 상³적 특성을 가진다는 면에서 두 언어가 일치된다.

하지만 아무리 '아침'과 「朝」의 양쪽이 같은 상적 특성을 가진다 하더라도 「朝3時に起きました。」를 '아침 3시에 일어났습니다'로 번역하면 어색함을 느끼는 것은 왜일까? 그것은 '아침'과 「朝」가 가지고 있는 시간적 폭의 차이, 즉 언어문화적인 차이에서 오는 것이라고 추측할 수 있다.

본고에서는 한국인과 일본인이 가지고 있는 '아침'과 「朝」에 대한 개념의 인식에 차이가 있는지 설문조사를 통해서 알아봤다. 조사 대상자는 양국의 20대부터 50대까지의 남녀 각 50명씩 총 400명으로 하였다[4].

2) '아침'과 「朝」의 시작 비교

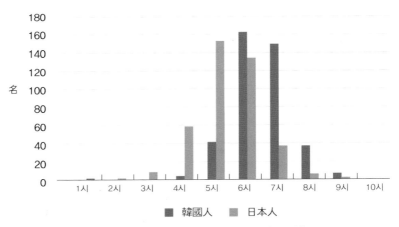

〈그림 1〉 '아침'과 「朝」의 시작에 대한 대조 고찰

3 상이란 어떤 동작이 전개하는 여러 가지 국면, 즉 개시, 계속, 종결 등의 특성을 나타내는 문법형식을 말하며, 일본에서는 「アスペクト」라고 부른다.

4 본 조사는 위도 문제를 고려해서 부산에 거주하는 한국인과 후쿠오카에 거주하는 일본인 대상으로 조사를 한 것이다. 설문 내용은 다음과 같다. 「あなたは「朝」という言葉を聞くと、だいたい何時ごろから何時ごろまでを「朝」と言うと思いますか?」(당신은 '아침'이라는 말을 들으면 대체로 몇 시 정도부터 몇 시 정도까지를 '아침'이라고 한다고 생각되어집니까?)

위의 결과를 보면 '아침(朝)'의 시작에서 크게 차이가 났음을 알 수 있다. 즉 '아침'의 시작을 4시라고 대답한 한국인의 수는 4명인데 비해서 일본인의 수는 58명으로 일본인이 한국인보다 무려 15배나 차이를 보였다. 5시를 보아도 한국인이 41명에 비해서 일본인이 155명으로 3.8배나 차이를 보인 것을 보면 일본인이 한국인보다 「朝」의 시작에 대한 시간의 인식이 훨씬 빠름을 알 수 있다.

'아침(朝)'의 시작에 대한 인식 중에 공통적으로 많이 겹치는 부분은 7시이며, 한국인이 162명, 일본인이 134명으로 나타났다. 하지만 '아침(朝)'의 시작을 8시로 인식하는 사람의 수를 보면 한국인이 150명, 일본인이 36명으로 4배나 차이를 보였음을 알 수 있으며, 이는 한국인이 일본인보다 '아침'의 시작에 대한 시간의 인식이 훨씬 늦음을 알 수 있다.

3) '아침'과 「朝」의 끝 비교

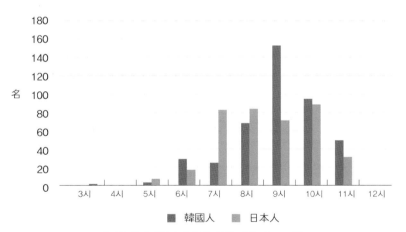

〈그림 2〉 '아침'과 「朝」의 끝에 대한 대조 고찰

'아침(朝)'의 끝의 결과를 보면 한국인이 '아침'의 끝을 가장 많이 인식하는 시간은 9시이며, 일본인 중 73명이 9시라고 대답한데 비해 한국인은 일본인보다 두 배 이상이 되는154명이 9시라고 대답한 것을 보면 인식 차이가 크게 나타났다고 할 수 있다.

그런데 일본인의 「朝」의 끝에 대한 결과를 보면 10시가 가장 많은 것으로 나타났으나 전체적으로 볼 때 7時부터 10時 사이를 선택한 사람의 수가 균형있게 분산되어 있음을 알 수 있으며, 이는 한국인이 '아침'의 끝을 압도적으로 9時라고 인식하는데 비해, 일본인의 「朝」의 끝은 7시부터 10시 사이로 「朝」의 끝에 대한 애매함을 나타내고 있음을 알 수 있다.

4) '낮'과 「昼」

이 장에서도 '아침'과 「朝」의 조사와 같은 방법으로 설문조사를 실시하였다[5]. 그 결과를 정리해서 '낮'과 「晝」의 개념 인식에 차이가 있는지 알아보도록 하겠다.

---

5 설문지 내용은 다음과 같다. 「あなたは「晝」と聞くと、だいたい何時ごろから何時ごろまでを「晝」と言うと思いますか?(당신은 '낮'이라는 말을 들으면 대체로 몇 시 정도부터 몇 시 정도까지를 '낮'이라고 한다고 생각됩니까?)」

5) '낮'과 「昼」의 시작 비교

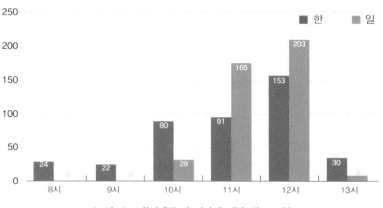

〈그림 3〉 '낮'과 「昼」의 시작에 대한 대조 고찰

<그림 3>을 보고 알 수 있듯이 '낮'의 시작을 10시를 전체의 20%가 인식하고 있고 11시가 전체의 23%, 12시가 전체의 38%로 10시에서 12시 사이가 전체의 81%를 차지하고 있다. 한편 「昼」에 대한 인식은 11시가 165명으로 전체의 41%를, 12시가 203명으로 전체의 51%를 차지하고 있으며 11시와 12시에 대한 인식만으로 92%를 차지하고 있음을 알 수 있다. 그리고 일본인은 8시와 9시를 「昼」의 시작으로 인식하는 사람이 한 명도 없었는데 비해 한국인은 8시가 24명, 9시가 22명으로 전체의 약 12%정도가 인식하고 있으며, 1시를 인식하는 사람 수를 보아도 한국인은 30명에 비해 일본인은 3명으로 다소 '낮' 시작에 대한 인식이 분산되어 있음을 알 수 있었다.

6) '낮'과 「昼」의 끝 비교

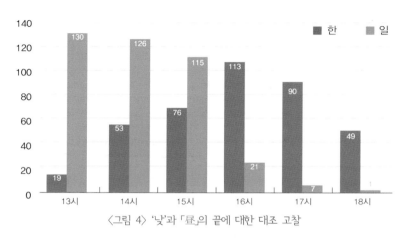

〈그림 4〉 '낮'과 「昼」의 끝에 대한 대조 고찰

   한국인이 선택한 '낮' 끝 시간 중에 제일 많았던 것은 16시로 전체의
28%였다. 한국인의 '낮' 끝에 대한 인식의 특징은 13시에서 18시까지 폭
넓게 인식되어 있다는 점이다. 그러나 일본인의 「昼」의 끝에 대한 인식
은 한국인의 인식과 너무나 상이한 결과였음을 알 수 있다. 즉 「昼」의
끝의 인식이 13시에서 15시까지에 집중되어 있으며 전체의 93%를 차지
하고 있는 것이 특징적이다. 위의 결과에서 보면 결국 한일 양국이 공통
적으로 '낮(昼)'의 끝을 인식하고 있는 시간대는 14시와 15시라고 할 수
있다. 그렇다면 왜 일본인이 「昼」의 끝을 13시로 생각한 사람이 제일 많
았을까? 그 이유는 일본 국어사전에서 살펴볼 수 있다.

일본 국어사전	의 미	한국 국어사전	의 미
日本語大 辭典	① 朝から夕方まで の間。昼間。 ② 正午。正午前後 の時間 ③ 昼飯	동아 신국어 사전	① 해가 뜰 때부터 질 때 까지의 동안. ② 한낮의 준말.

일본 국어사전	의 미	한국 국어사전	의 미
岩波國語 辭典	① 1日のうち太陽の出ている 　間。朝から夕方までの間。 ② 正午(前後の時間)。 ③ 晝飯	연세 한국어 사전	① 해가 떠서 질 때까지의 동안 ② 오전12시 전후로 해가 하늘 　에 가장 높이 떠 있어서 환 　한 때

〈표 1〉 한일 국어사전 상의 '낮'과 「晝」의 의미 비교

일본 국어사전에는 「晝飯」라는 개념이 「晝」안에 들어가 있음을 알 수
있다. 따라서 일본인이 「晝」라는 말을 들음과 동시에 「晝御飯」이라는
이미지를 가지는 사람이 있기 때문에 결국 「晝」의 끝에 대한 인식을 '점
심을 먹는 시간이 끝나는 시간'으로 오후1시를 인식할 수 있다고 추측할
수 있다.

7) '저녁'과 「夕方」

한국인 일본어 학습자가 회화 시간에 「いつも夕方 8 時に家に歸りま
す」라고 말한 적이 있었는데 일본어 원어민이 들으면 거의 다가 어색함
을 느낀다. 하지만 '저는 항상 저녁 7시에 집에 가요'라고 하면 자연스러
운 문장이 될 것이다. 여기서 분명히 「夕方」와 '저녁'이라는 시간명사
사이에 시간적인 차이가 존재한다는 것을 알 수 있다. 이 장에서도 1,2장
처럼 설문조사를 실시해서 그 결과를 정리해서 '저녁'과 「夕方」사이에
시간 개념 인식 차이가 있는지 알아보도록 하겠다6.

6 설문지 내용은 다음과 같다. 「あなたは「夕方」と聞くと、だいたい何時ごろから
　何時ごろまでを「夕方」と言うと思いますか？(당신은 '저녁'이라는 말을 들으면
　대체로 몇 시 정도부터 몇 시 정도까지를 '저녁'이라고 한다고 생각됩니까?)」

8) '저녁'과 「夕方」의 시작 비교

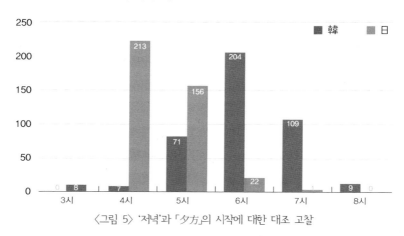

〈그림 5〉 '저녁'과 「夕方」의 시작에 대한 대조 고찰

일본인은 「夕方」의 시작을 4시나 5시로 인식하고 있는 방면 한국인은 5시에서 7시까지로 폭넓게 인식하고 있음을 알 수 있다. 일본인이 제일 많이 인식하고 있는 시간은 4시로 전체의 53%를 차지했지만 한국인 중 4시로 인식하고 있는 사람은 2%밖에 되지 않았으며 한국인이 제일 많이 인식하고 있는 시간은 6시로 전체의 51%를 차지했으며 6시와 7시를 인식하고 있는 사람 수를 합치면 전체의 78%가 되는데 비해 일본인 중에 6시와 7시로 인식하고 있는 사람은 23명(6%)밖에 되지 않았던 점에서 한일 양국의 시간적인 개념 차이가 분명하게 나타났다고 할 수 있다.

9) '저녁'과 「夕方」의 끝 비교

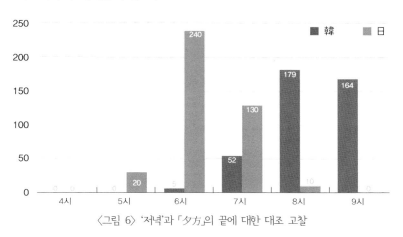

〈그림 6〉 '저녁'과 「夕方」의 끝에 대한 대조 고찰

그림 6을 보면 알 수 있듯이 '저녁'과 「夕方」의 끝의 인식에도 크게 차이가 나타났다.

일본인의 「夕方」의 끝의 인식으로 제일 많았던 것은 6시이며 전체의 60%를 차지한 방면에 한국인이 '저녁'의 끝을 6시로 인식하고 있는 사람은 5명(1%)밖에 되지 않았다. 한편 한국인이 제일 많이 인식하고 있는 시간은 8시와 9시로 각각 179명과 164명으로 전체의 86%를 차지하는 방면 일본인이 8시를 인식하고 있는 사람은 10명밖에 되지 않았으며 9시를 인식하는 일본인은 아무도 없었다. 3.1.1과 3.1.2의 결과를 하나의 그래프로 나타내면 다음과 같다.

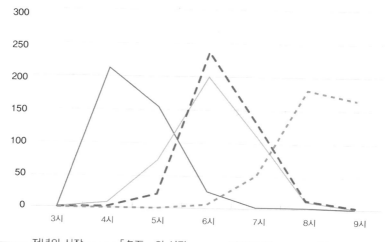

〈그림 7〉 '저녁'과 「夕方」의 시작과 끝의 전체 비교

위의 결과 중에서 흥미로운 것은 「夕方」의 끝을 인식하는 시간대와 '저녁'의 시작을 인식하는 시간대가 겹쳐져 있다는 점이다. 이 결과를 통해서 알 수 있는 것은 한국인이 '저녁'의 시작을 인식하는 시간에 이미 일본인은 「夕方」가 끝나는 무렵을 인식하고 있다는 결과가 된다. 역으로 생각하면 '저녁'을 4시로 인식하고 있는 한국인이 적다는 것은 4시라는 시간대가 저녁이 아니라 '낮'을 인식하는 가능성이 있으며 또 일본인이 「夕方」의 끝을 8시나 9시로 인식하는 사람이 적다는 것은 이 시간대가 「夜」로 인식하는 가능성이 높은 것을 예상할 수 있다. 이 결과를 토대로 일본어교육이라는 관점에서 보면 일본어학습자에게 「夕方8時」나 「夕方9時」라는 식으로 사용하기가 어렵다는 것을 인지시켜야 한다는 것이다.

10) '밤'과 「夜」

'밤'과 「夜」라는 시간명사를 사전에서 찾아보면 "동아 새국어사전"에서는 '해가 진 뒤부터 날이 새기 전까지의 동안'이라고 명기되어 있고 일

본 국어대사전에서는「日没から日の出までの時間。太陽が沒して暗い間。」로 명기되었으며 사전의 의미만 볼 때에는 의미상의 차이가 없어 보인다. 하지만 앞서 3장에서 분석하였듯이 한국인의 '저녁'에 대한 인식과 일본인의「夕方」에 대한 인식의 큰 차이가 났다면 '밤'과「夜」사이에서도 인식 차이가 나타날 수 있다. 이 장에서는 1장과 3장까지 실시한 같은 조사 방법으로 설문조사를 실시하였다[7]. 그 결과는 다음과 같다.

11) '밤'과「夜」의 시작 비교

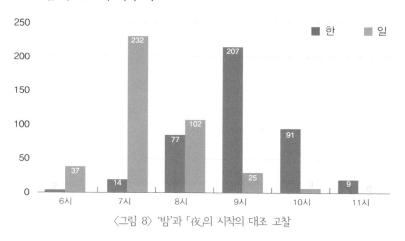

〈그림 8〉 '밤'과「夜」의 시작의 대조 고찰

이번 조사 결과도 한일 간의 인식에 차이가 났다고 할 수 있다. 그림8을 보면 일본인의「夜」에 대한 인식 중 제일 많았던 것은 7시이며, 전체의 58%를 차지하였다. 반대로 한국인의 '밤'에 대한 인식 중 제일 많았던 것은 9시이며, 전체의 52%를 차지하였다. 인식 시간의 폭을 보면 7시와 8시가「夜」의 시작이라고 생각하는 일본인의 수가 전체의 84%로 거

7 설문지 내용은 다음과 같다.「あなたは「夜」と聞くと、だいたい何時ごろから何時ごろまでを「夜」と言うと思いますか？(당신은 '밤'이라는 말을 들으면 대체로 몇 시 정도부터 몇 시 정도까지를 '밤'이라고 한다고 생각됩니까?)」

의 7시와 8시에 집중되어 있는 반면 한국인의 '밤'에 대한 인식 시간의
폭은 8시에서 10시 사이에 제일 집중되어 있으며 전체의 94%로 3시간에
걸쳐서 인식하고 있음을 알 수 있었다. 여기서 분명한 사실은 일본인의
58%가 7시에 집중되어 있지만 한국인 중 7시라고 대답한 사람 수가 전
체의 4%에 불과했다는 것이며, 이는 결국 7시라는 시간은 '저녁'이라는
인식이 강하다고 예측할 수 있을 것이다. 또한 「夕方」의 끝을 6시라고
대답한 일본인이 제일 많았다는 결과에서 알 수 있듯이 7시부터가 「夜」
라고 생각하는 것은 자연스런 결과라고 할 수 있다.

12) '밤'과 「夜」의 끝 비교

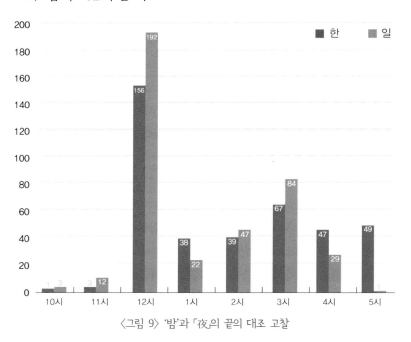

〈그림 9〉 '밤'과 「夜」의 끝의 대조 고찰

　이번 조사 결과를 보면 약간의 수치적인 차이는 있으나 한국인이나
일본인이나 12시를 기준으로 '밤(夜)'이 끝난다는 부분에서 일치하였다.

그리고 1시에서 4시까지는 양국의 인식양상이 비슷하게 나타났지만 5시
라는 인식에서는 한국인은 전체의 12%정도 인식하지만 일본인은 거의
없는 것이 차이점이라 할 수 있다[8].

2. '나중에'와 「あとで」

일반적으로 「나중에」와 「あとで」는 문제가 되는 시간에서 가까운 미
래에 사건이 일어나는 것을 나타내는데, 양국 국어사전에서는 「나중에」
와 「あとで」를 하나의 단어로 취급하지 않고 「나중+에」, 「あと+で」로
취급된다. [9]

그렇다면 국어사전에서는 「나중」과 「後」의 의미를 어떻게 설명해 놓
았는지 살펴보도록 하겠다.

우선 「나중」이 현행 국어사전에서 의미가 어떻게 쓰여져 있는지 보면
≪연세 한국어 사전≫에서는 「나중」을 명사와 부사로 따로 분류해서
설명해 놓았다. 명사로서 설명되는 항목은 다음 4가지이다.

1) (주로 '나중에'의 꼴로 쓰이어) 얼마의 시간이 지난 뒤.
2) ('나중(의)―'의 꼴로 쓰이어)순서에 있어서 어떤 일의 다음.
3) (주로 '나중에는'의 꼴로 쓰이어)마지막.
4) (주로 "나중에는"의 꼴로 쓰이어) 어느 정도의 시간이 지난 뒤. 그 후.

그리고 부사로 분류되는 말의 의미로서 1) '얼마의 시간이 지난 뒤'로
설명되어 있다.

---

8 이 결과는 '꼭두새벽'이나 '새벽', 「夜明け」, 「明け方」의 시간 인식과 관련이 있겠
   으나 아직 조사를 실시하지 못하였다.
9 일본어 대사전(講談社)에서는 「今に」, 「今にも」, 「今や」등의 단어를 부사로 취급
   하지만 「後で」는 「後」안에서 「後で」가 예문으로만 나온다. 하지만 현대 부사 사
   전(東京堂出版)에서는 하나의 부사로서 「あとで」가 실려 있다.

다음으로 일본어 사전에서 「あと」의 의미가 어떻게 쓰여져 있는지 살펴본다.

≪일본어 대사전≫에서는 「あと」를 명사와 부사로 분류하여 설명해놓았다. 명사로서는 9가지의 의미가 있는데, 그 의미는 다음과 같다.

1) うしろ。背後
2) のち。以後。後日。
3) 事後。
4) 死後。
5) 後任。後妻。
6) 子孫。
7) 以前。
8) 續いているものの終りに近い部分。
9) 次

그리고 부사로서 쓰이는 의미로서 「その時・所をもとにして、それから先。」로 설명되어 있다.

이 결과를 보고 알 수 있는 것은 한국어의 「나중」은 그 말의 뒤에 '의'나 '에' 나 '에는'이라는 조사와의 결합성이 강하고 파생적인 의미가 거의 없고 일본어의 「あと」는 파생적인 의미가 상당히 많은 것을 알 수 있다.

이 장에서는 「나중에」와 「あとで」에 대한 의미론적인 관점에서 접근하여 구체적인 예문10을 통해서 의미적인 차이가 있는지, 그리고 사용법에 차이가 있는지 알아본다.

---

10 본고에서 사용한 코퍼스는 국립국어원 언어정보나눔터(https://ithub.korean.go.-kr/user/main.do)와 세종 한일 병렬 말뭉치 온라인 검색 인터페이스(http://corpus.-mireene.com/nara.php) 이다.

1) 「나중에」와 「あとで」의 의미론적 대조고찰

(1) お話は<u>あと</u>でうかがいます。

(2) 「宿題はやったの？」「<u>あと</u>でやるよ」

(3) ゆっくり見てから<u>あと</u>で呼びます。

(4) 우선 네가 해 놔라. <u>나중에</u> 줄게.

(5) 당신이 필요한 이유는 <u>나중에</u> 설명합니다.

(6) 「좋아, 지금 갔다 오구려.」「<u>나중에</u> 올게요.」

(1)부터 (6)의 예문은 모두 발화시보다 얼마 안 되는 미래에 일어나는 일이나 얼마 안 되는 미래에 하게 될 행동에 대해 말하는 것이다. 이런 점에서는 한일 양 언어의 「나중에」와 「あとで」에 기본적인 개념이 같다고 볼 수 있다.

2) 「장래」를 나타내는 「나중에」와 「あとで」

(10) 그래 계속해 봐. 내가 <u>나중에</u> 재벌이 될지 대통령이 될지 어떻게 아느냐구 말해 보라구.

(11) <u>나중에</u> 아이들이 커서 지구의 환경이 엄청나게 나빠졌다면 우리 선생님들을 보고 뭐라고 하겠는가?

(12) 정말 멋진 아빠시구나. 나도 <u>나중에</u> 그렇게 멋진 아빠가 될테니 두고 봐라.

위의 예문들은 발화시보다 먼 미래를 나타내며, 구체적인 시기에 대해서는 언급하지 않는다. 이런 경우, (10)부터 (12)까지의 예문에 있는 「나중에」대신 「장래에」로 바뀌도 무방하다. 하지만 (4)부터 (6)까지의 예문에 있는 「나중에」를 「장래에」로 바꾸면

(4)´ `*우선 네가 해 놔라. <u>장래에</u> 줄게.`

(5)´ `*당신이 필요한 이유는 <u>장래에</u> 설명합니다.`

(6) ˙*「좋아, 지금 갔다 오구려.」「장래에 올게요.」˙

  모두 다 非文이 된다. 결국 (10)부터 (12)까지의 예문은 하루 이틀 후에 어떤 행동이나 행위를 하게 되는 것이 아니라 상당한 시간이 경과되고 나서야 할 수 있는 내용들이다. 결국 「나중에」는 뒤에 들어가는 동사 술어의 뜻에 따라서 가까운 미래도 나타낼 수 있고 먼 미래 즉 「장래」라는 뜻이 될 수 있다는 것을 알 수 있다. 다음으로 「あとで」도 「장래」의 의미가 있는지 살펴 보겠다.

(13) 小學校から高等學校までの家庭科、 保健ならびに授業時間終了後の
    掃除の時間。これを決してばかにしてはいけません。
    <u>あとで</u>結婚相手も自分も情けない思いをします。
(14) 主婦は、 働いていないで年金を拂わなくても、<u>あとで</u>年金をもらえ
    るというのがあります。
(15) ブスな子ほど<u>あとで</u>美人になる。

  (13)부터 (15)까지의 예문들도 「將來」로 바꿔도 뜻이 통한다. 반대로 (1)부터 (3)까지의 예문에 나타나는 「あとで」대신 「將來」를 넣으면

(1) ˙*お話は<u>將來</u>うかがいます。˙
(2) ˙*「宿題はやったの？」「<u>將來</u>やるよ」˙
(3) ˙*ゆっくり見てから<u>將來</u>呼びます。˙

  모두 다 부자연스런 문이 되고 만다. 결국 일본어의 「あとで」도 문제가 되는 시간에서 가까운 미래에 사건이 일어나는 것을 나타내는 것뿐만 아니라 먼 미래도 나타낼 수 있음을 알 수 있지만 문장에 따라서 먼 미래까지 나타내지 못하는 경우도 있음을 알 수 있다. 그렇다면 한국어의 장래를 나타내는 「나중에」를 「あとで」언제나 바꿔 써도 되는 것일까?

다음 문장을 보도록 하겠다.

(16) 너 얼굴도 예쁜데 <u>나중에</u> 미스코리아에 나가라.

이 문장을 일본어로 번역하면 다음과 같다.

(16)'ʹ*お前 顔も綺麗だから、<u>あとで</u>ミスコリア選拔大會に出たら。ʹ

지금까지 언급해 온 바와 같이 「나중에」나 「あとで」는 둘 다 「장래」라는 뜻을 나타낼 수 있음에도 불구하고 (16)의 예문을 일본어로 바꿨을 때, 일본어는 부자연스러운 문장이 되고 만다.

(17) お前、顔綺麗だから、<u>あとで</u>寫眞撮らせてくれる?

하지만 (17)의 예문은 아주 자연스러운 일본어가 된다. 그렇다면 (16)과 (17)의 예문 속에 어떠한 문법적인 제약이 있는 것인가?

여기서 주목해야 할 문제는 발화시와의 관계이다. 일본어의 「あとで」는 「あとで」의 앞 문장의 영향을 받는다. 즉 「顔が綺麗だから」라는 말을 발화할 때에는 지금 현재 상대방의 얼굴이 예쁘다는 발화시가 기준이 되어서「あとで」라는 시간부사가 들어가게 되면 일본어에서는 제약을 받고 먼 미래까지는 나타낼 수 없게 되고 가까운 미래만 나타내게 된다.

(18) *この町の川の水は汚れている。このままでは<u>あとで</u>この町から魚が
   消えてしまうだろう。
(19) この町の川の水は汚れている。<u>あとで</u>水質檢査をしたほうがいいと
   思う。
(20) *今は貧しいけど、<u>あとで</u>お金持ちになると思う。
(21) 今は忙しいけど、<u>あとで</u>暇になると思う。

(18)부터 (21)까지의 예문을 보더라도 (18)은 현재 강물이 더러운 상태인데, 물고기가 하루 이틀만에 사라지는 것이 아니기 때문에 「あとで」를 쓸 수 없다. 하지만 (19)는 「물이 더럽다」는 발화시의 시점과 「수질검사」를 하는 시기는 시간적으로 떨어지지 않기 때문에 문장으로서 성립된다. (20)도 (18)과 마찬가지로 지금 가난한 상태인데 부자가 되는 것도 하루 이틀만에 되는 것이 아니기 때문에 非文이 된다. 하지만 (21)은 지금은 바쁜 상황이지만 시간이 조금 지나면 한가해진다는 뜻이지 먼 미래를 나타내는 것은 아니므로 자연스런 문장이 된다.

결국 (13)부터 (15)까지의 예문이 「장래」라는 뜻을 나타낼 수 있는 것은 발화시가 기준이 되어서 이야기가 전개되는 것이 아니라, (13)에서는 「ばかにする」라는 행위가 이루어지고 난 미래의 이야기를 하는 것이지, 발화 시점인 지금이 기준이 된 문장이 아니며, (14)도 마찬가지로 「年金を拂っていない」라는 시점에서 볼 때에, 미래에 「연금이 나온다」는 것이며, (15)은 「ブスである」라는 시점에서 성장해서 미인이 된다는 미래의 이야기를 하는 것이다. 따라서 일본어에서는 발화시가 기준이 되어서 화제가 전개되지 않는다면 「장래」라는 먼 미래까지 나타낼 수 있다.

「나중에」는 (10)부터 (12)의 예문을 보면 다 발화시가 기준이 되어서 이야기가 전개되는데, 「나중에」가 쓰여져 있는 용법을 보면 발화시가 기준이 된다 하더라도 특별한 제약을 받지 않는다.

3) 완곡하게 거절하거나 일시적으로 그 자리를 피하려는 「나중에」와 「あとで」

일반적으로 사전에 적혀 있는 「나중에」는 「얼마가 지난 뒤」로 설명되어 있고 일본 현대 부사 용법 사전[11]에는 「문제가 되는 시간으로부터 가까운 미래에 사건이 일어나는 모양을 나타낸다」라고 적혀 있다.

---

11 飛田良文외 1인, 『現代副詞用法辭典』, 東京堂出版, 1994, 여기서 일반 사전을 쓰지 않은 이유는 「あとで」라는 하나의 단어로서 사전에 실려 있지 않기 때문이다.

즉 사전이나 용법사전만으로는 이 단어들에 내재하는 세세한 뜻까지
는 알기 어렵다.

이 절에서는 한일 두 언어 「나중에」와「あとで」속에 내포하는 완곡하
게 거절하거나 일시적으로 그 자리를 피하려는 뜻을 나타낼 수 있는지
예문을 통해서 알아보도록 한다.

우선 한국어의 「나중에」에 대한 예문을 보도록 하겠다.

(22) "여기까지 온 김에 아주 언니한테 인사하고 갈까?" "나중에 해"
     "왜?" "언니는 너무 고독하거들랑. 형부가 너무 오래 집을 비우고
     있어서. 우린 지금 행복하고. 언니가 우릴 질투하면 어떡해"
(23) 말을 마친 유의태는 뒤도 돌아보지 않고 안으로 들어갔다. 그런 유
     의태를 허준이 불렀다. "스승님." 그러자 유의태는 잠시 멈추어 서서
     말했다. "잠시 쉬고 싶다. 나중에 이야기하자."
(24) "하여튼 오늘 만나." 한참만에야 이어지는 미우의 목소리였다. "나
     중에 만나. 난 별로 돌아다니고 싶지가 않아."
(25) "지금은 시간이 없어서 안돼요. 할 이야기가 있으면 나중에 약속합
     시다." 딱 부러지게 말을 뱉고 나서 휙 돌아서서 걸어가기 시작했다.

(22)의 문장을 보면 언니 집에 가자고 제의를 했으나 상대방이 행복해
보이는 자기 모습을 보고 언니가 질투하면 안 되니까 오늘은 가지 말자
고 하기 위해서 「나중에 해」라고 말했다. 이 「나중에 해」라는 말 속에
내포되는 마음을 보면 가기 싫어서 완전히 거절한다기보다 '가고는 싶
지만 오늘은 가지 말고 다음에 가자'는 심리가 내포되어 있는 것을 추측할
수 있다. (23)부터 (25)까지의 문장을 보면 (23)은 '잠시 쉬고 싶다', (24)
은 '별로 돌아다니고 싶지가 않아', (25)은 '시간이 없어서 안돼요'라는
식으로 어떤 이유를 대고 난 다음에 「나중에~하자」고 말한 것인데, 그
말을 했을 때, 만나기 싫어서 말한 것인지 만나고는 싶지만 미루는 것인
지 그 심리적인 부분까지는 알 수 없지만 그 자리를 일시적으로라도 피

하려고 한 것은 분명하다. 그리고 시간적으로 볼 때, (24)과 (25)의 예문에 나오는 「나중에」는 문맥상 「오늘」이 아니라 내일 이후라는 것도 알수 있다.

그렇다면 일본어에도 이러한 기능이 있는지 예문을 통해서 알아보도록 하겠다.

(26) 石川「うん。そういや、お晝まだでしょ？　いっしょにお弁当たべよ」
　　　柴田「ううん、いいの。<u>あとで</u>食べるから」
　　　石川「なによー、いっしょに食べようよ。友達じゃん」
　　　石川、嫌がる柴田の背中に手を回し、共に樂屋に入る。
(27) いえのもんのまえに、コンキのねえさんがいました。コンキは、にこにこ、いいました。
　　　「ねえ、とてもいい、うたをきかせてあげようか？」
　　　「<u>あとで</u>ね」と、ねえさんは、いいましたﾟ
　　　コンキは、がっかりして、いえにはいりました。
(28) ついに安芸ノ州(あきのしゅう)さまが目の前に。讚岐(さぬき)富士は必死に訴えた。
　　　「あ、あ、あ、安芸ノ州關、サインをいただいてもいいでしょうかっ」
　　　安芸ノ州さまはこうおっしゃったのである。
　　　「<u>あとで</u>」
　　　ああ、これはどうとったらいいのだろう。あとで會いましょうということ？むふ。
　　　そんなわけないですね。斷られたのである。がーん。

(26)의 예문을 보면 柴田가 「あとで食べる」라고 할 때의 심리 상태는 뒷부분에 기술되어 있듯이 「嫌がる柴田」라는 문맥에서 알 수 있다. 즉 같이 먹기 싫기 때문에 「あとで食べる」라고 했음을 알 수 있다. 그리고 (27)과 (28)의 예문에 있는 「あとで」는 뒤에 아무런 술어가 안들어가는 경우인데, (27)의 예문 뒷부분에 「コンキはがっかりして」가 コンキ의

심리 상태를 나타내고 있다. 즉 「あとでね」라는 말에 내포되어 있는 것이 '거절'이라는 뜻임을 コンキ가 알았던 것이다. 또한 (28)의 예문을 보면 맨 마지막 줄에 「斷られたのである。がーん。」이라고 화자의 심리 상태가 묘사되어 있다. 이것도 역시 '거절'을 나타내고 있는 것이다.

결국 일본어에서도 「あとで」라는 말 속에 「거절」하거나 「그 자리를 일시적으로 피하는 뜻」이 있음을 알 수 있다. 이러한 관점에서 보면 한국어의 「나중에」나 일본어의 「あとで」는 유사하다고 말할 수 있다.

그렇다면 한국어의 「나중에」와 일본어의「あとで」는 같은 뜻으로서 써도 되는 것일까? 다음 예문을 보고 검토하도록 하겠다.

(29) 정옥 : (들어온다) 재석아
　　재석: 예 엄니
　　정옥: 너 오늘 시간있제?
　　재석: 왜라?
　　정옥: 에미허고 영화구경 안갈쳐? 신문을 봉게 오마샤리프가 주연하는 영화를 오늘 개봉한디야.
　　재석: 전 이따가 친구들 만나기로 했는디요?
　　정옥: 그러믄 못가겄다 그말여?
　　재석: 나중에 가요 엄니.
　　정옥 : (서운) 너 참말로 너무하는거아녀? 에미가 오마샤리프를 을매나 좋아하는지 너도 잘 알잖여.
　　재석: (옆에 앉으며 달랜다) 엄니, 뭐하러 극장까지 가서 오마샤리프를

(TV소설 민들레 제 32회)

위의 예문의 「나중에 가요」를 「あとで行こう」로 번역하는 경우, 독자는 '친구들을 만난 후에 영화를 보자'라는 뜻으로 알아볼 것이 분명하다.

2)에서도 언급하였듯이 일본어 「あとで」는 시간적인 기준이 발화시가 되어 있을 경우, 발화시보다 얼마 안 되는 미래에 일어나는 일이나 얼마

안 되는 미래에 하게 될 행동에 대해 말하는 말이다. 즉 이때의 「あとで」는 「있다가」라는 뜻으로 쓰이는 것이다. 한국어 「나중에」는 발화시를 기준으로 하든, 사건발생시를 기준으로 하든 특별한 제약을 받지 않는다.

그래서 (29)의 예문처럼 일시적으로 영화를 보러 간다는 행동을 피한다 하더라도 「나중에」라는 말에는 「다음」이나 「기회가 되면」이라는 뉘앙스로 쓰인다. 하지만 일본어 「あとで」는 「먼저 있는 일이 끝나고 나서」라는 뉘앙스가 된다.

결국 일본어 「あとで」는 발화시가 기준이 되면 제약을 받고 아주 가까운 미래만 나타내게 되고 불확실한 부정시의 미래는 나타내지 않는다.

만약에 한국어처럼 발화시가 기준이 된다 하더라도 '불확실한 부정시의 미래'를 나타내고 싶을 경우에는 일본어 「あとで」앞에 부사인 「また」를 넣고 말한다면 가능하다. 여기서 사용되어지는 「また」는 '미래에 있어서 다른 시점에 어떤 행동을 반복하는' 뜻이다.

(36) 中間テストが近いので、<u>またあとで</u>會いましょう。

(37) 返事が遅くなって申し譯ないです。これから、ゆっくりみて、<u>また あとで</u> (1週間とかかかるかもしれません) 返事を書きます。

(38) 友達C：「コンサートの時に下敷きになったんだってぇ~?」
  紗代子：「あっ！うん。そうなの。みんなありがとね~。」
  友達A：「まだ面會時間じゃないみたいだから歸るね。　さっき看護婦さんに怒られちゃったんだ」
  友達C：「じゃあ<u>またあとで</u>來るね~」
  友達ABC：「バイバ~イ！」
  紗代子：「ゴメンねぇ°ありがとぉ。バイバイ」

4) 일본어교육 현장에서 일어날 수 있는 일

한국어와 일본어가 너무나 유사한 언어이기 때문에 여러 가지 실수가 일어날 수 있다. 이번에 소개할 내용은 일본에 살고 있는 한국인 남자와

사귀는 일본인 여자 사이에서 일어난 일을 일본인 여자가 요미우리신문
에 투고한 내용이다.

韓国人の方の…「あとで電話するね」 ニックネーム：はてな

03.01.31

私には交際している韓國人の彼がいるのですが、

彼は時々「あとで電話するね」といいます。

…が電話してくるのは翌日であったり、3日後であったり。

彼は日本語はペラペラと言うわけではありませんが、日常會話は不自由な
く使える程度です。

私としては、「あとで」というと、30分から2、3時間と考えてしまうのですが、

韓國の方が使う「あとで」は、もっと廣い意味(感覺)があるのでしょうか？

それとも、韓國人、日本人にかかわりなく、個人的なものなのかな？

2)에서 언급한 바와 같이 발화시가 기준이 되어서 「あとで」라는 시간
부사가 들어가게 되면 일본어에서는 제약을 받고 먼 미래까지는 나타낼
수 없게 되고 가까운 미래만 나타내게 된다. 즉 위의 신문 내용에서 「私
としては、30分から2，3時間と考えてしまう」라고 하듯이 일본인은
얼마 안 되는 시간이 경과한 후로 인식하고 적어도 그 날을 넘기지 않을
것이다. '나중에 전화할게'를 그대로 일본어로 옮긴 것이라고 쉽게 추측
할 수 있지만 이러한 사소한 대화 내용에서도 언어문화 차이가 나타날
수 있는 것이다. 필자도 「あとで」에 대한 비슷한 경험을 한 적이 있다.
1990년대에 경남 창원에서 살 때 사설 일본어학교에서 같이 일하는 일본
여선생님 이야기다. 어느 날 그 선생님과 사회인 제자들 몇 명이랑 경남
고성군 당항포에 놀러갔다가 다시 창원에 돌아와서 저녁식사를 같이 할
때 어느 남학생이 일본어로 「食事の後はどうしましょうか？」라고 물었
다. 그러더니 다른 남학생이 「ナイトクラブに行きましょうか。」라고
했는데 또 다른 학생이 「後で行きましょう！」라고 대답한 것이었다. 식

340 _ 한일관계, 갈등을 넘어 동행으로

사가 끝난 후 모두 다 헤어지고 그 여선생님은 집에서 계속 학생에게 연락 오기 기다렸는데 끝내 전화가 안 온 것이다. 그 다음 날에 그 여선생님이 필자를 찾아와서 하는 소리가 '한국 사람들은 거짓말쟁이'라고 하는 것이 아닌가. 전날에 있었던 이야기를 들은 필자는 바로 그 학생이 「あとで」라는 말을 잘못 써서 일어난 일이라고 설명해 드렸다. 그 자리에서 「ナイトクラブはまた今度にしましょう」라든지 「次の機會にしましょう」처럼 말했다면 오해가 생기지 않았을 것이다. 말 한마디 때문에 서로 간에 갈등을 일으킬 수 있는 중요한 일이다. 일본어교육 현장에서는 이러한 문제가 생기지 않도록 언어문화 차이에 대한 철저한 교육이 필요하다고 필자는 생각한다.

제104회 발표, 2015년 9월 10일

근대문학을 통해 본 한국인과 일본인의 정서

|

하야시 요코(인덕대학교 교수)

Ⅰ. 서론

오늘은 이러한 자리에서 여러분을 뵙게 되어 대단히 반갑습니다. 제 고향은 일본 나고야입니다. 태어나서 대학졸업까지 거기서 죽 지내다가, 2년 정도 사회인으로 오사카 지역을 중심으로 직장 생활을 했습니다. 그 후 한국에 문학을 공부하러 와서 한국에 정착하게 되었습니다. 지금은 대학생들을 가르치는 교수로, 문학연구자와 번역가로 다양한 경험을 하며 인생의 절반 가까운 세월을 한국에서 보내고 있습니다.

한국인과 일본인은 겉보기에는 국적을 구분하기 어렵지만, 사고나 행동 방식에는 뚜렷한 차이가 있다는 것을 피부로 느낄 때가 많습니다. 한국에 와서 얼마 안 되었을 때는 모든 것이 새롭고 일본 문화와의 차이를 발견할 때마다 작은 충격을 받을 때가 많았습니다. 다이내믹 코리아라는 말이 있는데, 정말 그 말처럼 정이 넘치는 한국 사람들의 행동은 마음에 다이내믹한 감동을 줍니다.

충격은 부정적인 것도 긍정적인 것도 있기 마련이고, 때로는 더 이상 한국에서 살 수 있을지 자신이 없어질 때도 있었지만, 다행히도 저에게는 매력적이고 고마운 경험들이 많았습니다. 그 중 인상적인 일을 소개하자면, 아주 오래 전 이야기이지만 어느 날 한 친구가 살며시 주머니에서 하나의 껌을 꺼내 두 개로 나누어 제게 건네준 일입니다. 그 작은 일이 제게 준 충격은 너무나 커서 한국인의 정에 완전히 압도된 사건이었습니다.

일상적인 생활에서 느낄 수 있는 한국과 일본의 문화 차이는, 같은 일을 대했을 때의 사람의 사고방식이나 행동양식의 차이에서 온다고 생각합니다. 그리고 그 사고방식이나 행동양식에 영향을 크게 미치고 있는 부분이 한국적 정서와 일본적 정서라는 요소일 것입니다. 오늘은 이러한 정서 혹은 감정에 대한 문제를 근대문학 특히 시詩라는 장르를 통해 여러분과 함께 생각해 볼 시간이 되었으면 합니다.

II. 일본 근대단가와 한국 근대민요시

한국과 일본 근대시가詩歌 중 사람들의 감정을 잘 표현하는 장르로 일본에는 근대단가, 한국에는 근대민요시가 있다고 할 수 있습니다. 이는 각각 오랜 전통의 맥락을 이어 온 것으로 양국 사람들의 마음의 유산이라도 해도 될 것 같습니다.

근대라는 시기는 양국에 있어 서양 문물이 마구 들어와서 자국의 정체성을 모색하는 시기이기도 했습니다. 각 분야의 전문가들이 그대로 두면 진부하여 사라지기 쉬운 전통 양식을 새롭게 단장시켜, 고유의 문화로 뿌리깊이 정착시키려고 노력을 기울였고, 문학계에서는 다수의 문인들이 어떻게 해서 전통문학에 활력을 넣어 계승할 것인가에 대해 고심하였습니다. 그 결과 획기적인 결실로 얻어진 장르가 일본의 근대단가, 한국의 근대민요시라고 할 수 있습니다.

일본에는 와카和歌라는 천 년이 넘는 오랜 전통을 가진 시 형식이 있었는데, 그 시기의 와카혁신 운동을 통해 근대와카가 탄생되었습니다. 여기서 와카란 하이카이俳諧나 신체시 혹은 서양의 시 등에 대립되는 말로 사용되고, 주로 31자로 된 짧은 노래를 가리킵니다.

한편 시가의 역사적인 뜻에서 본다면 일본 와카에 대조될 만한 한국의 시가에는 시조時調가 있습니다. 그러나 한국에서는 일본에서처럼 시조가 근대에 생명력을 크게 이어가지 못했습니다. 이는 문文을 아끼는 한국인과 무武를 아끼는 일본인의 태도와도 관련이 있지 않을까 생각하는데, 1930년 대 육당 최남선은 시조 부흥을 위해 시조가 결코 선비와 같은 특정한 사람들만의 사이에서 이루어지는 그들의 독점물이 아니라는 것을 주장하면서, 계급에 상관없이 누구나 손쉽게 접할 수 있도록 시조 생활화를 도모하였습니다. 그는 일본의 '오구라백인일수小倉百人一首'(1333년부터 약 150년간인 카마쿠라 시대에 쿄토의 오구라산에 살고 있던 가인歌人 후지와라 테이카藤原定家가 편집한 가집歌集으로 백 명의 가인의 가장 대표적인 와카를 한 수씩 선정한 것) 카르타(카드) 놀이(지금도 일본에서 명절 등에 남녀노소를 불구하고 온 국민들이 즐겨 하는 놀이로, 지역별, 학교별 등 다양한 형태로 대회가 이루어지기도 하는 일반적 카드 놀이)에 힌트를 얻어 시조에도 적용시키려고 시도했습니다.

그러나 이 시도는 실패하고 말았습니다. 그 이유는 시조라는 전통계승 문학을 '카드놀이'라고 하는 놀이 형태로 즐기는 것에 대해 당대 사람들의 거부감이 있었기 때문입니다. '놀이'를 받아들이는 감각이 한국과 일본에서 대조적이었습니다. 이는 일본은 무가武家사회가 길었던 것에 비해 한국은 선비문화를 존중하는 분위기가 조성되어 있어서 그런 것이 아닐까 생각합니다.

일본에서 오구라백인일수라는 카드놀이를 통해 온 국민이 와카라는 전통문학을 친근한 소재로 생활 문화권에서 접했던 것과 달리 한국은 '놀이'를 보잘 것 없는 '유희' 정도로 생각하여 문학에 놀이의 요소가 들어오는 것에 부정적이었습니다. 만약 시조도 최남선이 만든 카드(디자인박물관 소장)가 보급되고 어릴 때부터 놀이로 접하도록 대중화가 되었더라면 사람들이 조금 더 시조를 친근하게 느낄 수 있었지 않을까 생각합니다.

본론에서 약간 멀어졌지만 한국에서 시조 부흥이 더디었던 대신에 1910년 말경부터 전래 민요 형식과 내용을 근대시로 접목시키려는 노력이 큰 성과를 얻어 근대민요시가 자리를 확고하게 잡았습니다. 일본 와카혁신운동의 결실을 맺은 시인이 이시카와 다쿠보쿠石川啄木이고, 한국 근대민요시에 크게 생명을 불어넣은 시인이 김소월이었습니다.

III. 이시카와 다쿠보쿠와 김소월

근대단가, 근대민요시는 오랜 전통의 맥을 계승한 것으로 양 나라의 생활권 문화와 유기적인 관련이 있습니다. 그리고 그것을 대표하는 양국의 시인이 이시카와 다쿠보쿠(1886~1912)와 김소월(1902~1934)입니다. 그들에게는 지방 시인으로 도시를 부러워했다는 점, 생활고를 겪은 점, 요절한 점 등 문학 외에도 인생의 공통점이 많습니다. 이 두 시인은 근대적 요구에 눈뜬 지식인 청년으로 그들의 내면세계를 시에 반영시킨 각 나라를 대표하는 국민시인입니다.

김소월에 대해서는 한국 사람이라면 누구나 잘 알고 있을 것입니다. 그래서 여기서는 이시카와 다쿠보쿠에 대해 잠시 소개하도록 하겠습니다. 그는 일본 근대문학계에 큰 업적을 남긴 문인으로 단가, 시, 소설, 평론, 일기, 소간 등 문학 전반에 걸쳐 활동한 인물입니다. '일본의 김소월'이라고 하면 그의 서정시인으로서의 면모를 쉽게 잘 표현할 수 있습니다. 동시에 그는 일본 사회주의 문학운동의 선구자이기도 합니다.

다쿠보쿠는 근대일본의 변혁기인 1886년에 태어나, 1912년 4월 폐결핵으로 27년의 짧은 생을 마감합니다. 이 기간 일본에서는 국내외적으로 1894년 청일전쟁, 1905년 러일전쟁, 1910년 대역사건, 한일합방 등 크고 작은 정치적 사회적 사건들이 많았습니다. 그의 일생은 가난과 고통의 연속이었습니다.

그는 조국과 국가권력을 분리하여 강압적인 국가권력에 한 민간인으로 맞섰습니다. 한국을 침략한 일에 대해 '시대폐색'의 현상으로 인식하고 안타까워하며 당시의 대부분의 지식인들의 인식과 달리 일본제국주의가 한국을 식민지화한 것에 대해 날카롭게 비판하여 한일합방을 부정적 시각으로 바라보았습니다.

현재도 일본에는 그의 시를 사랑하는 독자들이 다수 존재합니다. 그는 단가라는 시 형태를 스스로 '슬픈 장난감'이라고 불렀습니다. 다음은 「노래의 여러 가지」라는 그의 산문에 기록된 글입니다.

> '그 밖의 참으로 나에게 불편을 느끼게 하고, 고통을 느끼게 하는 여러 가지 일에 대해서는 조금도 손을 댈 수 없는 것이다. 아니, 그것을 인내하고, 그것에 굴복하고 비참한 이중의 생활을 계속하는 것 외에는 이 세상에서 살아갈 방법을 갖고 있지 않다는 말이다. 스스로 여러 가지로 자신에게 변명해보지만, 나의 생활은 역시 현재의 가족제도, 계급제도, 자본제도, 지식매매제도의 희생이다.
> 눈을 돌려서 죽은 자처럼 타타미 위에 던져져 있는 인형을 보았다. 노래는 나의 슬픈 장난감이다.'

다쿠보쿠를 압박했던 것은 제도화된 일본이라는 국가였습니다. 당시의 여러 제도의 불합리성이나 모순을 코앞에서 보면서도 아무것도 하지 못하는 자신의 무력함을 통감할 수밖에 없었습니다. 그는 권력에 대항하여 인간다운 자유를 얻으려고 했습니다. 자신의 뜻대로 안 되는 세상에서 단 한 가지 마음대로 구사할 수 있는 시를 장난감으로 여겨 시를 통해 애절한 그의 심정을 세상을 향해 토로했습니다.

　자 이제 그의 시에 흐르는 정서에 대해 구체적으로 알아볼까 합니다. 그의 처녀시집 『한줌의 모래一握の砂』는 1910년에 발간되었습니다. 다음은 그의 시 중 가장 널리 잘 알려져 있는 작품입니다.

　　　동해의 작은 섬 바닷가 흰 모래 위에　　　東海の小島の磯の白浜に
　　　나 울어 젖어서　　　　　　　　　　　われ泣きぬれて
　　　게와 노니도다　　　　　　　　　　　蟹とたはむる

　원래 전통 와카는 한 줄로 쓰여 있는데, 다쿠보쿠로 인해 세 줄로 표현된 근대 단가는 근대적 자아를 표현한 내용은 물론, 그 형식 자체가 발표 당시에 상당히 참신하고 획기적이었습니다. 그는 근대 단가를 통해 생활에 밀착한 시를 쓰겠다고 결심했습니다. 그의 시에서는 일본 서민들의 일반적 정서와 보편적 생각이 엿보입니다.

　한편 김소월은 1920년대 한국의 대표적 시인으로 개인적으로 또한 민족적으로 궁핍하고 고통스러운 시대를 살면서 아름답고 값진 시를 남겼습니다. 약 10년 동안에 발표한 270여 편의 작품을 통해 시대적 위기에 처한 한국 민족의 비극적 체험과 미의식을 탁월하게 형상화한 시인입니다. 시의 형태 면에서 율격을 어느 정도 지키면서도 그만의 파격적인 스타일을 완성한 부분은 다쿠보쿠와의 공통점이라고 할 수 있습니다.

　다쿠보쿠와 김소월, 두 시인이 '국민시인'이라는 칭호를 가진 데에는 그들의 작품 속에 보편적인 사람들의 정서가 녹아 있다는 요소가 큽니다. 오늘 한국인과 일본인의 정서의 문제를 말씀드린다고 했는데, 소월 시의 중심 정서는 주지한 바와 같이 '한'입니다. 그의 한이 잘 드러나 있는 시 한 편을 먼저 소개합니다.

꿇어앉아 올리는 향로의 향불.
내 가슴에 조그만 설움의 덩이.
초닷새 달 그늘에 빗물이 운다.
내 가슴에 조그만 설움의 덩이.

이 시의 제목은 「설음의 덩이」입니다. 여기서 조그맣다는 것은 말 그
대로 작다는 것이 아니라 엄청나게 거대하다는 의미라고 하는 것은 독자
들도 쉽게 납득할 것입니다. 시의 화자의 마음이 설움의 덩어리로 가득
차 있습니다. 이처럼 소월의 시에 근저에 흐르는 정서는 '한'입니다.

IV. 정서, 감정이란?

오늘은 한국인과 일본인의 정서(감정)에 주목하고 있는데, 그 사전적
의미부터 살펴보겠습니다. 정서란 '그때그때 일어나는 다양한 감정'이며,
감정이란 '희로애락이나 좋고, 나쁘다 하는 것 등, 대상을 통해 느끼고
일어나는 마음'이며 '주체의 상황이나 대상에 대한 태도나 가치를 정하
는 심정 과정'이라고 되어 있습니다.

두 시인의 시의 중심적 정서는 희로애락 중 '애哀'라고 할 수 있습니
다. 이들의 시를 통해 한국인과 일본인의 '애'에 대해 이어서 말씀드리고
자 합니다.

1. 다쿠보쿠와 소월 시의 '애'

먼저 다쿠보쿠의 시 속 '애'에 대해 살펴보겠습니다.

생명없는 모래의 슬픔이여   사르르 사르르

쥐면 손가락 사이로 떨어진다	さらさらと
いのちなき砂のかなしさよ	握れば指のあひだより落つ

　이 시를 보면 무생물인 모래에 시의 화자의 슬픔을 투영시키면서 손가락 사이로 떨어지는 모래를 손의 느낌이라는 촉각으로 감지해서 감각으로 애哀의 감정을 표현하고 있습니다.

촉촉하게	しつとりと
눈물 머금은 모래 구슬	なみだを吸へる砂の玉
눈물은 무거운 것이로구나	なみだは重きものにしあるかな

　이 시에서도 눈물을 머금고 만들어진 모래 구슬의 그 무게를 역시 신체 감각으로 재고 '애'의 감정을 표출하고 있습니다.

　위의 두 편의 시에서 '슬픔'이라는 애의 감정이 개념으로 표현되지 않고 모래라는 자연적 대상을 통해 제시되고 있는 것을 알 수 있습니다. 이는 시의 화자가 모래라는 대상으로 다가가 화자와 대상이 일치되는 지점에서 감각적으로 슬픔이 집약되고 있는 것을 의미합니다.

　다음은 소월의 「고독」이라는 시를 인용하겠습니다.

설음의 바닷가의
모래밭이라
침묵의 하루해만 또 저물었네

탄식의 바닷가의
모래밭이니
꼭 같은 열두시만 늘 저무누나

바쟁의 모래밭에

돋는 봄풀은
매일 붓는 별 불에 타도 나타나

설음의 바닷가의
모래밭은요
봄 와도 봄 온 줄을 모른다더라

잊음의 바닷가의 모래밭이면
오늘도 지는 해니 어서 저 다오
아쉬움의 바닷가 모래밭이니
뚝 씻는 물소리나 들려나 다오

5연으로 된 이 시는 1931년에 발표된 것입니다. 민요조 시인으로 리듬을 소중히 여긴 소월의 기교가 엿보이는 작품입니다. 이 시에도 모래가 모래밭이라는 형태로 등장합니다. 이는 서러움의 현장입니다. 1연과 2연에서 모래밭은 해가 저무는 장소, 즉 님이 사라지는 현장이고, 3,4연은 각각 그리움이 자꾸 돋는 장소, 서늘한 장소, 5연은 아쉬움이 남는 장소로 묘사되고 있습니다. '님'이 부재한 이곳은 서럽고 아쉬운 장소인 것입니다. 여기서 모래밭은 님이 떠나가 버리고 없는 고독하고 서러움이 가득한 곳입니다.

다쿠보쿠의 시와의 차이점은 어디까지나 모래밭이 이 시의 화자가 존재하는 배경에 불과하다는 점이고 시의 중심에는 화자의 서러움이 존재하고 있습니다.

2. 두 시인의 시의 '모래'의 이미지

마침 소개한 다쿠보쿠의 시와 소월의 시는 '모래'라는 같은 이미지를 공유하고 있습니다. 다쿠보쿠의 시에서 모래는 시의 화자가 그에 접근하여 신체의 감각으로 느끼고 몰입되어 합쳐져서 일체가 되는 곳에서 슬픔의 감정이 완성됩니다.

이에 비해 소월의 시에서 모래는 '설움' '탄식' '바잼(망설임)' '잊음' 등 우울한 감정이 실린 수식어를 동반하여 나타나면 그 자체가 서러움을 호소하는 것이 아니라 시적 화자가 갈등을 호소하는 장소 즉 배경에 불과합니다. 다쿠보쿠 시의 화자가 모래라는 대상에 능동적으로 다가가 일치되었고 그 시점에 슬픔이 집약이 되어 표현이 되었다면, 소월 시의 경우, 그 화자는 모래밭에 서서 '물소리나 들려나 다오'하고 대상과의 거리를 두면서 소극적 태도를 보이고 있습니다.

이러한 태도의 차이는 각 문화가 가지는 특징적 정서인 '모노노아와레物の哀れ'와 '한'으로도 설명이 가능합니다.

3. 한국과 일본의 '애哀'

일본어의 경우 한자 읽기 방법이 음독과 훈독으로 나누어집니다. 이 한자어를 '아이あい'라고 음독으로 읽을 때는 한국의 '애'와 비슷한 의미를 갖지만, 이를 '아와레あわれ'로 훈독으로 읽게 되면 그 뜻은 상당히 다양합니다.

'아와레'는 대상에 감동하여 나오는 소리로 원래 감탄사입니다. 그래서 '아와레'는 대상 즉 '모노物'(대상물)가 있어야만이 발동하는 감정이며, 대상물과 끊을 수 없는 관계이어서 '모노'와 '아와레'를 합친 낱말인 '모노노아와레'라는 형태로 흔히 쓰입니다. 이것을 보통 일본인들의 보편적인 감정이라고 설명하곤 합니다.

위 두 시인의 경우, 다쿠보쿠의 시는 '모노노아와레'와 관련이 깊고, 소월의 시는 일반적으로 한국인들의 국민적 정서라고 생각되고 있는 '한' 과의 관계가 깊다고 할 수 있습니다. 여기서는 우선 모노노아와레에 대해 조금 더 설명하도록 하겠습니다.

모노노아와레란 헤이안平安 시대(794년부터 약 400년 동안) 문학 및 그것을 탄생시킨 귀족 생활의 중심을 이룬 이념으로, '모노'라고 하는 대상객관과, '아와레'라고 하는 감정주관이 일치하는 데에서 생기는 조화적 정취의 세계입니다. 모노노아와레는 외부세계로서의 대상물인 '모노'와 감정으로서의 애처로움인 '아와레'가 일치하는 곳에 생기는 조화적 정서의 세계를 가리킵니다. 그래서 일본인들의 '애'의 감정은 대상물과의 일치점에 나타나는 경우가 많다고 할 수 있습니다. 인간이 적극적으로 대상을 향해 다가가 하나가 되었을 때 거기에 '아와레'라는 감정이 성립되기 때문입니다.

그러면 여기서 앞에서 본 다쿠보쿠의 시를 다시 한 번 이 모노노아와레라는 관점에서 살펴보도록 하겠습니다.

촉촉하게/눈물 머금은 모래 구슬/눈물은 무거운 것이로구나

시의 화자는 눈물을 머금은 모래 구슬을 손에 놓고 있습니다. 모래알이 화자의 눈물로 하나로 뭉쳐지고 그 무게가 전해집니다. 그의 마음은 모래 구슬에 몰입하여 양자가 하나로 되었을 때 슬픔이 완성됩니다. 다쿠보쿠는 시의 화자와 대상물을 하나로 묶고 일본인 특유의 감정인 모노노아와레를 완성시켜 독자들 마음을 울리고 있는 것입니다.

4. '한'을 통해 본 소월 시

한국의 경우 '한'의 정서를 일반적으로 한국 특유의 정서라고 합니다. 일본의 국어사전에서 '한恨'이라는 단어를 찾아보면 '이 말은 한국어로, 한국 민중의 억압을 받은 역사가 키운, 고난, 고독, 절망의 집합적 감정'

이라고 나와 있습니다.

한이란 마음속에서 뭔가를 간절히 바랄 때, 자신의 내면에 축적되는 감정입니다. 이 세상에 대한 부조리, 숙명, 불운에 대한 것으로, 능력, 운, 신분, 처지 등 현재의 자신이 갖추지 못한 것에 대한 한탄, 장래의 희망이지만, 구체적 대상이 없기 때문에 그 발로를 발견하지 못하고 굴절되어 있는 상태를 말합니다.

산산이 부서진 이름이여!
허공중에 헤어진 이름이여!
불러도 주인 없는 이름이여!
부르다가 내가 죽을 이름이여!

심중에 남아 있는 말 한 마디는
끝끝내 마저 하지 못하였구나.
사랑하던 그 사람이여!
사랑하던 그 사람이여!

붉은 해는 서산 마루에 걸리었다.
사스미의 무리도 슬피 운다.
떨어져 나가 앉은 산 위에서
나는 그대의 이름을 부르노라.
설움에 겹도록 부르노라.
설움에 겹도록 부르노라.
부르는 소리는 비껴 가지만
하늘과 땅 사이가 너무 넓구나.

산 채로 이 자리에 돌이 되어도
부르다가 내가 죽을 이름이여!
사랑하던 그 사람이여!
사랑하던 그 사람이여!

「초혼」 전문입니다. 시의 화자는 마음으로 님이 함께 있기를 원합니다. 그러나 님과 함께 하지 못하는 것은 화자의 숙명이어서 그 이름을 부르며 한탄하는 일밖에 할 수 없습니다.

다쿠보쿠와 소월이 자국에서 각각 국민시인인 이유는 그들의 작품이 시간을 초월해서 일본인들, 그리고 한국인들의 마음에 와 닿아 감동과 공감을 일으키기 때문입니다. 그들의 시에 독자들이 공유할 수 있는 요소들이 들어 있기 때문일 것인데, 정서적으로 볼 때 대표적으로 '애'라는 감정을 들 수 있습니다. 그리고 그 감정은 모노노아와레나 한이라는 전통적 국민정서와 맥락을 함께 하고 있다는 것을 알 수 있는데, 그것은 바꾸어 말하면 현재에도 그러한 정서들이 우리 마음속에 자리 잡고 있다는 것을 의미합니다.

5. 모노노아와레와 한 비교고찰

『한국인의 미의식』(홍사중, 전예원, 1982)이라는 책에서 저자는 '한국인은 허무나 무상無常을 정념情念의 차원에서 받아들이고, 그것을 그냥 정념의 세계 속에서 소화 시켜나갔다'고 했습니다. 무상감이란 인간이 어쩔 수 없는 숙명에 순응하고 그 속에서 고요를 찾으려는 일종의 달관達觀입니다.

저자는 소월에 대해서는 '그러나 소월은 무상 속에서 스스로의 마음을 내맡기지 않고 숙명을 원망하여 한에 사무쳐 발버둥을 칩니다.'라고 언급하고 있습니다. 이러한 관점을 포함하여 여러 각도에서 모노노아와레와 한의 상이점에 대해 정리해보도록 하겠습니다.

모노노아와레 物の哀れ	한 恨
대상에 촉발되어 느끼는 순수한 정서	순수한 정서가 상처를 입어 굴절된 상태

모노노아와레 物の哀れ	한 恨
대상으로의 감정이입 즉 몰입으로 일치되는 것에서 오는 감동	잃어버린 대상을 향한 감정으로 그 대상과의 일치는 불가능
선종禪宗의 영향으로 원래 꺼려야 할 정서 (슬픔 등)를 좋은 것으로 받아들이는 마음가짐으로 마음속에 조용히 간직됨	유교의 영향으로 개인의 감정은 억제하나 충, 효, 제사 등 유교이념 강화를 위해서는 감정 노출이 허용됨
자연과 인생의 허무를 긍정적으로 수용하는 무상無常과 같은 맥락	무상을 수용하지 않고 정념情念의 세계 속으로 승화시키려 함
시간적 / 구체적 / 사事(사항)	공간적 / 추상적 / 이理(도리)

이와 같은 차이는 두 시인의 작품의 특징을 설명하는데도, 그리고 한국인과 일본인의 정서의 차이에 대해 설명하는데도 유효하다고 생각합니다.

6. 다쿠보쿠와 소월 시의 감정표현 특징

> 설움에 겹도록 부르노라./설움에 겹도록 부르노라./부르는 소리는 비껴가지만/하늘과 땅 사이가 너무 넓구나.

「초혼」의 제 3연입니다.

화자는 잃어버린 님을 부르고 있습니다. 하늘과 땅의 거리가 너무나 넓습니다. 시의 화자, 하늘, 땅 모두가 각자 대립적으로 그려져 있습니다. 이 부분을 통해 확연한 것은 소월의 시에서는 화자와 대상물이 각각 병렬적으로 별개로 존재한다는 것입니다. 이는 다쿠보쿠의 시에서 화자와 대상이 일치되는 것과 대조적인 면입니다.

일찍이 작가 김동리는 소월 시의 이러한 특징에 대해 해설한 바 있습니다.

> 산에는 꽃 피네/ 꽃이 피네/ 갈 봄 여름 없이/ 꽃이 피네
> 산에/ 산에 피는 꽃은/ 저만치 혼자서 피어 있네

산에서 우는 작은 새요/ 꽃이 좋아/ 산에서 사노라네
산에는 꽃 지네/ 꽃이 지네/ 갈 봄 여름 없이/ 꽃이 지네

시「산유화」전문입니다. 김동리는 '저만치'라는 시어가 소월 시의 본
질을 해명해준다고 했습니다. '저만치'라는 시어는 인간과 자연의 거리
를 표상합니다. 꽃은 화자와 일정한 거리를 두고 인간의 희로애락과는
상관없이 혼자서 피어 있습니다.

다쿠보쿠가 시의 화자와 자연이 하나가 되는 것을 묘사하며 감정을
표현하는 것과는 대조적으로 소월의 시에서 화자는 꽃을 사랑스럽게 여
기지만 멀리에서 바라볼 뿐 스스로 접근하려 하지는 않습니다. 즉 여기
서도 한의 특징이 작용되어 두 존재가 일치하는 일은 없다는 점에서 일
맥상통합니다.

니시다 키타로西田幾太郎라는 일본 근대철학자가『일본문화의 문제』
(이와나미신서, 1940)라는 책에서 이렇게 말했습니다. '우리는 이 세계를
공간적, 시간적이라고 생각한다. 공간적이라는 것은 물체와 물체가 어디
까지나 병렬적으로 서로 대립하는 것이다. 시간적이라는 것은 대립하는
물체와 물체가 하나가 되어가는 것이다.'

일본의 단시短詩는 '정신과 물체가 하나가 되는 순간을 포착' 하므로
탄생되는 시형詩型이라는 점에서 그 자체가 이미 니시다의 말을 빌리면
시간적인 것이라고 할 수 있습니다. 위에서 살펴본 다쿠보쿠의 시도 내
용면으로 보면 시의 화자가 모래와 일치가 되는 현상을 표현하고 있어서
내외적으로 시간적이라고 볼 수 있습니다.

한편 '한'이 가지는 특징은 주체와 대상이 일치가 불가능하다는 것이
었습니다. 그리고 소월의 시에서도 위에서 물체가 병렬적으로 대립되어
존재하는 것은 니시다의 공간의 설명과 상통하는 부분입니다.「산유화」
에서도 인간과 자연의 거리가 '저만치'라는 시어로 표현되어 있고 그것
이 소월의 시의 본질을 이야기해준다면 이러한 연구의 성과도 그의 시가

공간적이라는 것을 증명하는 자료가 됩니다.

위의 표에서 모노노아와레와 한의 특징에 대해 사事와 리理로 구분했습니다. '사리事理'라는 말은 사전에서는 사는 현상이나 사항, 리는 진리나 도리를 의미합니다.

일본 에도시대의 무술과 관련된 서적들 즉 무도전서武道伝書들에 공통적으로 나타나는 어휘 중 '사리일치'가 있습니다. 이 말은 일본 무도의 근본사상을 가리키기도 하는데 선불교와의 관련이 깊습니다. 선불교가 일본 무술에 도입된 것은 타쿠안澤庵스님(1573~1646)에 의해서라고 전해지고 있습니다. 그는 무절임의 일화로도 유명하지만 일본 불교사상에서 에도시대를 대표하는 학승이었습니다. 임제종의 승려였던 그는 불교사상을 통해 '사리'라는 개념을 수용했는데, 원래 그 말은 화엄종 사상의 용어라고 합니다.

여기서 이 내용을 자세히 다룰 형편이 아니어서 결론적으로 말하면 화엄경의 기본적인 입장은 '현상절대론'입니다. 현상에 대하는 직관에서 출발하여 그 궁극의 원리를 깨달은 후, 다시 현상으로 돌아간다는 것입니다. 진리의 세계가 대상물과 별개에 존재하지 않고 융합하고 있다는 내용은 오늘 보고 있는 다쿠보쿠의 시 내용이나 '모노노아와레'라는 가치관과 맥을 같이 하고 있습니다.

한편 한국에서는 '군자君子'를 '사리를 아는 사람'으로 규정하고 있는데, 이때 '사리'는 일의 이치를 기리키고 있습니다. 이 말은 '이' 가 중심이라는 것으로 이해됩니다. 그리고 유교에서 우주의 원리를 '이'나 '기氣'로 설명하고 있는데 주자학에서 '이기이원론'을 주장하듯 소월 시나 '한'의 가치관은 이원론적이고 '이'에 중심이 있다는 것과 같은 맥락이라고 할 수 있습니다.

'한'이라고 하면 부정적인 면이 부각되기 쉬울 수 있는데, 소월 시의 '한'은 현재 자신에게 주어지지 않은 것에 대한 한탄이기 때문에 그 행위는 실현되지 못한 꿈을 향한 갈구의 태도로 긍정적 힘을 가지기도 합니다. 소월의 시에는 '꿈'이라는 시어가 상당히 많이 사용되고 있습니다. 『진달래꽃』에 수록된 127편 중 「꿈」이라는 제목을 가진 시가 2편이 있고, '꿈'이라는 단어가 포함된 제목만 보아도 5편(「꿈꾼 그 옛날」, 「꿈으로 오는 한 사람」, 「꿈」, 「못쓸 꿈」, 「그를 꿈꾼 밤」, 「꿈」, 「꿈길」: 수록순)이나 됩니다.

> 닭 개 짐승조차도 꿈이 있다고 / 이르는 말이야 있지 않은가, / 그러하다,
> 봄날은 꿈꿀 때. / 내 몸에야 꿈이나 있으랴, / 아아 내 세상의 끝이여, /
> 나는 꿈이 그리워, 꿈이 그리워.

앞 쪽 「꿈」이라는 시입니다. 소월이 얼마나 꿈을 그리워하는지 알 수 있습니다.

> 꿈은 靈의 혜적임. 설움의 고향.
> 울자, 내 사랑, 꽃 지고 저무는 봄.

뒤쪽 「꿈」 전문입니다.

소월의 시의 한탄은 그냥 한탄으로 끝나지 않습니다. 그는 이루고 싶은 꿈을 위해 몸부림치고 눈물 흘리며 갈구합니다. 한恨 자체는 마이너스의 에너지라고 볼 수도 있으나, 한은 꿈을 실현시키는 방향으로 이끄는 동력이 되기도 합니다. 그래서 잠재적 긍정의 에너지로도 볼 수 있습니다.

V. 결론

오늘 한국사람과 일본사람의 정서에 대해 생각하기 위해 근대문학의 대표적 국민시인으로 불리고 있는 다쿠보쿠와 소월의 작품을 비교고찰

하면서 그 특징에 대해 말씀을 드렸습니다. 국민시인이라고 불리는 이유는 다양하게 존재하지만 사람에게 있어 정서의 문제는 상당히 무게가 있는 주제로 그들의 작품 속에 독자가 공감하고 감동할 수 있는 정서가 흐르고 있기 때문에 나라를 대표하고 시간을 초월해서 사랑 받는 시인이라고 하는 점을 강조했습니다.

그들의 작품의 주된 정서는 '애'라는 감정이었는데 이 '애'는 역사적으로 볼 때 '슬프다'나 '애처롭다'와 같은 대표적 뜻을 포함해 아주 다양하고 복잡한 뜻을 함유하고 있었습니다. 그리고 각각 전통적 정서로 일컬어지는 '모노노아와레'와 '한'과도 유대적 관계를 가지고 있다는 것을 알 수 있었습니다.

이러한 사실에서 알 수 있는 것은 현재를 사는 우리들이 역시 전통적 정서를 마음속 깊이 간직하고 있어서 어떤 상황이나 대상을 접할 때 자연스럽게 그러한 내면 요소를 통해 반응하고 행동하고 있다는 것입니다.

일상적인 가까운 예를 들어보면, 상대가 내게 말을 걸면, 한국 사람들은 '왜?'라고 묻습니다. 일본사람들은 'なに? 뭐?'라고 대답합니다. 무의식적인 반응이지만 이유가 궁금한 한국사람, 무슨 일인지 알고 싶은 일본 사람의 특징이 나타나 있다고 할 수 있습니다.

이러한 현상들이 각 문화를 특징짓는 재료로 적용되고 있어서 우리는 한국적인 것, 일본적인 것을 설명할 수 있다고 생각합니다. 끝까지 잘 들어주서서 감사합니다. 그리고 이와 관련해서 많은 대화를 나눌 수 있기를 기대합니다.

제118회, 2019년 6월 26일

한일문화강좌 일람

제100회 韓國人이 보는 日本人 : 2014.5.10
    (발표: 국립외교원장 尹德敏)

제101회 國際法을 통해 본 한일관계 150년 : 2014.11.20
    (발표: 국립외교원 겸임교수 겸 국제법센터 소장 申珏秀,
    사회: 국립외교원 교수 趙正顯)

제102회 일본인의 起源硏究와 한국인 : 2015.4.3
    (발표: 가천대학교 교수 세키네 히데유키[關根英行],
    사회: 고려대학교 일본연구센터 교수 宋浣範)

제103회 福島 原電事故 이후 일본의 右傾化와 시민사회의 변화 : 2015.6.24
    (발표: KBS수신료현실화 추진단장 임병걸, 사회: KBS文化部 팀장 김대홍)

제104회 한일 양국의 言語文化에서 보는 일본어 교육 : 2015.9.10
    (발표: 강원대학교 교수 나가하라 나리카츠[長原 成功],
    사회: 백석대학교 어문학부 교수 배진영)

제105회 오타쿠文化를 통해 본 韓日文化交流 : 2015.12.3
    (발표: 서울대학교 일본연구소 교수 金孝眞, 사회: 건국대학교 교수 朴三憲)

제106회 일제의 文化財 수탈과 수난 :조선총독부박물관과 관련하여 :
    2016.4.22
    (발표: 청암대학교 교수 金仁德, 사회: 국립중앙박물관 학예연구관 金울림)

제107회 韓日 言語 行動 文化 比較論 : 韓日 차이를 넘어선 아름다운 同行
　　　:2016.6.16
　　　　(발표: 극동대학교 교수 겐코히로아키[檢校 裕朗],
　　　　사회: 백석대학교 교수 裵晋影)

제108회 후쿠자와 유키치[福澤 諭吉]와 김옥균 : 2016.9.8
　　　　(발표: 동북아역사재단 연구위원 金旼奎,
　　　　사회: 고려대학교 아세아문제연구소 연구교수 方光錫)

제109회 한국 대학교의 日本語 教育과 연구의 현황 :
　　　　(발표: 한밭대학교 교수 趙南星, 사회: 배재대학교 교수 趙宣映)

제110회 식민지시기 日本 在留 朝鮮人을 묘사한 미술작품 : 2017.3.10
　　　　(발표: 立命館大學 객원교수 水野 直樹,
　　　　사회:연세대학교 국제학대학원 교수 韓承美)

제111회 『新撰姓氏録』과 고대일본의 渡來人 : 2017.6.29
　　　　(발표: 고려대학교 글로벌일본연구원 부원장 겸 교수 宋浣範,
　　　　사회: 대진대학교 강의교수 羅幸柱)

제112회 伊藤 博文와 安重根 : 2017.9.20.
　　　　(발표: 고려대학교 아세아문제연구소 연구교수 方光錫,
　　　　사회: 동덕녀자대학교 강의교수 李升熙)

제113회 조선전기의 한일관계 -본격적인 韓日 經濟 交流의 시작- :
　　　　2017.11.20
　　　　(발표: 일본국립역사민속박물관 준교수 아라키 가즈노리[荒木 和憲],
　　　　사회: 강원대학교 명예교수 孫承喆)

제114회 아버지 辛基秀와 나 : 2018.3.30
　　　　(발표: 프리랜스 리서쳐 辛理華, 사회 : 서울대 언론정보학과 기금교수 沈揆先)

제115회 젠더의 視點에서 본 혐한주의와 그 역사적 배경 : 2018.5.25
　　　　(발표: 청산학원대학 명예교수 宋連玉,
　　　　사회: 연세대학교 국제학대학원 교수 韓承美)

제116회 조선통신사를 통해 본 필담창화의 문학세계 : 2018.9.13
      (발표: 연세대학교 교수 許敬震, 사회: 연세대학교 강사 張眞熀)

제117회 아리랑, 日本에서 流行하다 : 2019.3.26
      (발표: 아리랑박물관장 秦庸瑄, 사회: 강원대학교 명예교수 孫承喆)

제118회 近代文學을 통해 본 한국인과 일본인의 정서 : 2019.6.26
      (발표 : 인덕대학교 부교수 하야시요코[林 陽子],
       사회: 서울여자대학교 교수 朴相度)

제119회 나의 韓日古代史 유적 답사 : 2019.11.5
      (발표: 건국대학교 글로컬캠퍼스 교수 洪性和,
       사회: 고려대학교 글로벌일본연구원 부원장 宋浣範)

편집후기

한일문화교류기금에서는 이번에 「한일문화강좌」 제101회부터 119회까지를 엮어 문화강좌 단행본 6번째인 『한일관계, 갈등을 넘어 동행으로』를 출간한다. 그리고 1987년 이후 35년간 지속해왔던 '한일문화강좌' '대장정의 길' 제1막을 내리고, '코로나 19'가 진정이 되면 제2막을 새롭게 시작할 계획이다.

한일관계 2천년의 길은 역사적으로 참으로 긴 여정이었다. 그 길은 대륙의 한반도로부터 바다를 건너 일본열도로 이어지는 길고 험한 길이었다. 때로는 적대와 혐오도 있었고, 때로는 상호인식과 교류의 길이기도 했었지만, 결국은 갈등을 넘어 동행으로 가는 길이어야 한다. 물론 책의 제목도 편집과 구성도 임의적으로 붙인 것이지만, 한일 관계가 가야할 방향을 제시한 것이라고 생각한다.

지난 35년간 119회로 이어진 문화강좌의 길도 바로 이 여정의 길이었다. 이 책은 「일본인의 기원연구와 한국인」으로 시작했다. 이어 「신찬성씨록과 고대 일본의 도래인」도 그 길의 한 단면을 보여준다. 한편 「조선통신사를 통해 본 필담창화의 세계」는 상호인식과 교류를, 「나의 한일고대사-유적답사」는 그 역사의 흔적을 찾는 여행이었다. 그러나 「후쿠자와 유키치와 김옥균」과 「이토히로부미와 안중근」은 갈등의 최고조를 보여주고, 해방이후의 한일관계도 여전히 갈등이 계속되고 있다. 하지만 문화교류의 다양한 시각들은 그 갈등이 끝이 동행으로 가는 길임을 보여준다.

그렇다. 한일관계 2천년의 길은 갈등을 넘어 동행으로 가는 길이다.

그동안 많은 강사님들은 이 길의 다양한 모습을 연출해주었다. 이 자리를 빌어 한일문화강좌에 참여해주신 노고에 다시 한번 감사를 드린다. 특히 제104회 문화강좌 「한일 양국의 언어문화에서 보는 일본어교육」을 열강해 주시고, 얼마 있지 않아 지병으로 타계하신 강원대학교 일본학과 나가하라 나리카츠[長原成功]교수님의 한일교류에 대한 정열적 헌신에 경의를 표하며 고인의 명복을 빈다.

늘 강조하는 말이지만, 관계는 일방적인 것이 아니라 쌍방이 늘 함께 만들어 가는 것이다. 어느 한쪽의 노력이나 인내만으로는 결코 좋은 관계를 유지할 수 없다. 친구 사이도 그렇고 부부나 부모자식 사이마저도 그렇다. 나라와 나라 사이의 국제관계라고 다를 리가 없다.

그렇다면 지금 우리와 가장 가까운 이웃나라인 일본과의 관계는 어떨까? 2018년 한국인의 일본여행이 749만 명, 일본인의 한국여행이 295만 명이었다. 무려 1천만 명을 넘는 양국 국민들이 왕래하며 민간교류가 활발하다. 그러나 여전히 정치나 역사 면에서는 감정적 대결이 일상화되어있다. 역사왜곡, 독도, 위안부 문제, 징용·징병 등 갈등이 첨예화되어 있다. 그렇지만 양국은 어떤 경우든 전쟁과 대결이 아니라 평화와 공생의 길로 갈 것이다.

이 책 한권으로 양국 간의 갈등이 해소되지는 않겠지만 적어도 지향하는 방향을 제시하는데 일조가 되었으면 좋겠고, 그것이 '한일문화강좌'의 목표이기도 하다.

책의 발간에 여러분의 도움을 받았다. 특히 강원대학교 대학원생 신태훈, 박정환군의 도움을 받았고, 편집과 교정에 김수웅국장, 문진옥 님도 수고가 많았다. 경인의 한정희대표, 김지선팀장, 이다빈님께 감사드린다.

2021년 9월 30일
한일문화교류기금 이사, 강원대 명예교수
손승철

세키네 히데유키(關根英行, 가천대학교 교수)
송완범(고려대학교 글로벌일본연구원 교수)
허경진(연세대학교 국문과 교수)
辛理華(프리랜서 리서치)
홍성화(건국대학교 교수)
김민규(동북아역사재단 연구위원)
방광석(고려대학교 아세아문제연구소 연구교수)
김인덕(청암대학교 교수)
진용선(아리랑박물관장)
임병걸(KBS기자, 전 도쿄특파원)
宋連玉(靑山學院大學 명예교수)
아라키 가즈노리(荒木和憲, 일본 국립역사민속박물관 교수)
김효진(서울대학교 일본문화연구소 교수)
겐코히로아키(檢校裕郎, 극동대학교 일본어학과 교수)
나가하라 나리카츠(長原成功, 강원대학교 일본학과 교수)
하야시 요코(인덕대학교 교수)

한일관계, 갈등을 넘어 동행으로

2021년 10월 06일 초판 인쇄
2021년 10월 12일 초판 발행

지 은 이   한일문화교류기금
발 행 인   한정희
발 행 처   경인문화사
편 집 부   이다빈 김지선 유지혜 박지현 한주연
마 케 팅   전병관 하재일 유인순
출판신고   제406-1973-000003호
주   소   (10881) 파주시 회동길 445-1 경인빌딩 B동 4층
대표전화   031-955-9300 팩 스 031-955-9310
홈페이지   http://www.kyunginp.co.kr
이 메 일   kyungin@kyunginp.co.kr

ISBN 978-89-499-4991-8 93910
값 26,000원